中国软科学研究丛书

丛书主编：张来武

"十一五"国家重点图书出版规划项目
国家软科学研究计划项目

新兴产业培育与发展研究

——以安徽省为例

洪功翔 沈宏超 崔立志　著

科学出版社

北京

内 容 简 介

新兴产业是科学技术和产业深度融合的产物，既代表了科技创新的方向，也代表了产业研究的基本方向。2008 年国际金融危机爆发后，我国多个省（自治区、直辖市）都选择通过发展新兴产业来培育新的经济增长点，以带动经济转型来谋求进一步的发展。发展新兴产业，需要掌握新兴产业发展的机理与规律，借鉴国内外发展新兴产业的经验，立足新兴产业发展的现有基础，选择适合的生长模式，确定战略性新兴产业发展的优先顺序，厘清战略性新兴产业发展的思路，并完善政策支持体系。本书以安徽为例，对这些问题进行了深入探讨。

本书研究的问题具有一般性，读者对象范围较广，可以为政府和企业相关人员决策提供研究参考，也可以作为科研院所的研究人员以及大专院校师生的阅读参考书。

图书在版编目(CIP)数据

新兴产业培育与发展研究：以安徽省为例/洪功翔，沈宏超，崔立志著. —北京：科学出版社，2013.6
（中国软科学研究丛书）
ISBN 978-7-03-037818-7

I. ①新… II. ①洪… ②沈… ③崔… III. ①新兴产业-产业发展-研究-安徽省 IV. ①F127.54

中国版本图书馆 CIP 数据核字（2013）第 126959 号

丛书策划：林　鹏　胡升华　侯俊琳
责任编辑：牛　玲　刘巧巧/责任校对：韩　杨
责任印制：徐晓晨/封面设计：黄华斌　陈　敬
编辑部电话：010-64035853
E-mail：houjunlin@mail.sciencep.com

科学出版社 出版
北京东黄城根北街 16 号
邮政编码：100717
http://www.sciencep.com

北京凌奇印刷有限责任公司 印刷
科学出版社发行　各地新华书店经销

*

2013 年 7 月第　一　版　开本：B5（720×1000）
2020 年 1 月第五次印刷　印张：15　1/4
字数：290 000

定价：85.00 元
（如有印装质量问题，我社负责调换）

总 序

　　软科学是综合运用现代各学科理论、方法，研究政治、经济、科技及社会发展中的各种复杂问题，为决策科学化、民主化服务的科学。软科学研究是以实现决策科学化和管理现代化为宗旨，以推动经济、科技、社会的持续协调发展为目标，针对决策和管理实践中提出的复杂性、系统性课题，综合运用自然科学、社会科学和工程技术的多门类多学科知识，运用定性和定量相结合的系统分析和论证手段，进行的一种跨学科、多层次的科研活动。

　　1986 年 7 月，全国软科学研究工作座谈会首次在北京召开，开启了我国软科学勃兴的动力阀门。从此，中国软科学积极参与到改革开放和现代化建设的大潮之中。为加强对软科学研究的指导，国家于 1988 年和 1994 年分别成立国家软科学指导委员会和中国软科学研究会。随后，国家软科学研究计划正式启动，对软科学事业的稳定发展发挥了重要的作用。

　　20 多年来，我国软科学事业发展紧紧围绕重大决策问题，开展了多学科、多领域、多层次的研究工作，取得了一大批优秀成果。京九铁路、三峡工程、南水北调、青藏铁路乃至国家中长期科学和技术发展规划战略研究，软科学都功不可没。从总体上看，我国软科学研究已经进入各级政府的决策中，成为决策和政策制定的重要依据，发挥了战略性、前瞻性的作用，为解决经济社会发展的重大决策问题作出了重要贡献，为科学把握宏观形势、明确发展战略方向发挥了重要作用。

20 多年来，我国软科学事业凝聚优秀人才，形成了一支具有一定实力、知识结构较为合理、学科体系比较完整的优秀研究队伍。据不完全统计，目前我国已有软科学研究机构 2000 多家，研究人员近 4 万人，每年开展软科学研究项目 1 万多项。

为了进一步发挥国家软科学研究计划在我国软科学事业发展中的导向作用，促进软科学研究成果的推广应用，科学技术部决定从 2007 年起，在国家软科学研究计划框架下启动软科学优秀研究成果出版资助工作，形成"中国软科学研究丛书"。

"中国软科学研究丛书"因其良好的学术价值和社会价值，已被列入国家新闻出版总署"'十一五'国家重点图书出版规划项目"。我希望并相信，丛书出版对于软科学研究优秀成果的推广应用将起到很大的推动作用，对于提升软科学研究的社会影响力、促进软科学事业的蓬勃发展意义重大。

科技部副部长

2008 年 12 月

新兴产业是科学技术和产业深度融合的产物,既代表了科技创新的方向,也代表了产业演进的基本方向。在传统工业面临规模扩大受限、产能严重过剩及资源环境约束的背景下,要获得经济的可持续发展,就必须调整原先的发展方式,寻找新的经济增长点,培育和发展长期稳定而又有广阔国内外市场需求、有良好经济技术效益、能够带动一批相关及配套产业发展、体现国家未来产业重点发展方向的新兴产业。世界各国各地区,在推进工业化过程中都以加快培育和发展新兴产业为重点,在新兴产业领域取得突破是每一个国家(地区)跻身世界先进行列的基本经验,是落后国家(地区)跨越式发展实现后来居上的有效途径。2008年,世界金融危机爆发后,中国各省(自治区、直辖市)也都适时顺应世界新一轮科技和产业革命的发展趋势,把加快培育和发展新兴产业当做把握发展主动权、抢占竞争制高点的必然选择,当做调整经济结构、推动转型发展的根本途径。安徽省作为我国中部省份,在承接国际、国内产业转移和发展新兴产业的过程中,只有迎头赶上,在新兴产业发展中占据主导地位,才能全面提升经济综合实力和竞争力,奋力走在中部崛起前列,才有可能建成总量大、结构优、竞争力强、生态良好、人民生活水平高的经济强省。

安徽省要推动新兴产业发展,需要掌握新兴产业发展的机理与规律,借鉴国内外发展新兴产业的经验,立足新兴产业发展的实际,选择适合安徽省新兴产业发展的生长模式,确定安徽省战略性新兴产业发展的优先顺序,厘清八大战略性新兴产业的发展思路，完善政策支持体系。

本书的研究主要集中在以下几个方面：①新兴产业理论研究。本书在对新兴产业的含义、特征及发展意义研究的基础上，深入分析了新兴产业形成的动因，总结了新兴产业的发展规律及发展模式。②新兴产业政策比较研究。一是对美国、日本、欧洲等发达国家和地区的新兴产业政策进行比较，总结其发展新兴产业的经验，并提出其可借鉴之处；二是对苏州、浙江、上海等地发展新兴产业的政策进行比较，并对比较结果进行深入分析，总结其可取及不足之处。③安徽省新兴产业发展实践研究。对安徽省发展新兴产业的区域特征进行分析，并对安徽省发展的电子信息产业、节能环保产业、新材料产业、生物产业、新能源产业、高端装备制造业、新能源汽车产业、公共安全产业等八大新兴产业进行解读。④安徽省新兴产业发展对策研究。从发挥产业政策引导作用的角度出发，提出发展安徽省新兴产业的财政、金融、人才、投资等政策措施。

本书是安徽工业大学承担的安徽省软科学研究计划项目"安徽省新兴产业培育与发展研究"（项目编号：09030503091）和安徽省领导圈定课题"增强壮大安徽战略性新兴产业问题研究"（项目编号：SLDQDKT12－1）的部分研究成果，由项目负责人洪功翔教授提出写作大纲，沈宏超副教授和崔立志博士参与了项目研究及本书的写作工作。具体分工是：沈宏超撰写第一章、第二章、第四章，崔立志、洪功翔撰写第三章、第七章，沈宏超、洪功翔撰写第五章，洪功翔、崔立志撰写第六章，沈宏超、崔立志撰写第八章，洪功翔撰写第九章。

由于作者水平有限，本书的疏漏及不足之处在所难免，敬请同行和读者不吝指正。

洪功翔

2012 年 10 月

目　录 CONTENTS

第一章 / **新兴产业概述**

工业革命以来，世界经济快速增长，但石油、煤炭、矿石等资源消耗也迅速增加，环境污染严重，全球气候变暖，严峻的环境和资源形势使人类的可持续发展受到了严重的威胁。自 20 世纪 70 年代以来，世界各国逐渐认识到这一问题的重要性，发展新兴产业便成为各国的共识。

第一节 新兴产业的含义、特征及分类

一 新兴产业的含义

对于什么是新兴产业，至今未有明确统一的定义，经济学家们对新兴产业所下的定义归纳起来有以下几类。

一是新产业说。这种观点认为新兴产业是经济发展过程中产生的新产业。波特（Porter）在《竞争战略》一书中将新兴产业的定义为，"新兴产业是新形成的或重新形成的产业，其形成的原因是技术创新、相对成本关系的变化、新的消费需求的出现，或其他经济和社会变化将某个新产品或服务提高到一种潜在可行的商业机会的水平"。蒋学伟（2002）认为，新兴产业是指新形成或重新出现的产业。它的形成或出现主要源于技术创新、生产相对成本关系的变化、新型消费需求的出现及其他社会经济因素的变化。这些因素使得一种潜在的商业机会具有其经济的可行性。程巍（2006）认为，新兴产业是指由于技术创新的结果，或新的消费需求的推动，或其他经济技术因素的变化使某种新产品，或新服务成为一种现实的发展机会，从而新形成或者重新形成一个产业。

二是高增长性产业说。这种观点认为新兴产业是迅速增长的产业。史忠良等（2004）认为，新兴产业是指增加值增长率迅速但占国内生产总值（GDP）比例偏低的那些产业。黄南（2008）认为，新兴产业有狭义和广义之分，狭义的新兴产业，主要是指依靠科技革命成果发展起来的高新技术产业；广义的新兴产业，是指利用先进革命成果而建立起来的一系列对经济发展具有战略意义的产业，这些产业普遍采用先进的生产技术，是科技创新最为集中的生产领域，也正是因为其创新性突出，因此具有较高的劳动生产率，处于产业生命周期曲线中的成长期阶段。贾建国等（1998）指出，在各个不同时代的经济增长中，

总是可以区分出新产生的、技术上先进的、具有较快增长率的、有着较大潜在需求的产业群，这种产业群可以称作新兴产业。

三是新兴产业功能说。这种观点认为新兴产业是社会新分工的结果并在新的社会分工中承担着重要功能的产业。刘小雪（2005）对新兴产业做出了一系列具体的限制：一是它必须是由技术创新催生的产业；二是它必须是世界范围内的新生产业；三是它必须是严格意义上的高技术产业；四是它必须是对经济发展具有战略意义的主导产业。陈刚（2004）认为，新兴产业是指承担新的社会生产分工职能的，具有一定规模和影响力的，代表着市场对经济系统整体产出的新要求和产业结构转换的新方向，同时也代表着新的科学技术产业化新水平并处于产业生命周期形成阶段的产业，是一种推动产业结构演进的新生力量。

综上所述，本书将新兴产业定义为，由技术进步推动或市场需求拉动而产生的具有较快增长率的新产业，它对产业结构优化和促进社会经济发展具有极其重要的作用。

二 新兴产业的特征

随着人类社会的发展，人的需求和生活方式也在不断发生变化，在一些产业衰退的同时另一些产业却在孕育、兴起。新兴产业是处于产业生命周期中形成期和成长期阶段的产业，其特征有以下几个方面。

1. 新性

首先，新兴产业是不同于老产业的新产业，其新性主要表现在产业所生产的产品或提供的服务上，这种产品或服务可以是企业创新出的前所未有的产品或服务，也可以是所用材料和功能均有革命性改进的新产品；其次，新兴产业的"新"不仅具有绝对性还具有相对性，某个产业对发达地区来说可能是老产业的，但对于落后地区来说可能仍然是新产业。

2. 高投入性

新兴产业大多属于创新型的高科技产业，如新能源、新材料、新医药、生物育种、新能源汽车等，这些产业前期产品研发不仅风险高而且需要巨额的资金投入。即便是一些大型的研发机构和生产单位往往也在新兴产品的研发资金的投入上显得力不从心，捉襟见肘。政府为了促成这些新兴产品的生产，往往会在企业的资金投入之外再给予一定的财政支持。例如，韩国为了发展生物产业，在2001～2003年，对生物技术的研发投资增长了48%，2003年的生物技术财政支持资金达到3.97亿美元；韩国政府在2003年对生物研发技术支持的资金占韩国政府研发支出总资金的9%，与两年前的7.7%相比有明显增加。美国在《21世纪纳米技术研究开发法案》中批准美国联邦政府自2005年以后的4年中投入约 37 亿美元用于纳米材料与技术的研发（王勇，2010）。巨额的资金支持吸引了大量高素质的科技人员，使得产品研发周期大大缩短，加速了新兴产品的产业化进程。

3. 高成长性

新兴产业处于产业生命周期中的形成期和成长期，与处于成熟阶段和衰退阶段的产业相比，新兴产业的发展空间和增长速度较快，具有高成长性特征。在产业发展的不同阶段，产业的市场成长性和获利情况都各不相同。处于导入期和成长期的产业具有较高的市场成长性，处于引入阶段的新兴产业获利性较低，而处于成长阶段的新兴产业具有较高的获利性，如图 1-1 所示（刘小雪，2005）。

市场获利性

	高	低
高	新兴产业（成长阶段）	新兴产业（引入阶段）
低	成熟产业	衰退产业

（左侧纵向标注：市场成长）

图 1-1　产业的市场成长性与市场获利性

4. 高不确定性

新兴产业的不确定性特征主要表现以下几个方面。

（1）技术上的不确定性。波特（1997）认为，在新兴产业中，通常存在很高程度的技术不确定性。什么产品构造将被证明是最好的？何种生产技术将是最有效的？这些问题是新兴产业必须面对且无法回避的。首先，新兴产业发展的核心是技术创新，但投入巨额资金进行新技术的研发不一定会成功，一般都面临着很大的不确定性。其次，技术研究的方向是否符合市场需求，如果研究出的技术偏离了市场需求则最终也会失败。例如，在高清电视技术的发展上，日本的选择就偏离了市场方向。当时，日本不明智地选择了以模拟技术来发展高清电视，美国起步虽然比日本要晚一些，但明智地选择了数字电视技术。实践证明，美国的数字电视技术更符合市场的需求，这使得日本在模拟高清电视上 20 多年的巨额投入打了水漂。

（2）市场的不确定性。新兴产业的市场不确定性主要指其产品的市场需求情况还不确定，存在着很大的变数。究其原因，一是因为受传统因素的影响，人们在观念上或多或少有些守旧，对过去习惯性的依赖使得人们懒于接受新鲜事物，在潜意识里有些抵触新产品；二是因为新产品成本和价格都较高，市场需求量增加存在着变数；三是新产品的市场用途有待拓展，具有不确定性。例如，蒸汽机起初在英国仅是用于矿井抽水，在发明近百年之后才成功地应用于制造业和运输业；再如，新药阿司匹林在被发现后的很长一段时间里仅用于解热镇痛，后来研究人员才发现其对治疗关节炎、预防心肌梗死等具有较好的效果。但是，如果这些新产品的市场用途没有被很好地开发出来，则其市场需求量难以增加，继而会影响新兴产业的发展。总之，市场不确定性的存在，使得一些投资者对新兴产业望而却步，从而在一定程度上制约了新兴产业的发展。

（3）政府政策的不确定性。有些新兴产业恰好符合政府的发展规划和政策意图，那么，这些产业的发展则会得到政府的许可和支持；而有些新兴产业恰好和政府的发展规划和政策意图不相符，这些新兴产业不但得不到政府的支持反而会受到政府的一些限制；即便是那些原先符合政府的发展规划和政策意图的新兴产业，也可能因为政府政策的改变而使其命运发生逆转。政府政策的不确定性使得投资者不愿意在新兴产业里投入大量的研发资金，企业也很难扩大生产规模，降低生产成本和产品价格，使得新兴产业的发展徘徊不前。

5. 高附加值性

新兴产业以其新的产品或服务满足了人们潜在的需求，这些新的产品基本上都属于技术密集型产品或智力密集型产品。由于其材料消耗少和节能效能高的特点而带来巨大的经济效益和社会效益，高技术产品的投入、产出比一般会高达（1∶10）～（1∶20）（贾丽娟，2010）。所以，从事新兴产品生产的企业一旦获得成功其利润也会远远高于普通企业。例如，自 2000 年以来，中国电子计算机及办公设备制造业进入了快速发展的道路，企业由 2000 年的 494 个增长为 2007 年的 1450 个，规模迅速扩大。2000 年，电子计算机及办公设备制造业的当年总产值、增加值、主营业务收入、利润、利税分别为 1676.95 亿元、374.28 亿元、1599.12 亿元、75.77 亿元、103.69 亿元，2007 年各指标分别增长为 14 858.57 亿元、2272.98 亿元、14 887.28 亿元、443.85 亿元、521.69 亿元，分别比 2000 年增加了 7.86 倍、5.07 倍、8.31 倍、4.86 倍、4.03 倍（贾丽娟，2010）。由此可见，创新型企业的技术先行优势会转化为垄断优势。在其他企业成功模仿之前的时间段内，创新型企业是可以保持住其垄断地位的，创新的技术难度越大越复杂其保持垄断的时间就越长。垄断优势给创新型企业带来了丰厚的利润，这是市场对企业在技术创新方面的艰辛付出所给予的回报。

6. 低污染性

新兴产业具有新性的特征，但并不是说所有的新产业都是新兴产业。20 世纪 70 年代，人们提出新兴产业的概念就是要摆脱高耗、低效、粗放的发展模式，实现节约、环保、可持续的经济发展模式。所以，世界各国在探索新兴产业发展模式时无不把节能、环保作为其发展方向，新能源、新能源汽车、新材料等现代新兴产业正是这一发展思路的产物。例如，太阳能、风能、地热能等新能源产业通过转变发展思路把过去无法利用的自然界的各种能源充分地利用起来，使其转化为电能，不仅降低了产业对环境的污染程度，而且还能实现产业发展的可持续性。不仅如此，这些新能源还在一定程度上替代了部分传统能源，减少了传统能源对环境的污染。2010年上海世界博览会（简称上海世博会）的园区有中国目前面积最大的太阳能光伏电池示范区，整个园区80%以上的夜景照明采用节能的LED光源，上海世博会期间还采用电动汽车、超级电容车和氢能源汽车等，据测算，这些环保措施能够减少上海世界博览会60%～70%的二氧化碳排放（王勇，2010）。

三　新兴产业的分类

为了便于对新兴产业进行管理和研究，人们对新兴产业进行了分类。对新兴产业分类选择的标准不同，分出的结果也不相同。

（一）按照所生产产品或服务所属行业的不同来划分

依据所生产产品或服务所属行业的不同，可以将新兴产业分为新能源产业、新材料产业、物联网产业、生物医药产业、生物育种产业、新能源汽车产业等，这是对新兴产业最常用的一种分类。由于新兴产业具有动态性特征，所以根据这一标准分类出的新兴产业并不是一成不变的，某一产业在这一时期可能是新兴产业，但经过一段时间的充分发展后可能就不再属于新兴产业了。

（二）按照新兴产业对国家发展的重要程度来划分

依据新兴产业对国家发展重要程度不同，可以将新兴产业分为战略性新兴产业和一般性新兴产业。对于战略性新兴产业的"战略性"，目前学术界并无统一认识，郑江淮（2010）认为，"战略性"有两个方面的含义：第一，从国家经济发展和国家之间竞争角度来看，"战略性"主要体现在该产业对国民经济运行的重要影响力，对产业结构高级化、综合国力和国际竞争力提升有巨大的促进作用；第二，从经济性来看，"战略性"主要体现在该产业具有范围经济、规模经济、集聚经济（对学习效应、网络外部性以及前后向关联效应的一个综合简称）等特征。战略性新兴产业也就是具有"战略性"和"新兴"两个特征的新兴产业；一般新兴产业是指对产业结构优化及提高综合国力不具有重要影响力的普通新兴产业。

（三）按照新兴产业形成的路径不同来划分

依据新兴产业形成的路径不同，可以将新兴产业分为市场孕育的新兴产业，政府培育的新兴产业及市场、政府共同作用下形成的新兴产业。市场孕育的新兴产业是指企业根据市场的需要依靠自身创新的力量所孕育出的新兴产业；政府培育的新兴产业是指政府根据国家经济发展的现实情况及国家发展战略目标进行投资培育出的新兴产业；市场、政府共同作用形成的新兴产业是以市场为主，以政府支持为辅并以满足市场需求为目标的新兴产业。

(四) 按照新兴产业发展阶段不同来划分

依据新兴产业发展阶段不同，可以将新兴产业分为萌芽状态的新兴产业和快速成长的新兴产业。萌芽状态的新兴产业是指产业规模小、产品不成熟、产业影响力较弱的刚刚开始发展的新兴产业；快速成长的新兴产业是指产业规模处于快速成长期、产品较成熟、产业影响力迅速增强的新兴产业。

(五) 按照新兴产业形成的方式不同来划分

按照新兴产业形成的方式不同，可以将新兴产业分为新技术型新兴产业、改良型新兴产业、公益型新兴产业等。新技术型新兴产业是将新技术用于生产新产品或服务而形成的新兴产业，如新能源、计算机、生物工程等新兴产业；改良型新兴产业是指用新技术改造传统产业而形成的新兴产业，如新能源汽车产业、节能环保产业、新材料产业、物流产业等；公益型新兴产业是指政府将社会公益事业行业进行产业化运作而形成的新兴产业，如传媒产业、教育培训产业等。

第二节　产业生命周期理论与新兴产业发展

一 新兴产业形成的产业生命周期理论

生命周期是自然界和人类社会普遍存在的现象，经济发展中的产品和产业也存在着生命周期，对此经济学家们已进行了卓有成效的研究。生命周期模型是对经济现象的一个生物学意义上的比喻，生命周期模型又被经常称为自然主义模型。生命周期模型存在的假设前提是，产品、技术和产业在发展过程中遵循着一个对应于生命现象诞生、成长和死亡的轨迹。产业生命周期理论正是基于这一思路在实证基础上提出来的，是现代产业组织学的重要分支之一。

与生命周期相关的经济理论研究一般是在产品及产业的层面上进行的，鉴于产业是生产同类产品的企业集合体，所以产业生命周期理论是从产品生命周期理论演变而来的。

（一）弗农产品生命周期理论

哈佛大学弗农（Vernon）教授在 1966 年 5 月发表的《产品生命周期中的国际贸易与国际投资》一文中提出了产品生命周期的概念。弗农为研究国际投资、国际贸易和国际竞争，在波斯纳（Posner）的技术差距理论的基础上提出"生产—出口—进口"的国际产业发展模式。其理论的基本思路是，产品先在发达国家研发生产，之后产品出口到其他国家，待该产业在国内成熟时将产业转移到其他新兴工业化国家，该国则由产品出口国变为产品进口国。相应地，弗农将产品生产划分为导入期、成熟期和标准化期三个阶段。弗农的产品生命周期理论因具有较强的适应性和较为广泛的影响力而成为早期影响最大的产品生命周期理论，他对产品的三个阶段划分对产业生命周期研究具有开创性意义。1980 年，波特对弗农的理论进行了分析，认为弗农理论的三个阶段分别代表了国际产业竞争中创新驱动型、投资驱动型和要素驱动型三种基本产业发展模式。

（二）A-U 产品生命周期理论

1975 年、1978 年美国哈佛大学的阿伯纳西（Abemathy）和麻省理工学院的厄特巴克（Utterback）在大量案例分析的基础上将产品生命周期与创新联系起来进行研究，着重研究创新驱动型产品的发展规律，共同提出并发展了 A-U 模型。在国内供求均衡和产品创新及过程创新机会均丰富的假设前提下，他们依据产出增长率将产品生命周期划分为流动、过渡和确定三个阶段。在流动阶段，企业根据潜在的市场需求来进行产品创新，此时的产品原型不成熟、不稳定，常常会出现许多个性化的产品创新方案和构想。但由于设计思想缺乏统一性，所以多种产品进入市场后频繁变动产品设计，产品生命周期极短；在过渡阶段，产品设计基本定型，产品差别化程度往往较低，产品趋于成熟，创新重点则由产品创新转向旨在降低成本的过程创新。由于市场潜在需求迅速转化为现实需求，导致产出增长较快；在稳定阶段，产品成熟，成本也难以降低，市场需求较为稳定，此阶段的产品面临衰退或被更新的命运。A-U 模型理论主要服务于产品管理，为产业生命周期理论的建立奠定了坚实的基础。

（三）G-K 理论及其拓展

经济学家们对产业生命周期的研究始于 20 世纪 80 年代。产业生命周期是从产品生命周期的研究演变而来的。戈特（Gort）和克莱珀（Klepper）等产业生命周期领域的著名学者，在 A-U 模型和施蒂格勒（Stigler）有关产业生命周期理论的概念性描述的基础上，对 46 个产品长达 73 年的时间序列数据进行了实证分析。他们对产业中的厂商数目进行研究，发现了产业中的厂商数目随着产业的成长而发生变化。他们按产业中的厂商的数目（净进入数）对产品生命周期进行划分，得到引入、大量进入、稳定、大量退出和成熟五个阶段。戈特和克莱珀完成了以观察个别产品作为分析单位的产品生命周期研究向以产业组织分析的产业演化研究转移，从而建立了产业经济学意义上第一个产业生命周期模型，称为 G-K 模型。

1990 年，克莱珀和格雷迪（Graddy）从实证分析的角度上，对 G-K 模型进行了发展，他们按厂商数目的改变将产业生命周期重新划分为成长、淘汰和稳定三个阶段。1996 年，阿加瓦尔（Agarwal）和戈特沿着另一条路径对 G-K 模型进行了发展。基于同一数据库中 25 个产品更长时间的序列数据，他们对产业生命周期进行了更为细致的划分，这种划分在形态与特征描述上与 G-K 模型非常相似，只在阶段长度上有所不同。G-K 模型的问世，标志着产业生命周期理论的形成。

二 产业生命周期与新兴产业

（一）产业生命周期

产业生命周期是指某种产业从出现至完全退出经济活动所经历的演化过程。产业生命周期一般包括形成期、成长期、成熟期和衰退期四个阶段，处于不同发展阶段的产业可以相应地被称为形成期产业、成长期产业、成熟期产业和衰退期产业。因此，产业生命周期的性质包括该产业演化发展的总体行为模式及其不同发展阶段的行为特征。

产业生命周期理论对产业发展的阶段性进行了研究，清晰地勾勒出了产业生命周期曲线。产品生命周期可分为形成期、成长期、成熟期和衰退期四个阶段。而产业是由生产相同或相似产品的企业集合，所以产业的生命周期也可分为形成期、成长期、成熟期和衰退期四个阶段，如图 1-2 所示。

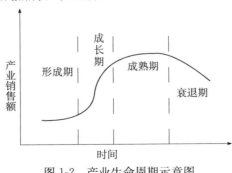

图 1-2　产业生命周期示意图

1. 形成期

在产业形成期，企业为满足潜在的市场需求而进行产品创新，产品创新是新产业形成的关键所在，但这一过程是曲折的。有些企业投入巨额的资金进行产品创新获得了成功，有些企业则未能获得成功。巨额的研发成本和生产成本使得产品价格居高不下，潜在的需求向现实转换的过程中被产品过高的价格严重地压抑着，产业因未能得到足够的需求支持而艰难缓慢地向前发展着。但企业家们看准了市场潜在的需求，在坚持中不断地进行技术革新，不断地完善产品和降低产品成本。随着产业的影响力逐渐增大，越来越多的企业进入到产业中，产业逐渐形成。产业形成的标志有以下几个方面：①该产业产品生产具备一定的规模；②该产业的从业人员达到一定的规模；③该产业的社会影响逐渐形成，开始承担一定的社会经济功能。不同产业在形成过程中所受到的影响因素不同，则其产业形成期时间长短也会有所差异。例如，产业在形成过程中若能得到政府及金融机构的支持，其形成期会大大缩短，反之，其产业形成期可能会较长。另外，产品创新的难度也会影响产业形成期，从而使不同产业的形成期曲线呈现出不同的形状。

2. 成长期

产业成长期又称产业扩张期，是指产业形成之后，不断吸纳各种经济资源扩大自身的过程。当一个产业的产出在整个经济中的比例迅速增加并且其作用日益扩大时，就可以认为该产业由形成期进入了成长期。在这一时期，产品的研发进入深化期，不断进行的产品再创新使产品日趋成熟，而产品生产技术的改进使得产品成本得以降低，市场潜在的需求因产品价格的降低而迅速转化为现实的需求。需求的扩张一方面为产品价格的降低提供了可能，另一方面又吸引了大量企业进入该产业，整个产业的规模在此期间迅速扩张。产业的成长期有以下几个特点：①产品的再开发更加频繁，并逐渐趋于成熟；②市场对产品需求迅速增加；③产品生产技术迅速改进，生产成本大幅降低；④各种资源大量进入该产业，产业规模迅速扩张，影响力迅速增加。一般来说，在此阶段产业生命周期曲线的斜率是比较大的。

3. 成熟期

产业经过成长期的充分扩张达到极限之后，产业的生产能力和生产空间的扩张将会放慢。一方面，由于原先市场潜在的需求已较为充分地转换为现实的需求，其产出的市场容量已相对稳定；另一方面，该产业在产业结构中的潜在作用已基本得到发挥，此时标志着该产业从成长期进入了成熟期。产业的成熟期具有以下几个特点：①产业规模及其在国民经济中的作用达到历史极大值且较为稳定；②产品生产技术成熟稳定，产品成熟且标准化程度高；③市场对产品的需求趋于饱和，供给充分且买方市场逐渐显现；④由于竞争日趋激烈，产品价格逐渐下降，行业利润率逐渐降低。一般来说，在此阶段产业生命周期曲线的表现较为平稳且持续时间较长。

4. 衰退期

随着技术的进步，当市场出现在经济上可以替代老产业的新产业时，老产业就会逐渐萎缩而步入衰退期。产业在衰退期的特点有以下几方面：①市场对产业所提供产品的需求逐步萎缩，产品价格下降，行业利润率较低；②尽管行业利润率较低，但产业内企业间的竞争却非常激烈，部分企业开始从该产业中退出；③产业规模逐步萎缩，产业在国民经济中的影响力逐渐降低；④产业内企业间的兼并重组频繁发生。产业衰退是必然的，是新陈代谢规律在经济领域内的表现，是对产业自身的否定并孕育出新产业的过程。产业体系的这种不断地推陈出新是产业保持旺盛生命力并推动国民经济不断向前发展动力所在。

(二) 产业生命周期与新兴产业的关系

新兴产业是相对于已存在的旧产业来说的，是随着社会的进步而出现的新产业，是社会进步和分工扩大的产物。新兴产业不仅包括高新技术产业，还包括由于分工而产生的现代物流、传媒等现代服务业。从产业生命周期的角度来说，新兴产业是处于产业生命周期中形成期和成长期的阶段产业。新兴产业的市场份额可能不大，但其潜在的或现实的增长率是较快的；它的产出比例开始可能较小，但其在短期内能获得较迅速的发展并对产业结构乃至整个社会经济产生较大的影响。一般来说，新兴产业往往代表社会发展对整个经济体产出的需求方向，是整个产业结构转换的导向。

从产业生命周期的角度来说，新兴产业不仅在于其是否新，还在于其是否具有产业形成期和成长期的特征，即未来的高增长性和潜在的高需求性。有些产业尽管已经发展了很长时间，但如果其市场潜在的需求仍然巨大且在未来仍具有高增长性，这样的产业仍可以看成是新兴产业。新兴产业形成的标志有以下几个方面：①该产业生产的产品具有巨大的潜在市场需求；②该产业的产出规模初步形成；③产业内的从业人员达到一定的数量；④该产业承担着某种社会经济功能，且其社会影响力逐步增强。

第三节　发展新兴产业的意义

一 培育新的经济增长点，促进国民经济又好又快发展

随着经济的发展，一些传统产业的增长势能释放殆尽，发展速度逐渐放缓

甚至走向衰退。在这样的情形下，世界各国迫切需要新的经济增长点来促进整体经济的增长，发展新兴产业就是最好的选择。新兴产业是指随着新兴技术的发明应用和新的科研成果运用推广而出现的新的部门和行业，新兴产业的技术、产品、设备、服务及市场都处于快速成长期。新兴产业所生产出来的产品满足了人们日益增长的产品需求，产业本身的发展也吸纳了大量的就业人员，新兴产业的高成长性本身就是经济的新增长点。从新兴产业本身的特性来看，高科技含量是大多数新兴产业的一个共性，而高新技术产业的发展对促进整个国民经济又好又快发展具有至关重要的作用。自世界金融危机以来，我国经济进入了调整期，而调整期正是企业加快重组、产业结构调整、新兴产业发展的最佳时期。加快发展新兴产业对金融危机后培育我国新的经济增长点，促进我国经济又好又快发展有着深远的战略意义。

二　加快产业转型升级，推动产业结构优化

国民经济是由相互联系、相互依赖的产业构成的，产业结构是指各产业和部门在国民经济中所占的比例结构。产业结构优化包括产业结构的高度化和产业结构的合理化，是相辅相成的两个方面。产业结构合理化是产业结构高度化的基础，没有合理化就谈不上高度化；产业结构高度化是产业结构合理化进一步发展的目标，否则产业结构合理化就失去了现实的经济意义。无法找到一个静态的标准来衡量产业结构是否合理，因为其是一个动态的概念，在很大程度上取决于一个国家的综合经济实力和社会发展状况。

近年来，我国政府采取了扩大内需和出口的方针，使得经济得以快速增长，但产业结构性矛盾仍然突出，低附加值、低技术含量的产业在经济中所占比例过大，使得我国经济发展的效率低下，在一定程度上制约了我国经济又好又快发展。新兴产业凭借其潜在的增长势头、良好的发展前景吸引了大量的资金、技术人员等资源，边缘化了那些低附加值产业、低技术含量的产业，加快了产业转型升级，推动产业结构优化。新兴产业的发展形成了新的产业和部门。新产业的形成往往离不开新技术，新技术不仅提高了生产效率，而且创造出了新兴产品或服务，生产这些新产品或服务的企业集合便是新兴产业。新兴产业的发展使传统产业得到改造和优化升级。新兴产业的技术扩散及其产品的使用为传统产业的技术改造提供了技术支持，使传统产业生产效率提高，产品得以更新换代。例如，信息技术的广为应用使得一些传统产业的自动化程度大大提高，生产效率的提高不仅扩张了生产能力，还降低了产品的成本，增加了企业的利润，为企业开发新产品提供了足够的科研经费。

三 提升经济综合实力，赢得国际竞争优势

在经济全球化的大背景下，我国通过引进消化吸收国际先进技术，在部分领域特别是传统产业领域升级改造方面已具备一定的国际竞争优势，但总体上我国产业仍处于国际产业链的中低端分工位置，不仅产业发展受人牵制，而且利润微薄，发展新兴产业是摆脱旧国际产业分工格局的重要途径。与发达国家相比，我国新兴产业的自主创新能力严重不足，主要原因是科研资金不足、科研人员缺乏及研究设备落后等。一些新兴产业虽然已经发展起来了，但由于未掌握关键技术，对其他产业的带动力较弱，产业链条短。面对新的国际经济形势和我国的经济现状，我国必须牢牢把握战略性新兴产业尚处于初始发展阶段的有利时机，加大创新投入，大力发展新兴产业尤其是战略性新兴产业，抢占产业发展的战略制高点，加快形成新的国际竞争优势。目前，我国应该重点发展的战略性新兴产业应包括五个方面：一是新能源、环境保护与治理技术及设备制造产业；二是新一代电子信息技术及其应用，包括具有国际竞争力的关键元器件、软件及其在下一代互联网、三网融合、物联网等领域的应用；三是现代农业及与生命健康相关的生物工程技术及其产业；四是高端装备制造业，包括航空航天装备、智能制造装备、新兴交通运输装备、新能源汽车、海洋工程装备等；五是新能源、生物工程、高端装备制造业和消费品工业所需要的各种新材料。这些新兴产业的培育与发展对迅速提升我国国际竞争力大有裨益。

四 掌握核心技术，确保国家经济安全

在经济全球化的大格局下，各国之间的经济联系日益密切，中国作为一个大国应该在整体经济格局中居于主导地位，引领世界经济向前发展。但现实的情况是我国在投资、技术等方面对发达国家存在依赖。我国要想摆脱目前经济发展的窘境，就要放弃低端产业，着重发展新兴产业尤其是战略性新兴产业。战略性产业，是指一国或地区为实现其战略目标（如产业结构的高级化目标等）所选定的对于国民经济发展具有重要意义的具体产业部门，战略性产业在国家或地区战略性目标实现中具有关键作用。国家层面上的战略性新兴产业一般是指在新一轮技术革命和产业革命中成长起来的，对国计民生、国家战略安全有重大影响，在国民经济体系中具有战略地位的产业。与一般产业不同，战略性新兴产业在国民经济中具有战略地位，对经济社会发展和国家安全具有重大和长远影响。战略性新兴产业着眼于未来，致力于技术研发和创新，引领经济的发展，是国家经济安全的重要保证。

五 减少环境污染，推动经济的可持续发展

1987 年，以挪威前首相布伦特兰（Brundtland）为首的联合国世界环境与发展委员会发表了一份题为《我们共同的未来》的报告，报告中给可持续发展下的定义是"既满足当代人的需求，又不损害后代人满足其需求能力的发展"（陈宗胜，2000）。要想"满足当代人的需求"，我们就必须要发展经济，实现经济的快速增长；要想"不损害后代人满足其需求能力"，我们就必须给后代人留下足够的生存空间——保护好环境。然而，我们赖以生存和发展的环境正发生着急剧的变化，承受着前所未有的压力，如果现在不去保护环境，就会丧失未来的"满足其需求能力"。由此可见，保护环境已成为可持续发展的重要内容，经济发展必须和自然资源、生态环境保持协调。一些传统产业的发展道路已经行不通了，因为其不仅污染环境而且不可持续，转变发展思路是不得已的选择。20 世纪 70 年代，新兴产业的概念一被提出，便很快成为世界各国经济发展的新思路，各国都根据自己实际情况选择了适合自身国情的新兴产业。我国选择的新兴产业包括节能环保、新一代信息技术、生物技术、高端装备制造、新能源、新材料、新能源汽车等。新兴产业以技术为本，新技术的应用生产出了新产品，满足了人们不断增长的需求，如生物医药产业依靠技术进步研发出了许多新的药品满足了病人的需求。另外，新兴产业以高效、节能环保为原则，尽可能保持产业与生态环境的协调发展，把当代人的活动产生的对下一代人的负面影响降到最低。例如，风能、太阳能等新能源产业，其发展不仅清洁、环保，也满足了当代人对能源的需求，丝毫不影响后代人对此资源的利用，因而是可持续的。

第二章 新兴产业发展的一般规律

第一节 新兴产业形成与发展的动因

新兴产业的形成与发展有其客观的发展逻辑和演变规律，这种逻辑和规律就是新兴产业形成与发展的机理和动因。分析起来，新兴产业形成与发展的动因主要有需求拉动、政府推动、产业分化三个方面。

一 需求拉动

产业的产生与发展就是为了满足人类的需求，如果没有人类的需求也就不会有产业。所谓人类需求是指人类为了自身生存、发展和享受等方面在物质上和精神上的需要。而物质上的需求主要靠生产出的物质资料来满足，产业正是为满足人类物质需求而产生、发展的。

（一）人类发展而产生的需求

人本主义心理学之父马斯洛（Maslow）认为，人是一种不断满足需求的动物，一个欲望刚刚满足后往往会迅速产生另一个欲望，这是贯穿整个人生的一个特点。马斯洛理论把需求分成生理需求、安全需求、社交需求、尊重需求和自我实现需求，依次由较低层次到较高层次。生理需求包括对食物、水、空气和住房等需求，这类需求的级别最低，人们在转向较高层次的需求之前，总是尽力满足这类需求。安全需求包括对人身安全、生活稳定，以及免遭痛苦、威胁或疾病等的需求，与生理需求一样，在安全需求没有得到满足之前，人们唯一关心的就是这种需求。社交需求包括对友谊、爱情及隶属关系的需求。当生理需求和安全需求得到满足后，社交需求就会突出出来，进而产生激励作用。尊重需求既包括对成就或自我价值的个人感觉，也包括他人对自己的认可与尊重。有尊重需求的人希望别人按照他们的实际形象来接受他们，并认为他们有能力，能胜任工作。自我实现需求的目标是自我实现，或是发挥潜能；达到自我实现境界的人，接受自己也接受他人；解决问题能力增强，自觉性提高，善于独立处事，要求不受打扰地独处。低层次的需求基本得到满足以后，其激励作用就会降低，其优势地位将保持不下去，高层次的需要会取代它成为推动行为的主要原因。随着人类社会的发展，人类的需求级别也在不断地提高，而每一个级别需求的满足都需要大量的物质资料，这就催生了一个又一个的新兴产业来满足人们不断出现的新需求。

（二）人类社会的发展而产生的需求

在马克思看来，人类生存的第一个历史活动就是生产物质生活本身的实践活动，"社会生活在本质上是实践的"，"人的本质并不是单个人所固有的抽象物，实际上，它是一切社会关系的总和"。人的生存和发展是以个人的物质资料需求得到满足为前提条件的，在这一点上马克思和马斯洛的观点基本相同。个人的需求是生产发展的动力，促进了人类物质资料的生产，而人类物质资料的增长又促进个人需求的发展，这是一个相互促进的过程。在需求和物质资料生产相互促进的过程中，不仅物质资料的生产方式发生了重大的转变，物质资料的生产内涵和外延都在不断地丰富。可见，随着生产力和人类社会的发展，许多原来遥不可及的潜在需求具有了现实转化的可能性，新产业便是在技术的推动下应运而生的。

（三）资源短缺而产生的需求

资源是生产物质资料的必备要素，某些资源的有限性不仅为人类合理利用资源提出了更高的要求，而且人类出于从长远的角度考虑开发出资源的替代性产品。一种新的资源利用形式或新替代品的出现，都意味着新兴产业的产生和兴起。比如，能源的短缺迫使人们改变能源的利用方式——节约利用能源，于是产生了节能产业，节能电灯、节能汽车及其他一些高效低耗的节能产业等。另外，由于资源的短缺人们还在不断开发一些替代品，由此也形成了一些新产业，如新能源。新能源又称为非常规能源，是指传统能源之外的各种能源形式，指刚刚开始开发利用或正在积极研究、有待推广的能源，如太阳能、风能、生物质能、核聚变能、海洋能、地热能、氢能等（王勇，2010）。而这些新能源正是在常规能源日趋短缺的情况下开发出来的替代产品，从而形成了新能源这样的新兴产业。

二　政府推动

（一）政府保护扶持并推动新兴产业发展

关于政府保护扶持并推动产业发展的起源可追溯至美国第一任财政部部长汉密尔顿（Hamilton）的贸易保护思想，他在 1791 年 12 月提出的《关于制造业的报告》中认为，为使美国经济自立应当保护美国的幼稚工业，其主要方式是提高美国的进口关税。李斯特（List）作为德国历史学派的先驱者，早年提倡自由主义，但自 1825 年出使美国以后受到汉密尔顿的影响，并亲眼看到美国实施贸易保护政策的成功，于是转而提倡贸易保护主义。他在 1841 年出版的《政治经济学的国民体系》一书中系统地提出了保护幼稚工业的学说。之后，科登（Corden）、克莱策（Kletzer）、苏斯（Sucear）、巴德汉（Bardhan）、汉弗莱（Humphrey）、塞尼兹（Sehrnitz）等学者相继研究了各种不同情况下的产业保护问题及保护与竞争的关系。汉密尔顿和李斯特开创性的理论不仅为政府保护弱小产业发展提供了实践和理论依据，而且为政府扶持和推动新产业发展提供了思路。例如，德国为推动节能灯产业发展，对生产节能灯的企业进行经费补贴。在产品的研发阶段，企业或生产厂家可以申请国家的科研经费。德国国家科研经费高达整个研发经费的约 40%，这极大地降低了企业的研发成本，提高了企业开发新产品的积极性。德国市场上的节能灯为何有如此的生命力和竞争优势，应该说与这种科研补贴体制密切相关。2007 年年底，财政部、国家发展和改革委员会（简称"国家发改委"）联合发布了《高效照明产品推广财政补贴资金管理暂行办法》。其中规定，企业和大宗用户，每只高效照明产品中央财政按中标协议供货价格的 30% 给予补贴；城乡居民用户，每只高效照明产品中央财政按中标协议供货价格的 50% 给予补贴。中标企业提供的高效照明产品必须保证质量，达到照明产品国家能效标准的节能评价值，具有完善的售后服务体系，在产品外包装和本体上印制"政府补贴、绿照工程"字样。这一补贴政策起到了增加需求，扶持并推动我国节能灯产业发展的作用。

（二）政府直接投资于新兴产业

政府直接投资于新兴产业的理论基础是市场失灵理论。造成市场失灵的原因有以下几个方面：一是公共物品。公共物品是可供社会成员共同享用的物品，具有非竞争性和非排他性。非竞争性是指一个人对公共物品的享用并不影响另一个人的享用；非排他性是指对公共物品的享用无需付费。二是外部影响。市场经济活动是以互惠的交易为基础的，但这种交易之外还可能对其他人产生一些其他的影响。这些影响对于他人可以是有益的，也可以是有害的。然而，无论有益还是有害，都不属于交易关系。这些处于交易关系之外的对他人的影响被为外部影响，也被称为经济活动的外在性。三是非对称信息。由于经济活动的参与人具有的信息是不同的，如果一些人利用信息优势进行欺诈，会对正常的交易造成损害。当人们对欺诈的担心严重影响交易活动时，市场的正常作用就会丧失，市场配置资源的功能也就失灵了。四是垄断。对市场某种程度的垄断和完全的垄断可能使得市场机制失去作用，导致资源的配置缺乏效率。

在新兴产业领域造成市场失灵的原因有两个：一是某些新兴产业的公共物品性；二是某些新兴产业的外部性。对此，美国经济学家纳尔森（Nelson）（1975）认为，某些新兴产业本身具有准公共物品性和外部性，如高新技术产业，作为前沿研究，具有纯公共物品的性质。尽管某些高新技术产业研发成本非常巨大，但是技术一旦被开发出来，以后使用的边际成本趋近于零。如果没有很好的保护措施，其他人几乎能免费使用，这对"搭便车"行为产生强烈激励。高新技术成果易于无报酬扩散或被盗窃，致使有些企业不劳而获，且消费者只需支出与研究成本相比很低的费用即可获取效用，这必将降低研发主体的创新冲动。研发活动具有外溢性，研发的投资者不可能得到研发活动的全部收益，导致外溢的不完全私人独占性，边际投资的社会收益可能比私人收益高，对此市场是难以解决的。对于那些对未来国家发展有重要意义而私人又不愿意投资也无力投资的新兴产业理应由政府来投资，如航空航天产业、军工产业、核能产业等；对于那些投资风险大而对其知识产权又不宜保护的新兴产业也应当由政府来投资，如各种疾病新疫苗的研发产业。

三 产业分化

分化是生物学上的一个概念，现在已在各个领域中被大量使用，如农民分化、阶级分化等。产业分化也称产业演化，对产业分化的经济学分析是借鉴生物学的概念来进行的。我们可以把产业看成一个由非特化细胞构成的系统，其内部结构在特定的环境条件下不断地分化，生长出一个又一个的新产业，这就是产业分化的含义。

（一）分工促进产生分化

分工是产业分化产生的基础。随着人类社会生产力的发展，人的需求日趋多样化，生产日趋复杂化，在个人能力有限的情况下，分工就成为一种必然。亚当·斯密认为，"一切人都要依赖交换而生活，或者说，在一定程度上，一切人都成为商人，而社会本身，严格地说，也成为商业社会"。分工的发展促进了产业分化，孕育出一个又一个的新兴产业。纵观人类社会的三次大分工，每一次社会大分工都成为新的产业。第一次社会大分工，畜牧业从农业中分离出来，成为一个新兴的产业；第二次社会大分工，手工业从农业中分离出来，又成为一个新兴产业；由于社会分工促进了生产的发展，导致了第三次社会大分工，出现了一个新兴的产业，即商业。恩格斯称，第三次社会大分工为"有决定意义的重要分工：它创造了一个不从事生产而只从事产品交换的阶级——商人"。其中，在第二次社会大分工中，手工业内部的分工又分化出了许多新兴产业。在原始社会，工业种类很少，只有石器制造、骨角制造、陶器制造、纺织品制造、酿酒、编织等产业部门。奴隶社会增加了冶铜业，封建社会又增加了冶铁、制糖、棉纺织等产业部门。在新产业不断产生的过程中，有的是在生产过程中产生的新行业，有的则是由某个行业演变分化成的新的产业部门。例如，在纺织工业的发展过程中，先有丝织业，后有棉纺织业。棉纺织业的工序分为轧花、纺纱、织布、印染等，随着棉纺织业日益发展，由这些工序中产生了轧花产业、纺纱产业、织布产业、印染产业等产业部门。同样，在矿冶铸造业方面，其工序采矿、冶炼、铸造等，随后也日益分化为采矿产业、冶炼产业、铸造产业等产业部门。另外，某个工业部门的创立或发展，往往会带动其他有关部门的创立或发展。例如，中国冶铁业的兴起，使农具制造和兵器制造成为独立的新兴产业部门。

（二）产业创新是产业分化的动力

"创新"一词来源于美籍奥地利经济学家熊彼特的《经济发展理论》，在这本著作中熊彼特认为，创新是"企业家为了获得潜在利润而对生产要素的重新组合"。熊彼特所说的"创新"或"新组合"包括以下几个方面的内容：一是研发新产品；二是采用新工艺；三是利用新资源；四是开拓新市场，开辟从未进入过的市场或将原有市场细化，用产品的多品种市场取代单一市场；五是采用新的企业组织与管理方式，也称为组织创新改变企业组织结构和变革资产形态。熊彼特从技术与经济相结合的角度来理解创新，其含义相当广泛。英国学者弗里德曼（Freedman）认为，创新是第一次引进一个新产品或新过程中所包含的技术、设计、生产、财政、管理和市场等步骤。创新是一种开拓性和尝试性的实践活动，是企业在内在动力（即获得更多利润）和外在压力（即竞争）的作用下企业的一个必然选择。也就是说，在竞争不断加剧的环境下，企业要生存和发展就必须提高现有产品的质量，降低产品的生产成本，不断推出新产品，这一切都依赖于企业的创新。

产业是生产相同或产品相似的企业集合，是由企业组成的，企业创新的复制和扩散必然带来产业创新。弗里德曼认为，"产业创新是一个系统概念，系统因素是产业创新成功的决定因素，产业创新主要包括技术创新、产品创新、流程创新、管理创新和市场创新。不同产业的创新业不尽相同的，化学产业主要是流程创新，仪器仪表产业主要是产品创新，电力产业主要是市场创新"。

企业在熊彼特所定义的五个方面进行创新都有可能产生新的产业。新产品的研发产生了新产业，例如，对通信产品的研发产生了手机产业；新工艺的创新产生了对新工艺的需求，由此而产生的供给会形成新的产业，例如，化工生产中对催化剂和添加剂的需求形成了一些催化剂、添加剂产业，在一些生产中对生产工艺的改造形成了对设备的需求从而产生了某些工程设备制造业，等等；对新资源的创新利用则会产生一些全新的产业，例如，对太阳能的创新利用产生了太阳能产业、对风能的创新利用产生了风能产业、对地热能的利用产生了地热产业，等等；开拓新市场的本身就是新产业形成的过程，例如，开拓用户即时通信市场产生了移动通信产业；采用新的企业组织与管理方式会带来一些新的产业，例如，股份公司的产生孕育出了一个新兴产业即股票交易产业（或称为证券产业）。

第二节　新兴产业的发展路径

新兴产业的孕育、形成及发展是社会经济发展和产业结构演进过程中的普遍现象。新兴产业的发展路径是指新兴产业的成长轨迹，其过程包括孕育、发展、形成三个阶段。新兴产业在形成过程中受到诸多因素的影响，其成长路径也有较大差异。按照新兴产业成长方式的不同，新兴产业发展路径可以分为：市场孕育的新兴产业发展路径，政府培育的新兴产业发展路径，市场、政府共同作用下的新兴产业发展路径。

一　市场孕育的新兴产业发展路径

市场孕育的新兴产业是指市场依靠自身的力量所孕育出的新兴产业。其发展路径如图 2-1 所示。

图 2-1　市场孕育的新兴产业发展路径

（1）种子产生阶段。社会经济的发展使得人们的潜在需求具有向现实转化的可能性，这为企业创新产品提供了需求条件，企业只要具备了资金和技术条件就会研发新产品以满足人们潜在的需求。某些资源短缺造成其价格高涨，就迫使需求者寻找该资源的替代品，替代品便是新兴产业的种子。分工则为产业发展埋下了种子。创新不仅是产业推陈出新的动力，同时也是产生新兴产业的源头所在。

（2）孕育阶段。企业获得了必要的资金和技术支持，开始进行创新和新产品的研发。之后在高端市场的支持下，经过不断地实践，新产品逐步形成；分工随着市场的扩大开始有独立化的倾向。

（3）发展阶段。随着生产技术的扩散，生产开始不断地在企业内部和企业外部复制，并伴随着产品成本的下降刺激需求不断地增加，这反过来又刺激了生产的复制，从而形成一个相互作用的回复机制；从分工的角度来看，随着社会经济的发展而引起的生产扩张使得枝化效应逐渐显现，原先分工的涓涓细流正在形成汹涌的大河。

（4）形成阶段。新兴产业已经形成，无论是产业内的从业人员还是产出都已达到一定的规模，巨大的潜在市场需求等待产业的供给，产业的社会影响力也逐步提高。

二 政府培育的新兴产业发展路径

政府培育的新兴产业是指政府根据国内外的产业发展情况结合自身发展战略规划而投资培育出的新兴产业。其发展路径如图 2-2 所示。

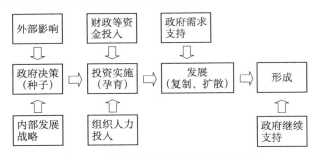

图 2-2　政府培育的新兴产业发展路径

与市场孕育的新兴产业不同，政府培育的新兴产业的种子不是来源于市场而是来源于政府。政府根据其外部发展的形势及自身的发展战略，并结合产业本身的特点，就是否培育该产业进行决策。一旦政府决定发展该产业，新兴产业的种子也就种下了。接下来政府进行投资实施，这是新兴产业的孕育阶段。在这个阶段，政府会投入大量的财政资金并组织科研人员研发生产新产品。随着新产品的问世，政府的支持由原先的科研支持变为需求支持，即以购买产品的方式来支持，此时新兴产业便进入了发展阶段。在这一阶段，随着政府需求的增加，生产开始复制、扩散。

随着生产技术和产品的成熟，需求进入到了规模化和正常化阶段，而生产进入到程序化和批量化阶段，产业内的从业人员和产出都已达到一定的规模，产业的社会影响力迅速提高，这标志着政府培育的新兴产业已经形成。

三　市场、政府共同作用下的新兴产业发展路径

对于新兴产业形成与发展而言，离开了政府的支持其路途不仅艰难遥远而且有可能会夭折，所以政府在绝大多数情况下对市场自发孕育的新兴产业发展都会给予必要的支持；而政府培育的新兴产业往往也需要借助于市场的力量来发展。

(一) 市场孕育＋政府支持的新兴产业发展路径

这种新兴产业发展是以市场为主，以政府支持为辅，并以满足市场需求为目标的产业发展模式。这种新兴产业的市场适应能力较强，但在产业孕育阶段由于其较弱小所以需要政府给予必要的支持。在随着市场需求的进一步增加和生产能力的扩张，到新兴产业形成时产业自身可以得到很好的发展，政府则可以停止对产业的支持。市场、政府共同作用下的新兴产业发展路径如图 2-3 所示。

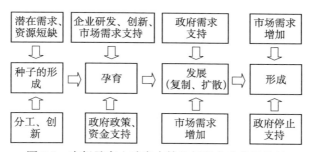

图 2-3　市场孕育＋政府支持的新兴产业发展路径

(二) 政府主导＋市场发展的新兴产业发展路径

政府主导＋市场发展的新兴产业发展是以政府为主导，以市场需求为条件，并以满足市场需求为目标的产业发展模式，其发展路径和政府培育的新兴产业发展路径相比多了市场的参与。在新兴产业发展的前期主要是政府培育，到新兴产业发展达到复制、扩散阶段时，市场需求的增长使得产业在政府支持减少的情况下也可以正常发展。在随着市场需求的进一步增加和生产能力的扩张，新兴产业最终形成。政府主导＋市场发展的新兴产业发展路径如图 2-4 所示。

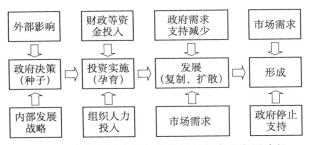

图 2-4 政府主导＋市场发展的新兴产业发展路径

第三节　新兴产业的发展规律

一　政府推陈是产业出新的契机

当一个产业发展至成长阶段时，尽管产业规模还不是很大，但其增长率却是较高的，能在短期内发展壮大。处于成熟期的产业，其规模、产值、从业人员数量等处于鼎盛时期，产业所蕴含的潜能得到最大的释放，其对社会的贡献也达到峰值。之后，产业发展速度放缓，逐渐趋于停滞、萎缩，产业进入衰退期。这时就需要政府推陈出新，培育新兴产业。所以，产业的衰退往往意味着新兴产业的兴起。

纵观那些在经济发展方面取得成功的国家或地区，都非常重视产业的推陈出新。特别是日本、韩国和我国台湾地区，作为政府主导型经济的典型代表，这几个国家和地区在不同的发展阶段，均明确制定了未来将要重点发展的新兴产业。例如，日本在工业化初期将纺织、食品、钢铁、电力等产业确定为未来的重点产业；进入工业化中期后，日本又及时地确定了造船、石油化工、汽车、家用电器、运输机械、一般机械和电气机械等作为重点扶持产业；石油危机后，日本减少了对能耗高、污染大的产业扶持，转而发展计算机、电子、新材料、新能源等产业；进入 21 世纪以后，日本加大了对一系列新兴产业的发展，信息通信、物资流通、节能和新能源开发、环保、新制造技术、生物工程、宇宙航空、海洋开发等产业成为国家重点扶持的领域（汪斌，1997）。

20 世纪 70 年代，西方国家的传统工业发展乏力，例如，钢铁工业、化工工业、汽车工业、基础设施建设等行业，难以形成对经济增长的支撑，使西方一些国家经济陷入"滞涨"状态。但美国、英国、德国等西方发达资本主义国家认识到了新兴产业对经济增长的支撑作用，日益重视对新兴产业的扶持，纷纷出台了支持本国新兴产业发展的产业政策。例如，20 世纪 90 年代，美国克林顿政府就先后出台了"先进技术计划"、"制造技术推广计划"、"平板显示器计划"、"信息高速公路"等一系列产业政策，大力发展网络技术和信息产业，1991～1999 年，美国年均实际 GDP 增长率为 3.2%，这对美国来说是一个了不起的增长率。

二 潜在的需求是新兴产业产生与发展的重要拉动力

随着人类社会的发展，人类的需求级别也在不断地提高，潜在的需求不断地转化为现实的需求，催生了一个又一个新兴产业，潜在的需求是新兴产业产生与发展的重要拉动力。为了满足人们穿的需求，服装产业得以产生；为了满足人们吃的需求，食品产业、餐饮业等得以产生；为了满足人们住的需求，房地产业、装修业、家电产业、家具产业等产生了；为了满足人们出行的需求，自行车产业、汽车产业、飞机产业、交通运输业等产生了；为了满足人们安全的需求，司法等行业产生了；为了满足人们健康的需求，保健品制造业、药品制造业、疾病治疗业等产生了；为了满足人们休闲的需求，娱乐产业、体育产业、旅游产业等产生了；为了满足人们提高自身素质的需求，教育业、培训产业等产生了。可以说，只要有需求就会有供给，就会有新的产业产生。

三 产业分化是新兴产业产生的重要途径

产业分化也称产业演化，是指产业内部结构在特定的环境条件下不断分化，生长出一个又一个的新产业。产业分化与分工密不可分。分工是每一个人专门从事生产过程中的某一方面或某一阶段工作的一种生产方法。经济越是发展，分工越是重要，分工能得以实现的原因在于它能增进生产效率。亚当·斯密（1972）认为："由于我们所需要的相互帮忙，大部分是通过契约、交换和买卖取得的，所以当初产生分工的原因也正是人类要求互相交换这个倾向。例如，在狩猎或游牧民族中，有个善于制造弓矢的人，他往往以自己制成的弓矢与他人交换家畜或兽肉，结果他发觉，与其亲自到野外捕猎，倒不如与猎人交换，因为交换所得比较多。为他自身的利益打算，他只好以制造弓矢为主要业务，于是他便成为一种武器的制造者。另有一个人，因长于建造小茅房或移动的框架和屋顶，往往被人请去造屋子，以家畜或兽肉为酬，于是他终于发觉，完全献身于这一工作对自己有利，因而成为一个房屋建筑者。同样，第三个人成为铜匠或铁匠，第四个人成为制革者，皮革是未开化人类的主要衣料。这样一来，人人都能把自己消费不了的劳动生产物的剩余部分，换得自己所需要的别人劳动剩余物部分。这就鼓励大家各自委身于一种特定的业务，使他们在各自的业务上，磨炼和发挥各自的天赋资质或才能。"分工促进产业分化，分工是产业分化产生的基础。随着人类社会生产力的发展，人的需求日趋多样化，生产日趋复杂化，在个人能力有限的情况下，分工就成为一种必然。某种分工不再是个别现象而是整个社会普遍现象的时候，例如，弓矢制造者的数量很多，或者专门建筑房屋者的数量很多，或者专门从事冶炼的人数很多，或者专门从事皮革制造的人很多等，分工的发展就孕育出了一个又一个的新产业，从某种意义上说新兴产业就是分工规模化的结果。众所周知，随着经济发展进程的深化，社会化大生产体系得到进一步强化，各产业间的分工协作和产业内部门之间的分工也不断地演进着。这样，新的产业就不断从原有经济体系中分化独立出来，改变了原有产业结构系统中的产出构成，不断地增加和更新产业结构的内容，使产业结构更加复杂化，产业结构中的新成员便是新兴产业。在这一过程中，新兴产业主要通过原有产业不断分化来形成，这是社会生产分工深化的结果。

四 创新是新兴产业产生与发展的永恒动力

创新是一个非常宽泛的概念，适用于很多领域。技术创新、管理创新、思想创新等都是人类社会进步的表现，同时又是人类社会进一步发展的基础。熊彼特、弗里德曼等学者都曾根据自己的理解给创新下过定义，《中共中央国务院关于加强技术创新、发展高科技、实现产业化的决定》中对创新的定义是："创新是指企业应用创新的知识和信息、新技术、新工艺，采用新的生产方式和经营管理模式，提高产品质量，开发新的产品，提供新的服务，占据市场并实现市场价值。"创新对新兴产业的产生与发展起着关键作用，是新兴产业发展的永恒动力，原因有以下几点。①产品创新带来了新的产品，这些生产新产品的企业集合便是新产业，即新兴产业。例如，手机产品的问世，产生了手机产业；汽车的问世产生了汽车产业；飞机的问世产生了飞机制造业；彩电的问世产生了彩电产业；等等。②生产技术的创新产生了新的生产设备，生产这些新设备的企业集合即为设备制造产业。如机床产业、工程机械产业等。③服务方式的创新也可以产生新的服务产业，如物流产业，证券产业、美容产业等。总之，不管哪个行业只要创新就等于播种了新兴产业的种子，一旦环境适合它就会发芽长大。所以，世界各国都非常重视创新，尤其是技术创新。美国经济的持续强劲发展与其对先进技术的掌握和应用是密不可分的。自 1993 年以来，美国对先进技术的研发总投资每年都达到 1600 亿美元以上，2002 年，制造业所从事的研发活动占全美的 71%，所提供的研发经费约占 66%（朱高峰，2003）。日本更是重视技术创新，日本设立了专门的研发究机构和一些专门的科学技术园区，目的是要开发世界顶尖技术，培养高级技术创新人才。据统计，在日本技术创新成就最辉煌的 1979～1986 年，研究投资从 4 万亿日元猛增到 19 万亿日元，年均增长率约为 29.6％（孙景超等，1998）。

五　政府的宏观引导政策是新兴产业发展的航标

产业的发展离不开市场的基础性作用，同样，也离不开政府的指导，如果离开了政府的指导，其发展就会带有盲目性，常因为发展方向的偏差使产业发展遭受挫折。所以，政府在把握整个经济发展大局的前提下，要根据国家发展战略制定合理的新兴产业发展政策，引导新兴产业有序、健康地发展，使得新兴产业的发展符合整体经济利益，这对整个国家经济及新兴产业本身都大有裨益。从一些发达国家的新兴产业发展历程来看，其大多制定了合理的新兴产业发展政策，通过这些政策的积极引导，促进各种生产要素资源向新兴产业领域聚集，这在很大程度上促进了其新兴产业发展。美国政府自成立以来一直信奉自由市场经济理念，政府对经济发展很少加以干预，但是到了 20 世纪 30 年代，特别是肯尼迪执政以后，美国政府认识到了政策引导对经济发展的作用，加强了政府在推动科技创新与新兴产业发展中的作用。美国先后制定了三个较大规模的高技术发展战略与规划，第一个是 20 世纪 40 年代的"曼哈顿计划"；第二个是 20 世纪 60 年代的"阿波罗计划"；第三个是 20 世纪 80 年代的"星球大战计划"。这三个高技术发展战略与规划效果非常显著，前两个规划直接带动了美国的航空工业和电子工业的迅速发展，硅谷的产生便是一个很好的例证，它使得美国的半导体和计算机产业成为新兴产业并迅速崛起，拉动和促进了美国的经济增长。"星球大战计划"实际上是技术大战计划，因为该计划几乎囊括了当时所有的高端技术和前沿学科。通过该计划的实施，一些更高新的技术被创新出来，并通过应用发展了一批高技术含量的新兴产业，从而使得美国能在高新技术和高科技产品方面领跑全世界。1993 年 9 月，克林顿总统公布美国国家出口战略，确定半导体、电脑、通信、环境保护、咨询软件工业及服务业等高科技产业和知识密集型产业为六大重点出口产业；对"军民两用"的技术如计算机程序、电子机器人、人工智能等领域的合作与开发给予扶持（李孝全，2001）。美国政府的这些对宏观产业引导的政策有效地促进了当时美国新兴产业的发展，使其成为当时美国经济增长的一个重要亮点。韩国作为后起的国家，其政府在经济发展中起到了市场无法替代的作用，在经济发展的不同阶段，韩国政府均制定了不同的新兴产业政策来引导新兴产业发展。1982 年，韩国首次提出了以技术为主导的战略口号，制订并实施了第一个科技发展五年计划。1985 年年底，韩国制订了 2000 年科技发展长远规划，集中人力、物力和财力开展 250 项科技开发项目的研究，加强尖端技术项目的研究（李华君，2006）。1991 年年底，韩国制订了"G-7 计划",现称为"高级先进国家计划",标志着韩国由"贸易立国"向"技术立国"实施战略性转变。作为国家中长期发展目标,韩国当时是设想要在 2000 年跻身发达国家之列,人均 GDP 达 16 150 美元。正是这几大计划的出台,使得韩国跻身于科技强国的行列。韩国在短短的几十年时间里,高新技术产业取得了巨大的发展,这主要是因为韩国政府出台了一些强有力的政策和措施(许为民等,2008)。纵观日本、德国、巴西、印度等一些国家,不管是发达国家还是发展中国家,其新兴产业的发展都有政府产业政策的积极引导。而新兴产业也只有在政府产业政策的引导下才能获得健康、快速的发展。

六 政府的微观扶持是新兴产业发展的助推剂

新兴产业在发展初期不仅赢利能力弱而且需要大量资金投入,如果没有外部资金的支持,发展艰难甚至可能夭折。由于新兴产业发展面临许多不确定性,风险很大,一般的商业资金不愿意介入,所以政府对新兴产业的微观扶持就显得格外重要。美国、韩国、日本、印度等国家在其国内新兴产业发展过程中都曾采取过许多微观支持措施。

(1)政府设立专项基金有针对性地支持战略性新兴产业发展。例如,韩国在 1981 年建立了机械工业振兴基金和纤维工业现代化基金,在 1983 年建立了电子工业振兴基金等,仅 1983 年韩国政府就对 131 个新兴产业领域中的 182 个重点项目提供了 2800 万美元的资助,半导体和生物工程中的另外 7 个项目获得了4000 万美元的资助。2000～2004 年,韩国将 4 万多亿韩元用于互联网、光通信、数字广播、无线通信、软件、计算机六个新兴产业的技术研发上。韩国政府通过财政专项基金这一政策,极大地促进了新兴产业的发展。

(2)政府对新兴产业的技术研发采取税收优惠措施。美国 1981 年制定了《R&D 免税法》,后几经修改。根据《R&D 免税法》,企业从事研发可以得到免税的优惠,免税额的多少依据企业实际的 R&D 支出。美国大多数企业的所得税率为 35%,该法规定的退税率为 25%,1986 年后改为 20%。照此计算,扣除纳税的损失余额,企业能获得的最大 R&D 免税额为当年内部 R&D 支出的 6.5%。1992 年,美国企业获得的 R&D 免税额达 15 亿美元,占当年企业上交所得税总额的 1%(何永芳,2001)。

(3)政府通过对购买者补贴的办法来培育新兴产业市场。例如,美国政府为推广节能环保产品,对达到"能源之星"标准的每台节能洗衣机补贴 75 美元,电冰箱补贴 75～125 美元。为推动节能汽车的使用,很多州和城市出台各种形式的政策,例如,俄勒冈州规定,购买混合动力和电动汽车可以抵税 1500美元;加利福尼亚州圣何塞市规定,在本市购买的混合动力和电动汽车可以在当地免费停车（姜江，2010）。在市场培育起来之后，新兴产业便可慢慢步入正常轨道。

七 新兴产业关联性明显增强是新兴产业趋向成熟的重要标志

新兴产业在发展初期处于萌芽状态，规模小，对其他产业的拉动作用微乎其微。但随着新兴产业的发展，与其他产业的联系越来越紧密，对其他产业的拉动作用也越来越明显。新兴产业便逐渐地由一个几乎独立的弱小产业发展为与其他产业建立紧密依赖关系且具有较强关联性的大产业。新兴产业与传统支柱产业并驾齐驱或取代传统产业成为经济发展新的增长点是新兴产业发展至成熟阶段的重要标志，此时新兴产业对其他产业的带动作用也达到了产业发展的顶峰。例如，手机行业的发展，带动了移动通信服务、手机软件、手机配件、手机维修等行业的发展；汽车行业的发展带动了钢铁、石油、公路建设、橡胶、电子、汽车维修等行业的发展；旅游行业的发展则带动了客运、餐饮、住宿、景点开发建设等行业的发展；等等。手机、汽车、旅游等这些曾经的新兴产业的发展带动了其他产业的发展，而其他产业的发展又促进了更多其他新兴产业的发展，形成了产业之间相互促进、相互依赖的关系。

在有些情况下，政府为了促使新兴产业尽快成长并带动其他产业发展，往往会制定一些干预措施。例如，美国在工业化初期选择铁路建设作为新兴产业，通过后向关联，在铁路建设的基础上，大力发展钢铁、煤炭、机械制造等产业，促进了依赖铁路提供原材料和设备的工业部门的发展，而且通过旁侧关联，带动了纺织、食品加工、木材加工、烟草、皮革、造纸、印刷等部门的发展。日本在经济发展初期选择了纺织、食品两大产业作为当时的新兴产业，不仅大力发展这两大产业，而且通过前向和后向等关联效应，带动了与之相关的农业、机械制造业等的发展，为日本的经济起飞、奠定了良好基础。在工业化的中期阶段，日本政府有针对性地选择了汽车、机械、电子等技术含量高的产业作为新兴产业，并积极促进产业链的延伸，如通过汽车制造向汽车销售、维修、钢铁、石油、公路建设和运输等产业延伸，也促进了相关产业的迅猛发展（黄南，2008）。美国和日本政府通过促进新兴产业关联的措施，达到了促进新兴产业快速发展并带动其他相关产业的发展，使得新兴产业的关联性明显增强并深深地扎根于经济之中。

第三章

新兴产业发展模式研究

在传统工业面临规模扩大受限、产能严重过剩及资源环境制约的背景下，要获得经济的可持续增长，就必须调整原先的发展方式，寻找新的经济增长点，培育和发展有长期稳定而又广阔的国内外市场需求的、有良好经济技术效益的、能够带动一批相关及配套产业发展、体现国家未来产业重点发展方向的新兴产业。在世界金融危机中，发展新兴产业成为世界各国的共识，后危机时代抢占经济科技制高点的竞赛已经开始，全球将进入空前的创新密集和产业振兴时代。但是由于新兴产业还处于发展的起步阶段，发达国家多处在新兴产业的选择、关键技术的预研的阶段，对于新兴产业采取何种培育途径也多在尝试和探索中。广义的产业培育途径可以理解为一个国家经济结构方面的一系列变化过程；狭义的产业培育途径可以理解为某个产业在一个国家特定的发展阶段具有的特色的发展道路，本书研究的是狭义的产业培育途径，即研究新兴产业如何发展的问题。

新兴产业的形成与发展是经济发展和产业结构演进过程中的普遍现象。研究不同新兴产业培育途径的特点，分析不同产业发展模式的适用条件、适用范围，探索符合我国国情、产业发展要素的分布状况的发展模式，有助于形成新兴产业发展的有效路径，加快新兴产业形成和发展的步伐，优化产业结构，规范产业组织，提高产业绩效，实现产业发展目标。

新兴产业充满了生机，但是否能够得到迅速发展，除了取决于产业本身的层次高低、产业发展空间的大小及与现有产业结构的关联度以外，还取决于新兴产业的发展模式与所采取的对策。选择的模式正确，对策得当，在相同的产业发展中，该地区的新兴产业就能增强自身的产业竞争优势，为该地区争取更多的发展机遇，同时也能充分发挥区域优势，促进产业结构的优化升级，增强该地区的综合竞争力。

第一节　产业发展模式的内涵和种类

一　产业发展模式的内涵

产业发展模式是指某一产业在特定的发展阶段，处于特定区域内具有的独特的发展战略和发展形式，主要包括产业组织形成、资源配置方式、产业发策略及产业发展政策等。产业的部门结构和区域结构相互融合、相互渗透形成了你中有我，我中有你的关系，对产业发展模式具有较大影响。经济活动是在一定空间内展开的，加上资源禀赋差别、地理位置差别及经济发展不平衡形成的发展水平差别，使得产业区域结构成为产业发展模式的主要决定因素。

综观世界各国的产业发展模式，从产业成长的动力源泉来看，可以分为"强制型"、"自组织型"和"引导型"三种模式（向吉英，2005）；从产业成长的最主要影响因素来看，可以分为"以美国为代表的产学研相结合的市场拉动型"、"以日本为代表的政府积极干预型"和"以韩国为代表的从政府主导型向民间主导型转变模式"三种模式（刘志阳等，2010）；从产业的来源来看，可以分为"内生型"和"移植型"模式两种模式（彭骥鸣等，2001）。

在产业发展过程中，许多学者根据不同类型的产业，总结归纳出了不同的成长模式。例如，对于出口产业就可以采取"外贸主导型"成长模式（周茂清，2003），而对于技术含量高的企业发展初期可以采用"外资主导型"成长模式。属于通用产业发展模式的有进口替代模式、出口导向模式、政府调控模式、需求拉动模式等，属于特定产业发展模式的有电子信息产业"政府主导、军工电子为主"的发展模式和"扩大开放、市场主导"的发展模式，汽车产业"引进外资、与跨国公司全面合作"的发展模式等。

产业发展模式是在既定的外部发展条件和市场定位的基础上，通过产业内部和外部的一系列结构反映出来的资源利用方式或产业发展的路径。模式是一种结构、类型，也是一种途径，产业发展模式本身没有好坏之分，但是一个国家（地区）根据自己的实际情况选择相适应的发展模式则有优劣之分。能够充分发挥一个国家（地区）自身优势的产业发展模式就是好的发展模式。

二　新兴产业发展模式的种类

尽管从模式角度研究问题已经成为发展经济学和产业经济学的一个新的研究热点，但是对产业成长模式做出科学、准确的界定是有难度的。产业成长模式有广义和狭义之分，广义的产业成长模式可以理解为一个国家经济结构方面的一系列变化过程，狭义的产业成长模式可以理解为某个产业在一个国家特定的发展阶段具有的特色的成长过程，本书研究的是狭义的产业成长模式，即研究新兴产业如何发展的问题。

由于产业成长过程的多样性，学者们也从多个角度探讨产业成长模式。产业在自身的成长过程中会表现出一定的特点，例如，从投入的生产要素特点来看，有劳动密集型产业成长模式和技术密集型产业成长模式等，因此产业成长模式是指产业成长过程表现出的固定特征（向吉英，2005）。另外，产业的发展离不开特定的产业发展环境，这反映了资源利用方式，因此可以认为产业成长模式是在既定的外部条件和市场定位的基础上，通过产业内外部的一系列结构所反映的一种资源利用方式（安筱鹏，2005）。

从生命周期角度来看，任何产业的发展都是从无到有，从小规模到具有一定规模，从不成熟到成熟逐渐发展起来的，具体表现为产业规模、技术进步和产业组织的变化。产业规模的变化说明了产业成长在横向上的扩张范围，技术进步显示了产业发展在纵向上的进一步发展的动力和在横向规模上的边界，产业组织的变化不仅是市场结构、企业行为和绩效的变化，而且也是高效率的企业组织形式，并且蕴涵了企业组织和产业组织相互依存关系的进一步增长。在产业发展过程中，众多学者根据不同的划分依据，总结归纳出了以下一些的成长模式，如表3-1所示。

表 3-1　产业成长模式及其特点

划分依据	产业成长模式	主要特点	相关文献
产业成长的内外原动力的非平衡表现	强制型	通过行政措施聚集产业成长所需的条件，在较短时间内使产业从无到有，从小到大，从弱到强	向吉英（2005）
	自组织型	没有任何外来干预下的市场自发推动，社会需求直接引致，利用市场力量促进产业成长	
	引导型	利用产业政策和制度创新对欠成长的产业或瓶颈产业通过市场力量引导其快速成长	
中国高新技术产业	技术引进型	通过技术引进尽快缩小与世界先进水平的差距	郑双怡（2005）
	招商引资型	积极吸引和利用海外企业的直接投资来引进国外先进技术等	
	自主创新型	利用自主知识产权的技术、产业化支撑能力等	
发达国家和后起国家发展产业的经验	移植型	在工业化相对落后的国家，政府通过吸引外资，对某些产业实施优惠政策和保护，推动本国产业迅速成长	张洪增（1999）；彭骥鸣等（2001）
	内生型	在发达国家，通过市场机制自动调节资源配置，以物质利益激励人们的创新动力，不断改进技术，推动产业升级	
对外经济联系方式	外贸主导型	大力发展出口产业同时严格控制进口，利用出口所得进口原材料、引进先进技术等	徐长生等（1999）；周茂清（2003）
	外资主导型	大力引进外资，弥补本国资金缺口，同时参与国际分工，发展本国产业	
工业发展与进出口关系	进口替代型	采用贸易保护政策，外汇管制政策等，发展本国制造业和其他工业，替代过去的制成品进口	周茂清（2003）
	出口导向型	放松贸易保护，大力鼓励出口，通过扩大出口来增加资金积累	
产业成长不同阶段对当地企业和外国公司依赖程度	依附型	主要依靠跨国公司及其带入的技术、生产经营管理方法	宋泓等（1998）；宋泓（2007）
	自给自足型	主要依靠当地企业，建立初期也引进国外技术、管理技术等，而一旦建立就与外界隔绝	
	自立型	主要依靠当地企业，但也与外国企业持续合作	

续表

划分依据	产业成长模式	主要特点	相关文献
创业扩散	以美国为代表的产学研相结合的市场化培育模式	注重战略性技术的开发与应用，促进社会各界在发展高新技术产业方面的合作，采取政府、企业、高校及研究机构合作的形式	刘志阳等（2010）
	以日本为代表的政府积极干预发展模式	政府实施优惠税制和特别折旧制度，对研发活动进行补贴，提供金融支持	
	以韩国为代表的从政府主导型向民间主导型转变的模式	实行技术立国战略，大力发展新兴产业，制定一系列鼓励措施，促进民间企业在研发方面进行投资	
核心技术水平	技术领先发展模式	在具有领先优势的产业领域，沿着"研发—应用—商业化"的轨迹前进，不断发明创造新的产品和工艺方法	王利政（2011）
	技术追随发展模式	观察技术领先者的发展轨迹，吸收消化产业的关键核心技术	
对国防科技工业的依赖性和专用程度	依托型	具有高依赖性和高专用性	乔玉婷等（2011）
	互动型	具有高依赖性和低专用性	
	嵌入型	具有低依赖性和低专用性	

从推动产业发展的外部环境来分析，产业发展模式可以从以下三个角度进行分类。一是从推动产业发展的因素角度看，可以归纳为法规推动型、政府推动型、技术推动型、市场推动型；二是从产业发展的资金来源角度看，有以政府投资为主的发展模式、以企业投资为主的发展模式、政府和企业共同投资的发展模式；三是从环境产业管理角度看，有政府管理型和中介组织管理型发展模式。其产业发展模式分类及其特点如表 3-2 所示。

表 3-2　与外部环境相关的产业发展模式

分类标准	主要模式	特点
推动因素	法规推动型	制定严格的产业发展法律、法规，迫使企业、政府投资某些产业，启动这些产业市场
	政府推动型	制定产业政策、产业标准，公共资金投入，鼓励某些产业优先发展
	技术推动型	技术创新、优先发展技术，走高科技产业发展模式，用技术带动产业发展
	市场推动型	建立环境市场，理顺环境、资源价格，根据市场需求确定产业发展方向、产品结构，使产业发展满足国民经济发展的需要
资金来源	政府投资为主型	将资源、环境看作纯粹的公共产品，政府承担产业环境投资主要责任，投资项目公共效益好，但经济效益不能兼顾
	政府投资与企业投资结合型	政府与企业合作投资基础设施项目
	企业投资为主型	企业在产业领域的投资占主导地位
管理方式	政府直接管理型	政府综合经济管理部门或职能部门通过建立市场准入制度、制定产业政策、制订产业发展规划等手段管理
	中介组织管理型	产业协会通过提供信息、制定标准管理，以提供信息服务为主要目的

新兴产业的形成一般是在消费需求和技术进步的推动下完成的。消费需求是新兴产业形成的基本动力，而技术进步是新兴产业形成的关键因素。当某一新产业的产品需求、价格弹性较大时，技术进步既能促进产出量的增加，也能提高该产业部门的收益，于是，生产要素就会有一部分从其他产业流向该产业，促使新产业独立。产业的形成是一个非常复杂的过程，具有不同的形成途径。本书根据世界发达国家（地区）新兴产业的成长规律，新兴产业培育途径可分为"植入型"新兴产业生长模式和"内生型"新兴产业生长模式。

研究这些成长模式的特点、应用范围、条件和要求，可以揭示新兴产业生长模式下的生长规律。

第二节　"植入型"新兴产业生长模式分析

"植入型"新兴产业生长模式主要发生在工业化相对落后的后起国家。"植入型"新兴产业成长的前提条件是：处在经济发展的初期；产业部门比较简单；经济信息易于掌握；人民群众充分理解和支持；与国外有较大的科技水平差距；良好的国际环境。具备这些前提条件后，政府为了推进本国新兴产业化进程，加快本国经济增长，通过吸引外资和引进技术，对某些新兴产业发展实施优惠政策和重点保护，以推动本国新兴产业迅速成长。

"植入型"新兴产业是区外新兴产业生产分散化结构特征促使产业外移的推力和区内创造的更为良好的产业支持环境与优惠政策的引力共同作用的结果。因此，对于"植入型"新兴产业来说，形成原因主要来自外力，区外技术和资本的力量起着决定性的作用。区外新兴产业、跨国企业选择在哪里进行生产，哪里就成为接受外力的地区，即受力的地区。吸引它们发力的原因主要是低成本，廉价的原料、劳动力。因此，运输便利、劳动力廉价起了主要作用。受外力影响，"植入型"新兴产业宏观区位变得非常关键，通常趋向于经济中心区、边界地区、社会联系密切地区，如中国珠江三角洲、长江三角洲地区及墨西哥北部地区。在微观区位选择上，要求接近城市外部的交通枢纽或是接近沿江、沿海、临空等区位。园区主要利用这些交通枢纽的区位优势及对外开放的有利条件引资、引智，发展外向型新兴产业，建设新兴产业区。具体而言，"植入型"新兴产业又可以分为"技术引进型"新兴产业、"引智型"新兴产业和"招商引资型"新兴产业。

一　"技术引进型"新兴产业

欠发达国家和地区要想赶超发达国家和地区，技术引进是必需的。韩国学者金麟沫根据韩国、新加坡、中国台湾等新兴工业化国家和地区的经验，提出了奋起直追发达国家和地区（即后进的国家和地区）技术发展的模型。该模型指出，在奋起直追发达国家和地区工业化的早期阶段，由于缺乏建立高效的生产运作体系的能力，不得不通过进口国外的先进技术来启动生产。现代技术结构不是内生的，必须从外部引入。我国把引进技术作为发展技术的一种战略，主要是在改革开放以后。这种模式的初衷是想通过技术引进尽快缩小与世界先进水平的差距，我国的家电产业和微电子产业的发展，主要采用这种模式。一般来讲，采用技术引进模式，可以达到收效快、成本低、风险小的效果。据统计，技术引进加仿制所需时间仅为独立研发所需时间的 1/5，经费仅为独立研发所需经费的 1/30。我国的电视、空调、冰箱等家电行业，通过技术引进迅速缩短了与世界先进水平的差距，并在国际市场中占据重要的地位。但是，对于一些技术进步迅猛的高技术行业，我国采用的技术引进战略，由于没有进行有效地消化吸收，引进并不成功。例如，集成电路等行业，产品的技术性能平均每 3 个月提升一次，如果在技术引进的基础上不能形成自主创新能力，跟不上技术进步的步伐，则会陷入"引进一代落后一代，再引进、再落后"的怪圈。

同时，技术引进模式也存在一些局限。核心技术是一个公司甚至一个国家的生存之本。在进入知识经济时代，跨国公司依靠核心技术生存，主要从事核心技术的研发，而对具体的物质产品的生产制造环节主要采用外包的方式。因此，跨国公司很少会对中国进行核心技术的转让，中国引进的技术往往是过时、落后的。此外，从长远来看，如果依赖技术引进模式，那么技术引进企业的技术水平将永远落在技术输出企业的后面。并且，过多依赖引进，势必会削弱企业科技队伍的独创能力与研发活力，使企业受损。因此，技术引进模式一般只能作为辅助性策略而加以应用。

二 "引智型"新兴产业

新兴产业是人才创新创业的主要舞台。发展新兴产业，关键在于科技人才。尤其是在高新技术领域，没有高层次创新型人才的带动与先导企业的引领，就不能抢占到发展的先机、形成高技术新兴产业的集聚。有很多企业通过引进一个领军人才，发展一个高科技企业，进而带动一个新兴产业的成长。例如，江苏施正荣建立了尚德太阳能电力有限公司、沈国荣建立了南京南瑞继保电力有限公司、张雷创办了远景能源科技有限公司等。再如 2007 年，合肥通过引进刘钧和其他几名海归，创办起了芯硕半导体（中国）有限公司。如今，该公司的光刻录设备已经有 7 个系列产品走向市场，填补了国内空白。

正是因为科技领军人才的重要性，所以进入 21 世纪以来，各地积极推动

"人才强市"、"人才强省"战略，人才竞争日趋激烈。安徽省虽然也出台了一些政策，但相对周边发达地区，在吸引人才的物质和生活环境、社会和政策环境方面还有一定差距。安徽省省委书记张宝顺多次强调，要把"招商引资"与"招才引智"结合起来，在人才引进上下更大工夫。对安徽省而言，需要大力引进高端人才，特别是领军人才，这就需要进一步改善投资环境，比其他地区创造更有利于人才的引进氛围。

三 "招商引资型"新兴产业

招商引资模式从某种程度上讲，也是一种技术引进模式。招商引资模式主要是利用发达国家和地区从工业化向信息化过渡的产业结构调整的机会，通过积极吸引和利用海外企业的直接投资来引进国外先进的生产力、管理方法及经验。特别是从 20 世纪 90 年代以来，通过外国的投资而实现了技术的引进，大大地推动了中国产业技术的跃进，使中国成为"世界工厂"，有多种工业产品的产量达到了世界第一，而且成为很多重要工业品的出口大国。招商引资是改革开放以来，中国经济成功的关键性因素之一。我国大多数地区发展高新技术产业普遍采用招商引资模式。招商引资模式虽然促进了高新技术产业的迅速发展，也带来一定的技术溢出效应，但这种技术溢出效应很弱。实践证明，外资企业在中国的技术活动并不活跃，对中国技术扩散极为微弱，其生产技术主要来源于国外的母公司，主要以进口母公司的技术设备为主，对母公司无形技术的引入程度不高。当前，我国高技术产业中三资企业（在中国境内设立的中外合资经营企业、中外合作经营企业、外商独资经营企业）的产值比例呈现出快速增长的趋势，绝大多数技术密集产业的合资企业已被外资控股。目前，中国的高新技术产业乃至整个国民经济的发展对外资严重依赖。由于缺少自己的核心技术，我国的高新技术产业在相当程度上只是充当跨国公司的加工基地，利润率很低，创造的财富大部分被外企拿走。在发展光电子产业中，如果主要是依靠招商引资，则很难进入世界前列，并且很难引进核心技术。从当前的世界经济和国际政治环境来看，技术引进、招商引资模式仍有继续实施的空间。因此，加快融入全球经济体系，积极学习世界先进科学技术，最大限度地利用全球知识储备，通过跨国公司的对外直接投资来引进外国的先进技术，仍不失为一种现实可行、成本低、效益好的技术发展战略。与此同时，也必须看到，任何成功的发展模式都有时效性，过度依赖外资存在着较大的风险。因此，需要未雨绸缪，努力探索如何再继续实施招商引资模式的同时，要研究如何更好地培育和增强我国企业自主的技术开发能力和机制。

四 世界各国产业移植的成功典范

日本一直被誉为移植型产业成长的成功典范。日本政府采取了以产业振兴为目标的重点发展重化工业的产业政策，引导投资方向，加快设备更新，大力引进技术，鼓励外国资本直接投资，以推动产业升级。1949～1971 年，日本吸收外国资本 139 亿美元，输入外国技术10 182件，迅速实现了产业结构的高度化。

"亚洲四小龙"（中国香港、中国台湾、韩国和新加坡）从 20 世纪 60 年代开始，在政府的主导下接受日本的投资和产业转移，推动出口导向的劳动密集型产业的发展，加快本国（地）产业调整和产业升级，只用了 20 年时间就达到中等发达国家（地区）水平。巴西、墨西哥等吸引外国直接投资，调整产业结构，提高本国产业竞争力，建立了汽车、石油化工、电气、机械工业等一大批新兴工业部门。

我国共发生过四次大的产业移植。

20 世纪 50 年代的第一次移植。新中国成立初期，由于帝国主义的全面封锁和禁运，中国从苏联、东欧等国进口技术和设备，引进管理和技术人才，围绕"156 项重点工程"，以交钥匙工程为主引进各类成套项目 450 多项，实施以引进替代为主的产业转型战略。这些经济开放、技术引进和工业投资活动，迅速地促进了我国产业向现代化的转型。

20 世纪 70 年代初的第二次移植。1970 年 10 月，中国恢复了在联合国的合法席位，中美两国并于 1972 年 2 月在上海发表《中美联合公报》，同意逐步发展两国经贸关系，自此中国在与西方国家隔绝 20 多年后正式走向开放，西方国家也开始逐渐放松向中国出口高技术设备的禁令和放弃各种歧视性的贸易政策。以 1972 年 8 月从德国、日本引进 1.7 米轧机为开端，形成大型成套设备和先进技术进口的一次高峰；1973 年 1 月，制订了从国外进口 43 亿美元成套设备和单机的方案，即"四三方案"；到 1997 年实际对外签约成交约 39.6 亿美元，引进包括 13 套年产 30 万吨合成氨和 48 万吨尿素大型化肥成套装置等在内的多项薄弱基础工业项目，这些项目到 1979 年年底，绝大部分建成投产。在中国石油化工、钢铁、机械和能源等基础工业中新增了一些骨干企业，既使国内急需的工业产品产量成倍增长，又使某些工业的技术结构迈入较先进的水平。

粉碎"四人帮"后的第三次移植。1977 年，中央提出了脱离当时中国国情和国力的经济发展目标。按照当时提出的计划，中国要在 1980 年基本实现农业机械化、建设十大钢铁基地、十大油气田、30 个大电站、6 条铁路新干线等。

按照这个计划，中国产业进一步向重型化发展投资，更向重工业倾斜。由于当时中国的基本国力还很弱，缺乏资金、原材料和大规模成套设备制造能力，只好利用大量进口资源来支持。1978 年下半年，中央政府开始同国外签订了以冶金和石油化工为主的 22 个大型成套设备引进项目协议，仅此就需要 130 亿美元外汇。

十一届三中全会后的经济开放和第四次移植。在自力更生的基础上积极发展同世界各国平等互利的经济合作，努力采用世界先进技术和先进设备成为十一届三中全会后我国经济发展和产业转型中一项获得政府和社会各界普遍重视和广泛遵循的基本原则。截至 1998 年 10 月，全国累计批准外商投资项目达 32 万多个，实际使用外资金额约 2577 亿美元，位居发展中国家之首，在世界的排名也仅次于美国（名列第二），而使用国外贷款也接近 1000 亿美元。大量外资流入中国，不但缓解了改革开放初国内资金不足的问题，同时也带来一些较为先进的技术装备和管理经验，为我国产业结构转型和技术结构进步起到了一定的推动作用。

五 "植入型"生长模式的缺陷

20 世纪 50 年代至 80 年代，是"植入型"新兴产业成长的辉煌年代。进入 90 年代后，美国经济持续快速增长，而墨西哥债务危机，东南亚金融危机，日本经济长期萧条，迫使人们重新审视"植入型"新兴产业生长模式，发现其存在着一些先天性的缺陷。

第一，产业成长基本依赖于国际产业转移。"植入型"新兴产业成长是依靠国外技术来实现本国产业的升级，而发达国家不可能转移高新技术来培植自己的竞争对手，决不会轻易让发展中国家获得关键技术和工艺，只有当一项技术所生产的产品达到成熟期时，该项技术才会转让。同时，知识经济时代的到来及信息产业的发展，使得技术和产品创新的周期加快，产品更新的生命周期大大缩短，后发者刚刚学会模仿，新一代的产品又研制出来了。20 世纪 80 年代前的后发利益大于创新利益的时代已经结束，"植入型"新兴产业成长道路会日益狭窄。

第二，政府主导的体制障碍性。后发国家的经济体制一般是政府主导型的市场经济体制，即在政府主导下培育市场、完善市场、扩张市场，这是"植入型"新兴产业成长的根本原因之一。而政府主导下的市场经济，往往会带来"裙带资本主义"，官商勾结，重人情、轻契约，在金融体制、管理体制方面存在着明显缺陷。

"植入型"新兴产业生长模式在政府的产业政策推动下，虽然在短短几十年时间内可以走完发达资本主义国家 200 多年的工业化历程，但政府的产业政策有利亦有弊，最大的弊端是造成资源配置的严重扭曲。

第三，追赶战略的方式偏差性。依靠"植入型"新兴产业发展的国家，往往是相对落后的国家，要实现本国工业化的首要目标，必须依靠国家干预，由国家来动员民族的力量，重新配置国家的各种资源。国家的权威主义成为工业化的重要保障。例如，韩国政府为了增强本国大企业的竞争实力，对大企业和财团采取种种优惠政策。这些依靠政策扶持起来的"泥足巨人"，一旦遇到市场风险，就会具有社会危害性。

第四，缺乏生产要素的全面发展。"植入型"新兴产业生长模式同样具有从第一产业经第二产业到第三产业为主的变化。由于历史原因，欠发达国家和地区教育、科技落后，人才、资金短缺，产业是在大量引进资金和技术，大举外债，为发达国家进行加工、装配的基础上成长起来的。大部分欠发达国家和地区缺乏消化、吸收、开发、创新的能力，无法实现技术进步的跨越，也使其苦心经营建立的产业结构显得非常脆弱。

第五，具有产业同构性缺陷。"植入型"新兴产业的发展主要是依靠发达国家和地区的劳动密集型产业、夕阳产业、短平快的组装产业的转移，因此这些国家就不得不陷入产业结构和出口结构具有同构性的泥沼中。在国际分工格局中，这些国家只有劳动力价格低廉和自然资源丰富的优势，因此处于国际产业垂直分工格局中的最底层，而且一旦跨国公司再次发现有劳动力价格更低廉的超额利润获得地点，产业会再度转移。

六 "植入型"新兴产业生长模式应注意的问题

据统计，我国技术创新的成果并不比发达国家和地区差。但在把技术创新成果转化为生产力方面却与发达国家和地区存在很大差距。其中一个重要原因，就是没有一批既懂技术、又精于经济和市场的复合型人才将高新技术通过市场转入生产过程，没有人才能实现技术与生产、技术与经济的嫁接。

第一，建立移植工程。移植工程就是要建立一种有效的组织结构和能够实际操作运行的方案，确保高新技术成果转化成功。这里不仅强调技术手段，重要的是高新技术项目成果的整体性；不仅要培育高新技术新兴产业，还要培育造就一批复合型企业家，担负起高新技术产业化、商品化的历史重任。高新技术开发实施最具高投入、高风险、高收益的特点。移植工程就是在充分考虑这些特点的前提条件下，建立经充分科学论证、市场调查和资源保证程度研究的项目成果。就如苗圃里培育出来的苗壮树苗，整体移植于企业中，并要由项目开发方参加建厂设计、设备选型、安装调试、人员培训、生产工艺流程监测和产品监督，直至企业产生经济效益和社会效益的整个技术开发过程（安筱鹏，2005）。

第二，造就一个从中央到地方各级政府高度重视和大力扶植的机制。首先要保护项目成果的知识产权，保证持有项目成果方以无形资产投入，合作方可以筹措资金，以货币、工业产权、土地使用权等进行投资，合作开发，共享利益，共担风险。依照这种形式合作的企业将一方面体现知识经济的价值，另一方面也减少合作资金筹措方所承受的资金风险。

第三，切实转变政府职能。随着社会经济的发展，政府对经济的全面干预应逐渐淡出，特别要从对微观经济的干预中撤出，不再直接参与微观经济主体的具体活动。从直接管理向间接管理转变，从个量管理、局部管理向总量管理、全局管理转变，从静态管理向动态管理转变，重点加强宏观调控，并改变政府进行经济宏观调控的内容、方式和手段等。

第三节 "内生型"新兴产业生长模式分析

"内生型"新兴产业生长模式主要发生在先行的发达国家，如英国、美国等，它建立在发达的市场经济基础上，市场机制自动调节着资源配置的均衡过程，既以物质利益激励人们的创新动力，又以竞争压力迫使人们不断改进技术，从而推动整个社会的技术进步和产业升级。

就"内生型"新兴产业来说，以研发、教育为主要功能，主要起作用的区位因子是信息因子、劳动力因子和市场因子。宏观区位选择趋向于向大都市区、大科研集中区，微观区位选择接近科研机构，如高校、科学院所等，获得信息、科技支持；接近数量充足、高素质的劳动力，如科学家、工程师、技工等，获得研发的生产者；接近新产品的使用者，及时获得市场反馈。"内生型"新兴产业可以进一步分为"新生型"新兴产业、"派生型"新兴产业、"衍生型"新兴产业和"融合型"新兴产业。

一 "新生型"新兴产业

产业新生是指产业的形成既不孕育于原有产业，也不依附于原有产业而存在，而是从萌芽到形成以相对独立的方式进行。这种产业的生长往往是科学技术产生突破性进步的结果，一般萌芽于实验室。"新生型"新兴产业来源于技术的原始创新。技术原始创新是指利用区域内部资源，独立开发一种全新技术并实现商业化的过程。其内在因素包括原始积累、核心人物、团队协作、原创技巧、科研兴趣；外在因素包括创新氛围、激励机制（包括经费支持、合理的立项审查和成果评价体系、待遇等政策体系及相应制度）等。区域内政府和相关部门是技术原始创新外在因素的建设者和保障者，必须加快科技体制改革的步伐，促进经济与科技的紧密结合，大力发展技术产权交易，加速科技成果产品化产业化，健全技术市场的法律法规，规范技术交易行为，保护知识产权，积极探索技术、资金市场与人才市场相结合的最佳方式，为区域内新兴产业的技术原始创新活动提供良好的氛围。

技术创新是一个非常复杂的过程，技术进步和市场需求是其重要的决定因素。技术创新过程是科学技术因素和社会需求因素相互作用的动态过程，是一个涉及技术变革、市场需求或经济环境变化的具有相互作用机制的反馈动态过程。

二 "派生型" 新兴产业

产业派生是指由一个产业的发展，带动另一个与之相关、相配套的新产业产生的过程。例如，汽车产业形成之后，与之相关的，围绕汽车产业服务和配套的汽车修理业、高速公路产业应运而生。产业派生方式是由一个新产业与另一个产业之间存在技术关联而产生的。根据美国经济学家罗斯托（Rostow）在《从起飞进入持续增长的经济学》中对产业扩散效应的分类，产业派生具有以下三种方式：一是后向派生方式，就是当一个产业部门快速发展时，会对其后向关联产业的各种要素产生新的投入要求，从而刺激这些投入要素的发展。如果该产业所要求的要素原来不存在，自然就会刺激该要素的产生，从而诞生新的产业。二是前向派生方式，是指一个产业部门的发展对其前向关联产业产生了影响，创造了能够引起新的产业活动的基础，诱发出新的经济活动或产生新的经济部门。三是旁侧派生方式，是指一个产业部门的发展对所在地区的经济结构、基础设施、城镇建设及人员素质等方面提出新的要求，从而刺激这些相关部门的发展。例如，一个产业在一个地区的迅速发展，往往会吸引更多相同产业的企业在此地区聚集，从而带动了此地区基础设施、服务业等产业的发展。

三 "衍生型" 新兴产业

产业衍生指的是处于萌芽中的新产业经过充分发育后从原有产业中分离出来，分解为一个独立的新产业的过程。产业衍生是生产力发展和社会分工深化的必然结果。在社会需求的动力和市场竞争的压力下，当一个产业发展到一定程度，就会开始发育和萌芽新产业，出现新技术、新工艺、新产品等。在农业、工业和商业内部，这种产业分化现象比比皆是，例如，电子工业从机械工业中分离出来，在机械工业内部分离出工业机械和农业机械，石化工业从石油工业中分离出来，服装业从纺织业中分离出来，等等。20 世纪 90 年代初，我国经济体制改革进入关键时期，第三产业蓬勃兴起，成为当时方兴未艾的新兴产业。如信息、咨询、文化、娱乐、旅游、广告、房地产业等新兴行业不断涌现，并得到快速发展。改革开放前全国有广告经营单位仅十几家，1990 年发展到 1.3 万家。文化娱乐业更是从非商业性、非营利性和微利性事业发展为拥有八大行业的文化市场，为国家提供较多税利和外汇收入。

四 "融合型" 新兴产业

产业融合广泛存在于现代科技产业中，是指不同产业或同一产业内的不同行业相互渗透、相互交叉，最终融为一体，逐步形成新产业的动态发展过程。产业融合要以市场融合为导向，经过技术融合、产品与业务融合、市场融合三个阶段，最后才能完成产业融合的全过程。产业融合具有多种方式，根据当代产业发展的实践，主要有以下三种。

（1）高新技术及其相关产业向其他产业渗透、融合，并形成新的产业。例如，信息技术与传统产业的融合产生了机械电子、航空电子等新兴产业，互联网与传统产业的融合产生电子广告、电子图书、远程教育、远程医疗、网上书店等新兴产业。软件业的发展不仅改变了传统的农业、制造业，而且改变了传统的服务业。把软件嵌入农业设备和制造设备，形成了智能化的设备和生产流程；把软件与管理结合起来，形成了各种各样的管理软件，转变了管理过程和手段。现代生物技术在农业中的应用，产生各种各样的新型农业。例如，以色列通过推广节水灌溉等高新技术，形成了发达的蔬菜、果品、花卉等现代农业产业。

（2）三大产业之间的功能互补和延伸实现产业间的融合。这类融合通过赋予原有产业新的附加功能和更强的竞争力，形成融合型的产业新体系。这种融合更多地表现为第一、第二和第三产业之间的延伸和渗透。农业产业化过程的加快，使得农业与第二、第三产业出现了加速渗透融合的趋势，主要表现在农业生产、加工、销售、服务一体化，即以市场为导向，通过区域化布局、专业化生产、一体化经营、社会化服务和规范化管理，形成完善的市场化农业生产经营体系。

（3）产业内部的重组融合。农业、工业、服务业内部相关联的产业通过融合以提高竞争力，适应市场新需要，形成新的产业形态。例如，工业内部的产业调整，通过供应链把上、中、下游相关联的产业联系在一起。与一般的产业纵向一体化不同的是，这种融合最终产生了新的产业形态，其过程既包括技术创新，又包括体制和制度创新，其结果是促进了产业的升级换代。

五 "内生型"新兴产业的优势

与"植入型"新兴产业生长模式相比,"内生型"新兴产业生长模式具有以下几方面优势。

第一,从受益主体来分析,对"植入型"新兴产业的发展模式来说,利润和税收被大都市吸引,利益越来越集中于大都市。然而一旦产业结构变化,没有提高地方收益的话,外来企业就会撤出。而"内生型"新兴产业的发展要求社会的剩余(利润+税收+剩余储蓄)在当地进行分配,有助于当地福利、教育和文化的发展。

第二,从产业类型来分析,"内生型"新兴产业发展不像"植入型"新兴产业发展那样依靠大都市的资本和中央政府的公共事业,而是和当地的产业密切关联,尽量在地区内创造附加价值。

第三,从开发主体来分析,"植入型"新兴产业开发以大企业、一些地方企业、中央政府及地方政府为主体,"内生型"新兴产业的发展则以当地企业、乡村集体经济、非营利组织和非政府组织,即市民社会为主体。

第四,从环境保护角度来分析,"植入型"新兴产业发展往往采用大规模的资源型开发模式,来自外部的开发主体不会将地方环境放在重要的位置,而"内生型"新兴产业发展更加注重地区的生活质量及持续的发展能力,因此其特别注重对环境的保护。

第五,从文化的角度来分析,"植入型"新生产业发展往往以外部强势文化替代本地文化,造成了文化的单一性,而"内生型"新生产业发展更加尊重原有的文化传统,并尽力维持它的延续。因此,"内生型"新生产业发展为欠发达地区提供了一条新的发展思路。

六 安徽省"内生型"新兴产业的制约条件

从新中国成立以来的产业发展史来看,我国属于"植入型"新生产业成长的国家。目前,作为我国中部地区的安徽省,在一些技术和产业领域,完全有能力进行自主创新,具备了从"植入型"向"内生型"新兴产业成长过渡的初始条件。例如,安徽省已具备了较强的经济和科技实力,改革开放政策提供了获取世界知识的良好内外部环境;安徽省在产业升级方面具有明显优势;新技术革命为安徽省技术创新拓展了广阔空间。但产业生长模式的转换是一项复杂的系统工程,绝不可能一蹴而就,新兴产业生长模式从"植入型"向"内生型"过渡,存在着以下五大制约因素。

第一，"内生型"新兴产业成长的知识制约。安徽省知识积累与"内生型"新兴产业成长的要求有较大的差距。人才是知识的载体，不仅反映投入从事拥有自主知识产权的研发活动的人力规模，而且人才的素质直接体现了知识创新能力，特别是高新技术中专门从事研发的人员。2010年，安徽省研发人员数为37 439人，只占全国同期的1.2%，与江苏、浙江等省份差别较大。在体现知识创新的专利成果中，虽然近年来安徽省专利数量持续增多，但是与其他发达省份相比，差距还是比较明显。从科技成果来看，2010年，安徽省专利受理量为37 780件，只占同期全国专利受理量的3.1%左右，而2010年江苏省专利受理量为235 873件，是安徽省专利受理量的6倍多，创新程度最高的发明专利6396件，只占同期全国的1.6%，江苏省的12.7%。因此，在科技人员评价体系、资源配置体系等领域的科技政策急需进行适时、适度和必要的调整，以促进提高安徽省自主创新能力和建立创新型省份的实现。

第二，"内生型"新兴产业成长的主体制约。企业是"内生型"新兴产业成长的主体，是新兴产业生长模式转变的落脚点，是一国经济竞争力的重要因素。安徽省企业总体上生产集中度低，专业化水平低，产品种类趋同，生产过剩。近几年来，一些地区和部门运用行政手段，"拉郎配"、"搞运动"式地组建大型企业集团，但把企业做大不等于把企业做强。要把企业做强，就是要培育企业的核心竞争力，即持续开发产品的能力，持续发明专有技术的能力，以及持续创造先进管理和营销的能力。

第三，"内生型"新兴产业成长的人才制约。"内生型"新兴产业成长，从根本上说，依赖于人才的数量和质量，依赖于人才成长和发挥作用的机制。我国是一个人力资源大国，但不是人才资源大国。人才短缺是普遍的现象，安徽省也不例外。在人才培养问题上，首先是教育投入不足，直接影响支撑"内生型"新兴产业成长的科技队伍的形成。同时，教育投入的利用率低，人才培养没有跟上时代发展的步伐，高等教育和高等职业教育脱离实际，重文凭，轻内容，重知识，轻能力，教育活动行政化特征较为明显。安徽省高新技术人才使用率偏低，高新技术人才市场还没有完全形成，高新技术人才价值还没有得到充分体现。一些国有企业、高等院校和科研机构的高新技术人才流失严重，同时又缺乏有效机制吸引优秀人才回流，影响安徽省科技创新能力的提高。而且，现有科技人才由于缺乏激励机制和环境等因素的制约，也不能很好地发挥其创新能力，造成人才资源的大量闲置和浪费。

第四，"内生型"新兴产业成长的资金制约。新兴产业往往是技术密集型产业和资金密集型产业的结合体，"内生型"新兴产业成长过程的每一步都离不开资金的支撑。改革开放以来，安徽省资金供求紧张的状况明显缓解，居民的高储蓄率和外资的净流入成为推动安徽省经济持续增长的重要因素。但安徽省的资金投向出现了明显的偏差，大量资金投入到港口、机场、道路、城市设施建设等方面上，而高新技术资金投入严重不足。加大基础设施建设可以在短期内拉动经济增长，也可以为产业转型提供基础保障，但经济持续稳定增长，主要依赖于科技进步、生产要素使用效率的提高，以及新兴产业的成长和发展。基础建设投资过大，挤占了高新技术发展所需要的大量资金，造成了安徽省高新技术发展中资金短缺的局面。

第五，"内生型"新兴产业成长的制度制约。随着我国市场取向改革的逐步深入，经济体制改革已取得阶段性成果。但从总体上说，市场机制的作用并未充分发挥，政府行政干预还时处可见。加之，我国经济体制改革和科技体制改革的非同步性，出现了科技、经济双重体制与机制并存的局面。例如，部门之间过分强调隶属关系，相互掣肘，利益至上等。条块分割的体制矛盾和各自为政的利益冲突，使科技与经济整体上严重脱节。例如，科技投入与经济投入脱节、科技创新体系与经济增长体系脱节、科技政策与产业政策脱节等。这不仅减弱了各自出台政策的整体效应，也减弱了产学研之间的相互联动。而科技与经济体制的双重性、政策的非一致性、管理的非协调性，直接制约着"内生型"新兴产业的成长。

七 "内生型"新兴产业生长模式应该注意的问题

目前，我国正进行新一轮的产业结构战略性调整。这次调整绝不能继续走"植入型"新兴产业成长的老路，应迅速向"内生型"新兴产业生长模式过渡。

第一，加强基础研究是"内生型"新兴产业成长的根本。"植入型"新兴产业成长奉行技术引进的"拿来主义"，企图用市场换技术。实践证明，用市场换技术是换不到关键技术和核心技术的。如果只注重引进技术而不加强基础研究，就会长期落后于发达国家，成为其转移成熟技术、外围技术的对象，就意味着在未来的国际竞争中仍处于被动地位。加强基础研究，一要端正认识。基础研究不能在短期产生经济效益，因此必须要有长远的眼光和战略的思考，营造理解、支持基础研究的良好氛围，以利于基础研究产生重大的成果。二要突出重点。基础研究要有所为而有所不为，加快开展高新技术的基础研究及其产业化，着眼于本国工业化、市场化和信息化的基础，开发拥有自主知识产权的高技术产品，提高新兴产业的国际竞争力。三要落实措施。在科研体制改革过程中，要始终保持一支精干的高水平的基础研究队伍，尽可能给他们创造良好的工作环境和生活环境，使他们安心于科学探索，为我国社会经济发展提供知识储备和保证发展后劲。

第二，激活创新主体是"内生型"新兴产业成长的关键。要把运用市场机制实现产业组织合理化，促进企业技术进步作为新兴产业成长的关键。一是以技术开发带动产业组织结构的调整。国家重点企业要迅速建立技术开发中心，并对企业技术开发中心实行优惠政策，让技术开发实力强的企业依照市场规则自主扩大企业规模。二是以专有技术为依托发展科技型企业。具有技术专门化和规模小型化的科技企业是我国"内生型"新兴产业成长的主力军。要想方设法帮助科技企业解决资金、技术等方面的困难，使之成为科技成果转化和辐射的孵化器。三是以产学研一体化形成生产科研联合体。倡导企业与高等院校、科研院所的科技力量共建技术开发实体；以项目或课题为纽带，产学研共同攻关，解决企业重大难题；支持高等院校、科研院所的科技人员帮助企业进行技术咨询、技术诊断。四是以企业家为龙头推动科技创新。企业家是实现技术创新的倡导者和组织者，在推动技术创新主体企业化方面发挥着主导作用。要鼓励企业采取有效措施吸引有管理才能的技术开发人员进入企业，从事管理工作，并积极倡导技术专家"下海"带头创办企业。

第三，开发人才资源是"内生型"新兴产业成长的保障。加快新兴产业生长模式的过渡，实现 21 世纪经济和社会发展的宏伟目标，需要一支宏大的、高素质的人才队伍。一是放开高等教育市场。大力发展高等教育和高等职业教育，打破国有部门垄断高等教育市场的局面，发展多元化的高等教育学校模式。高等教育要在改善学生知识结构，重视学生个性发展，加强学生能力培养，特别是学生创造能力的培养方面进行教学内容的改革，以适应经济社会发展对人才培养的新要求。二是大力发展开放式大学。如电视教育、远程教育、网络教育等，利用卫星和因特网传播教育内容，使新知识学习者和接受继续教育者充分享受教育资源的外溢效应。三是依法保护创新收益。对人们通过技术创新而获得的财产，要依法予以保护。只有这样的激励机制才会形成大量的优秀人才，才能激发人们的创新热情。四是充分利用海外人才资源。要采取多种措施，吸引海外的高层次人才，积极鼓励留学人才归国工作，或以适当的方式让他们回国传播知识，转让技术，交流信息，提供各种获取国外知识的机会。

第四，加大科技投入是"内生型"新兴产业成长的动力。切实加强科技投入，是推动产业升级、提高整体竞争力的有力措施。一是继续增加政府研发经费的投入。国家应选择最大限度地促进我国经济发展的重点产业、重点领域和重点项目，集中投入，要突出重点、力求突破。二是引导企业加大科技投入。运用经济杠杆、政策措施和约束机制，引导和鼓励企业主动增加科技投入；支持大企业集团提取一定数量的资金，集中用于关键技术的研发和产业化的投入。三是鼓励金融机构扩大科技贷款规模。金融部门要进一步调整信贷结构，提高对科技项目的信贷比例，对科技成果商品化、产业化予以重点支持，强化科技与金融的有机结合。四是尽快推出创业板市场。创业板市场是"内生型"新兴产业成长的前提，又是"内生型"新兴产业成长的有机组成部分。创业板市场为高科技企业和高成长性企业股权融资提供便利，为风险投资提供现实场所，为"内生型"新兴产业成长提供资本支撑体系。

第五，推进制度创新是"内生型"新兴产业成长的核心。随着社会主义市场经济体制的逐步完善，市场在资源配置中的基础性作用必将进一步增强。以政府为主导的"植入型"新兴产业成长向以市场为基础的"内生型"新兴产业成长过渡，客观上要求经济体制和科技体制的进一步创新，以实现市场经济与科技进步的有机结合。一是积极调整所有制结构。在公有制为主体的前提下，建立多种所有制的科技企业和研究体系，以风险投资、同享国民待遇等一系列制度、政策为保障，加快民营科技机构和科技型中小企业的发展。二是加快科技体制改革。大力推进技术开发机构和技术服务机构的体制改革，实行企业化管理，市场化运作，促使技术开发与市场需求的有效衔接，使其成为拥有前沿技术、关键技术的科技创新基地。充分发挥中介机构在科研设计、试制与转让、销售中的枢纽作用。三是完善知识产权保护制度。充分保护科技成果所有者的获利权利。个人应享有成果相应部分的专利权，并予以法律保护。四是改进技术引进方式。尽快建立一个具有权威性的全国统一的技术引进组织机构，加强宏观调控，正确制订我国技术引进战略，有效防止盲目引进和低水平重复引进，提高技术引进资金的使用效果。

第四节 安徽省新兴产业生长模式的选择与优化

一 "内生型"新兴产业和"植入型"新兴产业生长模式的比较

新兴产业无论是作为世界新兴产业发展的扩散区位，还是作为地方新兴产业发展的集中区位，都不可避免地受到全球新兴产业空间发展的影响。"植入型"新兴产业生长模式的创新信息、资本来自境外，劳动力来自全国，它靠自己的地理区位、劳动力优势，吸引全球的跨国企业来此投资，并源源不断地积聚在这里。"植入型"新兴产业生长模式从低端市场进入国际市场，较早地融入全球化生产中。例如，南京高新产业区和苏州、无锡、常州高新产业区所表现出的差异恰好说明了跨国公司在选择生产单元区位时首先考虑了苏州，这使城市之间产生巨大的差异，造成新兴产业空间分布不平衡，产生空间分异现象。

"内生型"新兴产业的发展同样要建立在全球环境和产业环境中。邻近高校校园、科研单位并不意味着一定能形成创新氛围，吸引人才的关键还是就业机会。苏联科技城计划的失败，国内许多科学园、软件园的日渐萧条，都是前车之鉴。

孤立、静止地评价新兴产业发展模式孰优孰劣，都有失公允。"内生型"与"植入型"新兴产业之间并不是对立的，新兴产业发展的关键在于选择正确的发展模式，并依据不同的发展模式规划合理的产业布局。城市区位上的优势可以发展"植入型"新兴产业，其意义就是和国际接轨，融入到全球的新兴产业生产中。这样门槛低，比较容易熟悉国际市场，接受信息的交流，这对于中国国情来说是必不可少的阶段。城市人才上的优势可以发展"内生型"新兴产业，其可以获得高附加值，但从技术高端进入国际市场要难得多，需要花费大量的财力、人力、时间及政府的持续支持。"内生型"新兴产业走高端道路，"植入型"新兴产业走低端道路；"内生型"新兴产业走创新型道路，"植入型"新兴产业走低成本道路。考虑历史和当前的社会经济发展状况，这两条路都要走，"内生型"新兴产业与"植入型"新兴产业应该统筹发展。

二 新兴产业生长模式比较

新兴产业生长模式选择的本质是从全球产业分工体系中，选择一种能充分发挥自身优势、合理配置内部资源及外部资源的方式。新兴产业生长模式选择涉及以下几个问题：在产业的国际分工体系中，一个国家（地区）的新兴产业定位是什么？它的比较优势是什么？它的竞争优势是什么？影响竞争优势的因素有哪些？选择的标准是什么？选择的方法是什么？选择的主体是谁？

第一，新兴产业生长模式的选择要以提高产业绩效为直接目标。新兴产业生长模式的选择要服从既定的产业发展目标，即市场绩效。市场绩效是指市场的运行效率，是指在一定的市场结构下，由一定的市场行为所形成的价格、产量、成本、利润、产品质量及在技术进步等方面的最终经济成果。评价市场绩效的好坏，主要涉及以下几个方面，如资源配置效率、市场供求平衡、企业规模效益、科技水平的提高及社会公平等。

如果把产业发展目标定位在为社会创造更多的就业机会上，那么选择劳动密集型产业发展或以原始设备制造商方式发展来料加工业，将是最优的发展模式。当国内市场国产品供给不足、进口产品市场占有率比较高，产业发展目标定位在扶持民族工业、提高国产品市场占有率方面，在技术与资本有保障时，采用进口替代型生长模式是理性的选择。当产业发展壮大到能与国际著名企业相抗衡，产业发展目标确定为提高国际市场占有率、提升产业国际竞争力时，应该及时转换为出口导向型生长模式。

　　第二，新兴产业生长模式的选择应有利于产业结构的合理化和高级化。产业结构合理化要求产业结构系统的资源转换能力强，即产业结构的聚合质量高。合理的产业结构应该满足以下条件：能够满足有效需求（包括最终需求和中间需求），并与需求结构相适应；具有显著的结构效益；资源配置合理并得到有效利用，出现资源供给不足或产品过量时，能通过进出口贸易调节；能吸收先进技术，有利于技术进步；在保证技术进步的前提下，吸收较多的就业人数；有利于保护自然资源和生态平衡。产业结构高级化要求新兴产业根据技术变动趋势不断进行有序的更替，使其在国民经济中的地位不断提高。

　　第三，新兴产业生长模式的选择应反映资源利用的方式。例如，劳动密集型新兴产业的生长模式要求把有限的资源投入到劳动力资金构成比例高的产业中，用同样数量的资金容纳更多的劳动力，以便充分利用人力资源。以大企业为主的生长模式要求新兴产业发展过程中所需要的各种资源（资本、劳动力、技术）的集中度更高，以便充分发挥规模经济效益。发展新兴产业要突破传统生长模式，要求根据本国的资源条件和发展基础，选择战略性新兴产业或主导产业进行重点发展，占领产业制高点，赢得产业优势地位。

　　第四，新兴产业生长模式的选择应考虑各种约束条件的限制。新兴产业生长模式的优化受制于特定的约束条件。在产业发展目标确定的前提下，任何一个国家的产业发展都会面临各种约束条件，如资本约束、劳动力约束、技术约束、制度约束、市场约束、环境约束、时间约束等。不同约束条件下的新兴产业生长模式无法比较优劣。以大企业为主的生长模式不一定优于以小企业为主的生长模式，以外资为主的生长模式不一定优于以内资为主的生长模式。如果资本匮乏、资本积累不充分、资本形成机制未建立、资本增值无保障，贸然发展资本密集型产业将出现产业发展速度慢、质量差的局面，更严重时，会因为资本供应不足导致产业夭折，甚至引发金融危机。如果一国环境容量有限、环境污染形势比较严峻，选择重化工业作为主导产业予以发展，无异于饮鸩止渴。

　　一国选定的新兴产业生长模式并非是一成不变的，产业生长模式会随着本国产业的发展状况及国内外经济环境、技术环境、制度环境的变化而不断调整。在既定的约束条件下，新兴产业生长模式的选择是动态的过程。

三　安徽省新兴产业生长模式设计应注意的问题

　　新兴产业发展要主动地适应世界经济发展潮流，而不应该采取封闭的态度。只有在开放的经济条件下，新兴产业才有前进的动力、竞争的压力，才能发现与其他国家（地区）的差距。在经济全球化的条件下，尤其是在发展中国家参与经济全球化的条件下，我国新兴产业的发展需要政府适时地运用关税、反补贴、反倾销及其他正当的非关税保护手段去达到目的。与此同时，市场机制也是帮助新兴产业在开放经济条件下发现机会、抓住机遇、扩大影响的最佳手段，它的作用同样不容忽视。

第一，挖掘产业的外部经济性，为新兴产业的发展注入活力。新兴产业的发展需要有大量生产要素的投入，经济全球化意味着国内、国际市场将融为世界市场，资源、技术、人才、资本在世界范围内流动，阻碍其流动的壁垒在逐步拆除，限制在减少。另外，由于国际上高科技产业竞争的日益激烈，处于对降低成本和增加竞争力的考虑，许多成功的大公司都在全球寻找合作伙伴，将非主要业务分包出去，从而把精力放在自己最擅长的部分。

安徽省应抓住国际资本大规模进入我国的机遇，提高"引进来"的规模和水平，从优化投资环境和完善产业链上着力，加大招商引资力度，更大规模地发展开放型经济，逐步发展从一般性的引进外资到引进跨国公司生产基地的大突破，引导产业加入国际性的生产体系和贸易网络，增加产业的资本和技术投入，提高产业的技术水平，为新兴产业的发展注入活力。

第二，发挥区域优势，培养优势产业。在市场经济条件下，任何一个区域的经济发展都是由其具有优势的产业发展所决定的。优势产业是指那些在当前经济总量中其产出占有一定份额，运行状态良好，资源配置合理，资本营业效率较高，在一定空间区域和时间范围内有较高投入、产出比率的产业，其对整个经济的拉动作用处于或即将处于鼎盛时期。区域优势产业不仅能促进区域经济增长，缩小地区收入差距，而且能在经济全球化背景下提高国家竞争力。

区域优势产业的形成取决于区域比较优势和企业竞争优势的大小，宏观和中观层次的区域比较优势是区域优势产业发展的必要和前提条件。无论是外生比较优势还是内生比较优势，仍然是潜在的优势，只有在激烈的市场竞争中获取现实的竞争优势，才能实现产品和服务的价值，获取比较利益。只有统筹规划，有所为而有所不为，注重发挥比较优势和地方特色，才能依托自身地理和产业优势，形成分工有序、互利协作、各具特色的区域经济发展格局。

第三，优化新兴产业组织机制，提高产业组织效率。产业组织效率是衡量产业组织合理化程度的重要指标。改革开放以来，伴随着国民经济的持续快速发展，安徽省产业组织的市场结构存在的缺陷越来越突出，从而降低了产业资源的配置效益，制约着产业组织效率的提高。主要表现为产业集中度偏低、生产分散严重，生产专业化协作水平低，分散生产下的过度竞争严重。

优化新兴产业组织结构，提高产业组织效率，必须促进产业生产的适度集中，重塑资源配置的垄断机制（或称生产集中机制），在企业之间形成了一种基于信任的合作竞争机制。在生产集中的基础上，逐步形成适应产业特点与市场需求状况的寡头垄断市场结构，抑制市场过度、无序的竞争，在集群内形成"专业市场竞争→最优技术输出→企业合作→技术进步→专业市场竞争"的良性循环。加强产业集群内集体学习和知识积累，使知识的不断创造、使用、转移和共享成为产业集群成长的重要动力。消除行政垄断，充分发挥市场机制对产业资源配置的调节作用。

第四，提高产业的创新能力，增强新兴产业发展的持续能力。世界各国和地区产业发展的历程显示，新兴产业的发展是建立在对先进技术的掌握和应用基础之上的。不断进行技术创新，努力发展具有自主知识产权的先进制造业，是保证新兴产业健康发展的关键因素。

美国将科技研发和推广作为全国最重要的战略决策，促进了产业创新能力的不断增强和新兴产业的快速崛起，出现了"新经济"时期的再度辉煌。德国制造业的长期繁荣，也与其对先进技术的掌握密不可分。同样，日本、韩国和我国台湾地区的技术创新，也是新兴产业发展的主要支撑因素。不过，与美国、德国不同的是，日本、韩国和我国台湾地区的技术创新均是从引进、模仿先进技术开始的。这种引进、模仿的学习方式使其在较短的时间内，以较少的投入获得了发达国家较为先进的科技知识。

安徽省在对先进技术大力引进的同时，应借鉴发达国家和地区的成功经验，对每一项引进技术要集中科研力量进行消化、吸收、改进和再提高，以弥补自身科研经费短缺、科研力量不足的缺陷；同时，努力研究开发尖端技术，通过这些科学技术的应用，快速提高本地区新兴产业产品的科技含量，促进工业结构的升级。

第五，加强产业配套能力建设，尽快形成相互依存的区域产业体系。新兴产业是产业关联性较强的产业，新兴产业通过产业链的有效延伸，不仅促进了相关产业的发展，而且会反过来对新兴产业的发展产生促进作用，实现自身的快速扩张，获得持久的生命力，达到产业提升的目的。充分发挥新兴产业对经济的带动作用，促进经济的全面进步，从而使经济驶入多种产业共同发展的良性轨道。

建设新兴产业园区，形成新兴产业链，是一条发展新兴产业、新经济的捷径。一方面，有选择性地吸引产业带动能力和关联效应强的企业进入新兴产业园区，建设新兴产业园区的网络体系，努力形成大中小企业密切配合、专业分工与协作完善的网络体系。另一方面，以大、中型高新技术企业或企业集团为龙头，通过产业环节的分解，衍生出一批具有紧密分工与协作关系的关联企业。通过产业的衍生促进产业内部分工，建立相互依存的产业联系，以提高这些企业在当地的根植性。

第六，处理好政府与市场的关系，发挥政府的服务、引导和协调功能。新兴产业的发展必须处理好政府与市场的关系，是政府的因素多一些，还是市场机制因素多一些，完全取决于市场经济的发展程度和经济发展水平。在可预见的时期内，政府通过直接干预、间接诱导和发布中性产业信息等手段可以很好地引导新兴产业在健康的轨道上发展，同时市场机制依靠供求、竞争、价格机制同样可使资源不断地向优势新兴产业集中。在关系国家重大公共利益的新兴产业领域，必须坚持以政府为主导，而在关系私人利益的新兴产业领域，应争取放开搞活，由市场去调节。

把培育和发展有竞争力的新兴产业作为突破点，充分利用本地区现有的生产优势，积极吸纳外来资本和技术，把生产优势与市场紧密联结起来，努力变生产优势为市场优势，并进一步通过市场优势来巩固和扩大产业优势，努力形成在产业空间和地域空间上合理优化的产业结构。但从经济增长的历史长河来看，新兴产业生长模式从"植入型"向"内生型"过渡是经济发展的必然趋势。

第四章　主要发达国家新兴产业发展战略的比较与启示

"新兴产业"作为一个中国词汇，在国外没有相对应的概念，但是发达国家所大力发展的知识经济、绿色经济、循环经济、清洁能源等产业符合温家宝同志提出的战略性新兴产业的三个重要特征：一是产品要有稳定并有发展前景的市场需求；二是要有良好的经济技术效益；三是要能带动一批产业的兴起①。早在20世纪50年代，美国、日本等国家便对当时的高新技术产业进行了战略规划，取得了极好的效果，这些国家的高新技术产业至今仍在世界上保持领先地位。世界金融危机过后，世界各国都加快了新兴产业发展步伐，究其原因：一是想借此摆脱经济危机的困扰，二是想继续保持其在高新技术方面的国际领先地位。世界新兴产业的发展浪潮给我国新兴产业发展带来了良好机遇，如何抓住这一机遇、借势发展我国新兴产业是当前迫切要思考的问题。从知己知彼的角度来说，了解发达国家新兴产业的发展战略，对发达国家新兴产业发展战略进行梳理、比较，总结其新兴产业发展经验并加以借鉴，对我国抓住国际新兴产业发展带来的机遇、实现我国国民经济又好又快发展具有重要的现实意义。

第一节　主要发达国家新兴产业发展战略比较

世界金融危机过后，美国、欧洲联盟（简称"欧盟"）、日本等国家和地区制订了许多战略性新兴产业发展规划及行动计划，并在财力上给予大力支持，对其进行梳理可以发现它们各自发展战略性新兴产业的思路。

一　战略规划及行动计划比较

美国政府一直很重视"新"产业的发展。早在20世纪80年代中期，美国政府为了提高产品在国际上的竞争力，成立了工业竞争能力总统委员会，制订了发展高科技产业的全面规划，经过10年的努力取得了巨大的成功。到了20世纪80年代，美国又选择互联网作为主导产业，使得美国经济得以持续发展。2007

---

① 温家宝同志在2009年11月3日首都科技界大会上所作《让科技引领中国可持续发展》演讲中提出。

年，美国发生次贷危机，为摆脱危机，美国政府策划了一系列战略性新兴产业发展规划及行动计划。为了促进清洁能源的发展，美国国会于 2007 年通过《美国能源独立与安全法》；为了加强基础建设、教育、可再生能源及节能、医疗信息化、环境保护等新兴产业基础领域建设，美国总统奥巴马于 2009 年签署了《2009 美国经济复兴与再投资法》；为了减少温室气体排放、减少美国对进口石油的依赖，美国众议院于 2009 年 6 月 26 日通过了《清洁能源安全法案》；为了促进新能源、生物医药、智能电网、健康信息、交通的技术开发和产业发展，美国政府于 2009 年 9 月出台了《政府的创新议程》。美国还在生物医药、信息产业等领域实施了一系列的行动计划，如国防部的"智能微尘"、国家科学基金会的"全球网络研究环境"、"智慧地球"计划、"国家宽带计划"等，并已经开始在军事、工业、农业、环境监测、建筑、医疗、空间和海洋探索等领域投入应用。

在世界金融危机之前，欧盟就提出了一揽子能源研发计划，包括欧洲风能，太阳能，生物能，智能电力系统，核裂变，二氧化碳捕集、运送和贮存等。世界金融危机过后，欧盟以"绿色经济"、"环保型经济"力促经济复苏。2008 年 2 月，欧盟运输、通信和能源部长理事会在布鲁塞尔通过了欧盟委员会提出的《欧盟能源技术战略计划》，该计划将鼓励推广包括风能、太阳能和生物能源技术在内的"低碳能源"；2009 年 4 月，欧盟制订了一项发展"环保型经济"的中期规划，规划在 2009～2013 年的 5 年时间中，全力打造具有国际水平和全球竞争力的"绿色产业"。2010 年 3 月，欧盟通过系统评价"里斯本战略"实施效果，并判断后危机时代世界经济的特征，欧盟委员会发布了"欧盟 2020 战略"的正式文本，认为，后危机时代欧盟的经济发展战略目标是：通过高效使用资源和鼓励自主创新，实现经济更加健康和更为"绿色"的发展，而增加知识投入是实现这一目标的关键。欧盟还大力推进信息网络建设。欧盟于 2009 年 6 月出台了物联网产业最详细的发展规划《物联网——欧洲行动计划》，该计划确保欧洲在建构新型物联网的过程中起主导作用。2009 年 9 月，欧盟又制定了《欧盟物联网战略研究路线图》及《RFID 与物联网模型》等意见书，提出欧盟到 2010 年、2015 年、2020 年三个阶段物联网研发路线图。2010 年，欧盟又公布了"欧盟数字计划"。上述一系列计划的实施使得欧盟信息产业在世界上占据重要位置。

早在 2006 年，日本就制定了《新经济增长战略》，而随着世界金融危机的来临和国际经济形势的变化，日本政府对这一战略进行了调整。为了解决经济危机期间能源短缺的问题，日本于 2008 年出台了《低碳社会行动计划》，提出重点发展太阳能和核能等低碳能源，并与 2008 年 11 月和 2009 年 4 月分别出台了配套行动计划"太阳能发电普及行动计划"及"日本未来开拓战略"（即

"J复兴计划")。日本政府还非常重视信息产业的发展。2009年3月，日本IT战略本部出台了最新的信息化战略《面向数字时代的新战略——三年紧急计划》，并在同年又先后出台了"ICT新政"、"i-Japan战略"等计划，侧重促进信息技术在医疗、行政等领域的应用。日本还在工程技术、信息技术、医药等领域制定长期的战略方针"技术创新25"并加以实施，力图通过创新能力使日本的经济摆脱经济危机的困扰。2009年12月，日本政府在此前"新经济增长战略"基础上，提出了旨在确立经济危机后日本长期经济发展方向的"新成长战略"，今后日本充分利用国内要素促进战略性新兴产业发展。2010年6月，日本经济产业省公布《产业结构展望2010方案》对日本未来10年产业发展进行总体规划，强调必须形成稳定的多极化产业结构，发展应对自然资源与能源短缺、人口老龄化等不利经济因素的"社会问题解决产业"。

二　重点产业选择比较

美国政府认为"领导世界创造新的清洁能源的国家，将是在21世纪引领世界经济发展的国家"。基于这一认识，美国政府推出能源新政，把发展清洁能源列为首位。为此，美国政府通过了一系列将促进美国清洁能源技术发展的相关法案，有助于实现美国的"能源独立"目标，确保美国的能源安全。美国政府高度重视生命科学的研发，通过放宽对胚胎干细胞研究的限制，促进其生命科学的发展。信息产业一直是美国的优势产业，世界金融危机过后，美国继续加强这一产业的发展。根据相关法案，美国将继续支持信息技术基础和应用研究；同时，奥巴马还希望"更新美国的信息高速公路"，让美国在宽带普及率和互联网接入方面重登世界领先宝座。

2010年，欧盟提出了下一个10年发展计划，即"欧盟2020战略"，它以绿色技术和信息技术为突破口，把绿色经济和智能经济作为发展重点，提倡实现经济智能、可持续增长。英国选择低碳能源、低碳汽车、生命科学和信息技术等产业作为重点产业发展。德国选择可再生能源和生物医药产业作为重点发展产业。法国非常重视创新，继续在节能环保产业上做强做大。

日本是一个能源短缺的国家，世界金融危机过后，日本提出重点发展太阳能和核能等低碳能源。2009年，日本在出台的《未来开拓战略》中提出，日本要建成世界第一的环保节能国家，并在太阳能发电、蓄电池、绿色家电等低碳技术相关产业的市场上确保所占份额第一。2010年6月，日本提出未来将重点培育基础设施相关产业、环保和能源产业、文化创意产业、尖端技术产业，以及包括医疗、护理、健康和生育等在内的社会公共产业五大战略性产业，以此实现经济增长和社会发展。

三 财政支持比较

美国政府对战略性新兴产业的财政支持主要通过财政直接投入、税收减免及政府采购等方式来实施的。①财政直接投入。通过财政直接投入支持战略性新兴产业发展是美国政府最常用的手段。为了加快发展新能源产业，2007年，美国国会通过《美国能源独立与安全法》，规划到2025年清洁能源技术和能源效率技术的投资规模将达到1900亿美元。"奥巴马-拜登新能源"计划提出，美国将在今后10年内投入1500亿美元用于发展混合动力汽车、清洁煤技术等新能源产业。美国能源部也计划在未来15～20年内为潜在的波浪和潮汐能发电提供1720亿美元的资助（姜江，2010）。根据《2009美国经济复兴与再投资法案》的规定，美国政府将拿出7870亿美元巨资，其中，科研（含基础建设）、教育、可再生能源及节能项目、医疗信息化、环境保护等成为投资的重点，分别投入1200亿美元、1059亿美元、199亿美元、190亿美元和145亿美元[①]。②税收减免。对从事可再生能源和新能源研究和生产的单位提供税收抵免，以帮助它们启动能提高生产力水平的新项目。例如，《2009美国经济复兴与再投资法案》推出的7870亿美元刺激方案中，有130亿美元用于对可再生资源产生的税收抵免。③政府采购。政府采购可以增加市场需求，培育新兴产业市场。20世纪90年代，美国政府每年的采购额都在11 000亿美元以上，占GDP的19%。在计算机行业，政府采购占大型计算机销售额的80%（申曙光，2001）。

欧盟对战略性新兴产业财政支持的力度也是空前的。2009年4月，欧盟制订了"环保型经济"的中期规划，将筹措总额为1050亿欧元的款项，其中130亿欧元用于绿色能源，280亿欧元用于改善水质和提高对废弃物的处理和管理水平，640亿欧元用于帮助成员国推动其他环保产业发展、鼓励相关新产品开发、提高技术创新能力并落实各项相关的环保法律和法规。欧盟各国对战略性新兴产业的支持是不遗余力的。德国政府批准了总额为5亿欧元的电动汽车研发计划预算，支持包括梅赛德斯-奔驰公司在内的3家研究伙伴，推动电动汽车产业发展。为了鼓励可再生能源的开发和利用，德国对风能、太阳能等新能源免征生态税。此外，德国还实行了创新指向的公共采购，政府采购要优先考虑创新型的产品和服务。法国自2005年起也出台了一系列的财政支持政策。法国建立200亿欧元的"战略投资基金"，主要用于对能源、汽车、航空和防务等战略企业的投资与入股。法国政府斥资15亿欧元在各地扶持了60多个不同产业的科技园区，也称"竞争力集群"。对科技园区的企业享受免除利润税、职业税和地产

---

① American Recovery and Reinvestment Act of 2009.

税等税收优惠政策（王兆祥，2006）。

　　日本政府主要通过财政补贴、税收优惠等方式支持战略性新兴产业发展。①财政补贴。节能产业是日本财政支持的重点，对企事业单位节能技术开发项目给予财政补贴。日本2008年出台了《低碳社会行动计划》，提出为科研提供政策扶持及资金补助。为增加能源的自给率，日本将新能源研发和利用的预算由882亿日元大幅增加到1156亿日元。根据风力资源丰富的特点，政府大力支持发展风力发电，对风电设备给予补助。②税收优惠。日本自20世纪90年代开始，对开发新能源的企业给予许多税收优惠。例如，对购买列入节能产品目录的节能设备实行税收减免政策，减免额大约占成本的7%；节能设备还可以享受特别折旧优惠。

第二节　主要发达国家新兴产业发展战略比较结果分析

一　发展规划注重战略性

　　各主要发达国家从经济长远发展、国家安全、抢占制高点的角度来制订新兴产业发展规划。

（一）应对经济危机挑战，提振经济

　　世界金融危机过后，美国及其他发达国家陷入经济衰退泥潭，世界各国特别是美国需要制订一个新的经济发展战略来提振经济，实现经济持久发展。美国政府认为"领导世界创造新的清洁能源的国家，将是在21世纪引领世界经济发展的国家"。基于这一认识，美国把发展清洁能源列为首位。2009年2月17日，美国总统奥巴马签署总额为7870亿美元的《2009美国经济复兴与再投资法案》，其中新能源为重点发展产业，主要包括高效电池、智能电网、碳捕获和碳储存、可再生能源等。为了促进新能源产业的发展，其要点是在3年内让美国再生能源产量倍增，足以供应美国600万户的用电，这是过去计划在30年内才能达到的目标（张少春，2010）。美国政府认识到能源在经济发展中的重要性，把新能源和节能环保产业发展提高到国家战略的高度，希望以新能源和节能环保产业为突破口来推动新兴产业革命，以此使美国摆脱经济危机。为了应对经济危机，日本在2009年3月2日出台了为期3年的信息技术紧急计划，目标为官民共同增加投资3万亿日元，新增40万~50万个工作岗位，侧重于促进信息技术在医疗、行政等领域的应用。2009年4月，日本又推出了"经济危机对策"的经济刺激计划，将再支出15.4万亿日元，主打绿色牌以推动包括太阳能产

业、新型环保汽车和清洁家电等在内的新能源产业的发展，促进未来经济增长（中国科技发展战略研究小组，2011）。

（二）化解经济发展瓶颈，实现经济长远发展

西方国家虽然经济发达，但其能源却非常匮乏，这是制约其经济发展的重要瓶颈。根据美国能源信息署公布的最新数据计算，美国以不到全世界5%的人口，消耗了世界25%的能源，2009年，美国平均每天消费1887.14万桶石油，二氧化碳的排放量占全球总排放量的20%之多（胡海峰等，2011）。德国也是世界上最大的能源消费国之一，石油消费量居全球第三位，天然气消费量居欧盟第二位。然而，德国的能源非常匮乏，据统计，2008年，德国石油几乎全部依靠进口，天然气的对外依存度也高达84%（胡海峰等，2011）。法国也是个能源资源相对匮乏的国家，缺乏石油和天然气，其煤炭资源自20世纪50年代起渐衰，而水、电资源已得到全面地开发，目前法国的电力80%来自核能。英国的石油储量仅占世界总量的0.3%，天然气储量仅占世界总量的0.2%，煤炭储量不足世界总量的0.05%。日本天然资源贫乏，国内原油生产仅能供应其总需求量的0.3%。这些能源贫乏的西方国家都制订了新能源发展规划，旨在化解经济发展的瓶颈，实现经济长远持续发展。美国推出的"能源新政"除了有应对经济危机的目的外，还有实现美国能源独立之意图。欧盟更是想摆脱对传统能源的依赖，实现新旧能源的顺利更替。2007年3月，欧盟27国领导人通过了欧盟委员会提出的欧盟一揽子能源计划，预计到2020年把新能源和可再生能源在能源总体消耗中的比例提高到20%，将煤、石油、天然气等一次性能源消耗量减少20%，将生物燃料在交通能源消耗中所占比例提高到10%。2008年2月，欧盟运输、通信和能源部长理事会在布鲁塞尔通过了欧盟委员会提出的欧盟能源技术战略计划，该计划将鼓励推广包括风能、太阳能和生物能源技术在内的"低碳能源"技术，以促进欧盟未来建立能源可持续利用机制（郑雄伟，2010）。2008年，日本出台的《低碳社会行动计划》提出，大力发展高科技，重点发展太阳能和核能等低碳能源，并且为产业科研提供财政关税等政策扶持及资金补助。同年，日本政府修改的《新经济成长战略》提出，实施"资源生产力战略"，为根本性地提高资源生产力采取集中投资，使日本成为资源价格高涨时代和低碳社会的胜者。为增加能源的自给率，日本将新能源研发和利用的预算由882亿日元增加到1156亿日元。日本大力开发核能，目前全国共有核电站54座，总装机容量为4712.2万千瓦，是世界第三核能大国，核能占能源供给总量的15%，核能电化率近40%。日本还高度重视太阳能的利用，是世界上太阳能开发利用的第一大国，也是太阳能应用技术强国。世界金融危机过后，日本宣布今后对中小企业安装太阳能设备提供补助金的门槛将会降低。根据风力资源

极其丰富的特点，日本对风力发电大力支持，对风电设备给予补助，剩余风电可卖给电力公司。风力发电的快速发展，使日本跻身于全球十大风能市场。日本政府还投入了大量资金用于风力发电蓄存技术研发（郑雄伟，2010）。发达国家大多都是能源相对贫乏的国家，经济越是向前发展，对能源的需求量就越大，为解决其经济发展的能源瓶颈问题而采取发展新兴能源的战略是发达国家必然的选择。

（三）抢占技术制高点，保持经济领先地位

发达国家要想继续保持经济的领先地位就必须保持其技术的领先，所以抢占技术制高点成为各发达国家重要战略目标之一。奥巴马执政后，特别强调科技和创新是解决美国面临的诸多紧迫问题的关键。2009 年 9 月，美国出台的《美国创新战略：推动可持续增长和高质量就业》报告提出，要加大投资，恢复美国基础研究的国际领先地位，培养符合 21 世纪知识和技能要求的下一代人才和世界一流的劳动力队伍，建立先进的信息技术系统；推动竞争市场，以激励创新、创业；催生在清洁能源、先进汽车、卫生保健等国家优先领域的重大突破。由默克尔（Merkel）连任总理的德国新一届联邦政府高度重视科技和教育，其执政联盟协议未来政策战略第一条就是要将发展"教育、科研、新技术、产品和服务"作为德国未来经济社会发展的力量源泉。2009 年年初，法国正式启动国家研究与创新战略的制定工作，明确法国未来 4 年科研工作的发展思路与方向。各国非常重视部署前沿研究领域，敏锐把握新出现的学科前沿。

二 发展重点注重前瞻性

发达国家在发展新兴产业的选择上非常注重前瞻性，只选择那些具有广阔市场前景和未来必然要发展的产业作为重点产业加以支持。

（一）选择未来具有广阔市场前景的产业

随着人们生活水平的提高，人们会追求更高的生活质量，所以健康产业和低碳产业将是未来具有广阔市场前景的产业。各发达国家不约而同地将健康产业和低碳产业列为未来重点发展的新兴产业。美国政府高度重视生命科学的研发，在联邦政府的研发预算中，除国防开支以外，投入生命科学研发的经费达到或接近民用研发总投入的 50% 左右。同时，美国政府还通过放宽对胚胎干细胞研究的限制，促进其生命科学的发展。日本政府高度重视国民的健康问题，其在《未来开拓战略》中提出，要大力加强世界最先进的卫生保健技术的研发并形成新兴产业，尤其是要将癌症等重点疾病领域的药品、医疗器械、可再生医疗等的研发列为国家战略项目，要加速干细胞、脑科学等先进医疗技术开发，要大幅缩短疫苗研制生产周期。在美国放宽胚胎干细胞研究政策之后，2009年8月，日本"放松"版人类胚胎干细胞研究指南生效，允许科学家获取新的人类胚胎干细胞系。英国有关官员指出，生命科学是未来的战略产业，发展生命科学产业对英国来讲势在必行。2009年7月，英国生命科学办公室发布了《生命科学蓝图》，以促进英国生命科学产业的发展。生物医药是德国高技术战略计划的重要研究领域之一，2009年，德国联邦教研部共支持了21个生物医药科研合作网络的建设。这些科研合作网络缩短了生物医药领域新产品研发和技术成果转化的周期，促进了卫生医药领域的临床科研。在气候变化日益受到世界各国关注的背景下，低碳经济不但是未来世界经济发展结构的大方向，更已成为全球经济新的支柱之一。奥巴马说："能够领导21世纪全球清洁能源的国家将能够领导21世纪的全球经济。"为抢占低碳经济的制高点，发达国家高度重视能源创新。美国经济刺激计划规定在未来10年内将投入1500亿美元进行新能源开发，投入110亿美元进行电网改造，投入20亿美元用于先进电池技术研发等。当前，美国政府提出的各项措施正在逐步落实中。2009年6月，美国众议院通过了《美国清洁能源安全法案》，同意投资1900亿美元用于发展清洁能源和能效技术，力争到2020年，美国电力生产中至少有15%是太阳能、风能、地热发电，另有5%通过节能措施减少能源消费。2009年8月，美国投资24亿美元正式启动电动汽车项目。2009年，日本出台的《未来开拓战略》中提出，日本要建成世界第一的环保节能国家，并在太阳能发电、蓄电池、燃料电池、绿色家电等低碳技术相关产业的市场上确保所占份额第一。具体举措包括：太阳能发电及节能世界第一计划，实现环保型汽车的世界最快普及，以低碳交通为核心建设下一代城市等。2009年7月，英国公布《英国低碳转型计划》，被认为是英国正式的"低碳经济"国家战略计划。当前，英国在低碳领域的科技部署主要包括低碳能源、低碳汽车、能效等。2009年，德国联邦政府在可再生能源技术领域的研发投入已经占德国全部能源研发投入的60%（程如烟等，2010）。

（二）选择未来必然要发展的产业

在各发达国家未来的经济发展道路上，有些产业不管其发展的难易程度如何，是其必然要发展的，如新能源产业、信息技术产业等。各发达国家大多都是能源相对贫乏的国家，而对能源的需求量又很大，所以其都将新能源产业列为重点发展的产业，以解决其将来经济发展的瓶颈问题。所以发展新能源产业是各发达国家必须面对的问题。一个国家的信息化水平是其现代化水平的重要标志，也是国家社会、经济实现快速发展的必由之路，所以各发达国家在这次新兴产业发展浪潮中都非常重视信息技术产业的发展。欧盟积极推进信息网络建设，提出加快建设全民高速互联网建设，实现高速网络 100％ 覆盖率。在物联网的发展上，欧盟于 2009 年出台了《物联网——欧洲行动计划》，制定了《欧盟物联网战略研究路线图》《RFID 与物联网模型》等意见书，提出欧盟到 2010 年、2015 年、2020 年三个阶段物联网研发路线图。目前，欧盟物联网已经在智能汽车、智能建筑等领域进行了应用。日本很早就认识到信息产业的重要作用，早在 2001 年就将信息产业列为重点支持产业。2009 年，日本政府又先后出台了"ICT 新政"、"i-Japan 战略"等计划，着重数字化技术的开发与应用（刘澄等，2011）。美国的互联网行业在世界上具有领先优势，但奥巴马认为其领先优势正在下滑，需要尽快发展一个世界上最先进、最现代化的信息基础设施，以实现对医疗信息化、智能电网、教育和宽带的支持，所以政府将基础设施投资中的 72 亿美元用于改善网络宽带通路。

三　财政支持注重实效性

西方国家多年来一直坚持"小政府"的理念，财政支出的资金都是经过精打细算的，对新兴产业的财政支持非常注重其实效性。美国、日本等西方国家对新兴产业的财政支持主要集中在产业早期发展的两个关键环节：技术研发和政府采购，而对新兴产业发展的其他环节支持较少。

（一）技术研发

技术是推进产业向前发展的发动机，是保持产业发展领先的关键所在，所以西方国家都对新兴产业的技术研发给予的大力支持。其支持主要集中在基础研究和高端技术研究两头。

基础研究是创新的源泉，是高端技术发展的根基。但由于基础研究投入大、风险高、回报低，企业一般不愿意从事基础研究，政府自然要担起这一重任。奥巴马承诺对基础研究的资助在未来 10 年间翻一番，2010 年美国政府研发预算为 1475 亿美元，比 2009 年高 0.3％，其中基础研究增加至 308 亿美元，增幅达 3.4％（程如烟等，2010）；《2009 美国经济复兴与再投资法案》安排 183 亿美元用于各领域的基础研究资助；美国政府把对新能源与生物领域的基础科学研究作为重中之重，为了提高研究和开发资金使用效率，美国能源部设立了 3 个能源创新中心，每个中心汇集了来自学术界、企业和政府的高级研究人员（王斌等，2011）。通过对基础研究的支持，极大地提高了美国新兴产业的创新能力。

高端技术研究是保持产业领先的关键所在，但高端技术的研发也存在投入大、风险高的问题，这需要政府参与高端技术的投入和研发。为了把握能源技术的前沿，美国决定建立 46 个能源前沿研究中心，总经费达 7.77 亿美元。为支持前沿尖端技术研究，日本政府在 2009 年度的补充预算中增投了 2700 亿日元基金，3～5 年内对单项研究项目的资助可达 30 亿～150 亿日元。欧盟及其成员国也高度重视前沿研究。2009 年 9 月，欧盟出台了一项促进关键启动型技术发展的战略，该战略选定的关键启动型技术属于前沿领域，如纳米技术、生物技术、材料科学与工程、先进制造、信息通信技术等（程如烟等，2010）。

（二）政府采购

由于新兴产业在发展初期生产成本较高，所以在与传统产业的竞争中处于不利地位，而政府采购是政府扶持新兴产业的重要途径之一。纵观西方发达国家新兴产业的发展历程可以发现，政府采购在产业发展中扮演了举足轻重的角色。政府采购让高成本的新兴产品有了市场需求，从而使得处于萌芽状态的新兴产业得以发展壮大。美国曾经利用政府采购的形式对硅谷加以扶持，并取得了成功，使之成为"世界高新技术产业的摇篮"。美国政府也积极倡导对新产品的采购，以带动社会对新兴产品的需求，为新产品提供一个稳定的市场需求，以此支持企业的研发活动。日本政府对新兴产品的采购也是情有独钟的，早在 1995 年日本就制订实施了第一个政府绿化行动计划，2000 年颁布了《绿色采购法》，规定了政府部门有优先采购环保型产品的义务（张少春，2010）。

四 政策制定注重灵活性

发达国家新兴产业发展战略通过一系列新兴产业政策实施来实现，西方国家在制定新兴产业政策时采取较为灵活的策略。

（一）参与主体多元化

发达国家在实施新兴产业政策时并非让政府"包打天下"，而是积极地利用民间的力量，采取政府和私人并肩作战的策略。例如，在日本，许多重要项目是由政府牵头组织实施的，主要是那些具有重大影响的高技术发展计划。牵头实施的主要有两个部门，即科学技术厅和通产省，分别是通过科学技术厅主管的新技术研究开发事业和通产省工业技术院主管的产业技术开发计划来实施。科学技术厅主管的新技术研究开发事业负责高技术研究开发的计划和组织；其他凡涉及产业技术的发展都是由通产省工业技术院负责①。但日本政府在新技术研发上绝非"单干"，而是积极邀请私人企业参与，形成官民合作的开发体制，

---

① 日本的高技术产业发展，"十五"高技术产业发展专项规划若干重大问题研究 . http：//plan. moc. gov. cn［2004-02-09］.

共同分担研发风险。日本政府先是统一制订技术研发目标，在接下来的在每一个技术攻关计划中，日本政府都要邀请若干家大企业的研发部门、高校相关研究力量、政府研究机构共同参与，实现日本政府研发经费和民间研发经费共同使用、风险共担、官民合作、参与主体多元化的高技术开发体制。

（二）资金来源多元化

新兴产业技术研发及产业自身发展需要大量的启动资金，若靠企业自身积累则其发展将是极其缓慢的，所以大量的外部资金支持是新兴产业快速发展的必要条件。发达国家在新兴产业发展的资金来源上采取了多元化的策略。一是政府财政直接拨款。例如，美国政府 2009 年向与新能源技术革命相关的项目拨款 970 亿美元，在替代能源研发和节能减排方面的投资达 607 亿美元，开发太阳能、风能等新能源的相关投资总额超过 400 亿美元；2010 年，美国低碳技术的研发费用占美国能源部总预算的 25%，其中用于可再生能源、氢能源，以及核裂变、核聚变的研发经费达 18.7 亿美元（张宪昌，2010）。二是通过银行融通资金。例如，美国摩根大通银行自 2003 年起，共为可再生能源产业融资 67 亿美元，融资对象包括分布在 18 个州的 67 家风力公司及 13 个太阳能基地；2010 年，摩根大通银行共为可再生能源产业融资 12 亿美元，其提供的资金占风力发电总装机量资金额的 16%。2007 年 3 月至 2009 年 9 月，美国银行投入到战略性环境保护中的资金为 2000 万美元，在 2009 年第四季度，美国银行为绿色商品房和资产提供了 1.22 亿美元，为绿色能源融资超过 9700 万美元（胡海峰等，2011）。三是通过风险投资融通资金。例如，2009 年，美国太阳能领域得到了 14 亿美元的风险投资资金，对于一个资本总量为 40 亿美元的产业来说，风险投资资金对于新能源产业的关注和支持是毋庸置疑的；除了太阳能领域，风险投资对于环保清洁科技的融资也给予了很大的关注，自 2001 年以来，风险投资资金在清洁科技上的投资额一直稳步上升，在 2010 年企业风险资本对清洁技术公司的投资额达 549.39 亿美元，支持的企业达 44 家（胡海峰等，2011）。

第三节　主要发达国家发展新兴产业对中国的启示

国外新兴产业的蓬勃发展为国内新兴产业跨越发展提供了外部机遇，结合中国新兴产业发展实际情况，借鉴发达国家新兴产业发展战略措施制订出适合中国的新兴产业发展战略，对加快中国新兴产业发展壮大具有重要的意义。

一 明确中国新兴产业发展的方向

美国政府依托"星球大战计划""信息高速公路计划"使美国经济摆脱衰退走向复苏，都是依靠选准一个正确的基点。美国政府认为"领导世界创造新的清洁能源的国家，将是在 21 世纪引领世界经济发展的国家"，基于这一认识，美国把发展清洁能源列为首位。我国现已选定节能环保、新一代信息技术、生物、高端装备制造、新能源、新材料、新能源汽车七大产业作为国家层面新兴产业发展的重点，但还有待提炼出一个能引领中国经济快速发展的核心产业，该产业应具有关联性强、能对未来经济和社会会产生深刻影响等特征。

二 注重中长期规划与各专项规划和行动计划的结合

国家中长期规划是对未来较长时期的方向性规划，是各专项规划和行动计划的指导性规划。而行动计划、专项规划是实现中长期规划的重要步骤和具体支撑，是为了实现中长期规划目标而有针对性的规划行动，代表了未来一段时期产业发展和技术进步的主攻方向，例如，美国为促进清洁能源的发展，通过了《美国能源独立与安全法》《奥巴马-拜登新能源计划》《节能和环保专项拨款计划》；日本政府为促进绿色经济的发展于 2008 年和 2009 年先后公布了《建设低碳社会的行动计划》和《绿色经济和社会变革》等草案。通过各专项规划和行动计划的实施，确保中长期规划目标得以实现。目前，我国新兴产业各专项规划还缺乏系统性，这方面还需要各级政府进一步梳理、补充、完善，形成一个系统性的能相互配合的专项规划和行动计划体系。

三 加大科研和创新投入

西方发达国家政府非常重视科研，奥巴马在总统就职演说中说："我们要把科学恢复到它应当的位置。"在美国国家科学院第 146 届年会上，奥巴马宣布，把美国 GDP 的 3％投向研究和创新，成倍地增加美国国家科学基金会、美国国家卫生研究所、能源部科学办公室等 3 家国家主要科研机构的经费。大量科研经费的投入为美国新兴产业的快速发展奠定了坚实的基础。目前，我国新兴产业刚刚起步，要实现我国新兴产业的跨越发展必须加大新兴产业科研和创新投入。一是在现有的财政资金渠道的基础上，建立稳定的财政资金增长机制，设立新兴产业发展研发专项基金。二是建立多元化的新兴产业科研和创新融资渠道，使新兴产业科研和创新能够筹集到足够的资金。

四　充分发挥市场的作用

新兴产业的发展离不开政府的支持，政府的支持可以降低企业的风险预期，提高企业的期望利润，从而吸引更多的企业进入到新兴产业中来。但政府的支持也不是越多越好，政府和市场应各自扮演好自己的角色。一是要坚持以市场为中心。新兴产业政策要围绕市场展开，让市场这只"无形之手"在新兴产业发展中发挥最大作用。二是政府要想方设法培育市场。在新兴产业发展时期，政府要加大对小企业的支持力度，培育新兴产业市场主体；政府还要加大对新兴产业产品的采购力度，以起到示范效应的作用，培育新兴产业产品的需求群体，拉动新兴产业发展。三是政府对新兴产业的支持要适当。政府对新兴产业支持过度会抑制新兴产业市场作用的发挥，这种越俎代庖的做法会使企业对政府产生巨大的依赖，一旦政府支持减弱企业将难以继续发展。而政府对新兴产业支持不足则又难以使处于萌芽状态的新兴产业迅速成长，从而错过新兴产业发展的大好时机。

五　优化新兴产业发展的外部环境

（1）建立选拔和培养高素质新兴产业技术人才制度。美国、法国、日本等发达国家都建立了完善的高技术人才选拔和培养制度，为新兴产业发展提供了强有力的人力要素支撑。对我国而言，一是当前要制订新兴产业人才选拔和培养计划，通过该计划的系统实施为我国新兴产业发展提供各类急需人才。二是吸引全球优秀新兴产业人才来我国就业或创业。在政策支持的基础上，采取灵活的方式，如项目引进、核心人才引进、团队引进等，本着"不为所有，但为所用"的原则吸引全球优秀人才到我国就业或创业。三是从长远角度出发，加大对各大专院校的研发经费投入，吸引更多的人才投入到研发创新中来，在研发过程中培养出大量具有创新精神、掌握专业技能的新兴产业后备人才，为新兴产业的持续发展提供人才支持。

（2）完善官产学研合作机制。在日本的科技体制中，官产学一体化具有举足轻重的地位，我国可以借鉴日本的经验，建立官产学研合作机制。首先，政府根据国际经济和新兴产业技术发展趋势预测各行业关键技术，并对各行业关键技术进行排序列表。其次，政府筹集专项资金，结合企业的生产技术需求，组织科研院所联合进行技术攻关，风险由政府承担。再次，政府组织科研院所对研发成果进行推广，使各相关企业能以较低的成本广泛使用。最后，政府收集各使用成果企业的反馈信息，并预测新的关键技术，进行下一轮的官产学研合作。

（3）兴建新兴产业发展载体。日本和德国为发展高技术新兴产业，都建立了高技术产业园区。在日本，高技术产业开发区一般是由政府主导发展而成的。日本高技术新兴产业开发区分为两种，一种是旨在专门的技术研发，被称为科学城，科学城内聚集了许多高校和科研机构，形成了有效的创新网络体系。另一种是旨在促进各地传统产业结构向高技术产业结构转化，以振兴地方经济的技术城。德国的高技术新兴产业园区形式多样，有高技术工业园区、高技术研究园区、科技企业创新中心等园区形式（李伟铭等，2011）。新兴产业发展需要空间载体，而技术园区是最好的载体形式。目前，我国各地盲目兴建新兴产业园区，大多缺乏规划，没有系统性，杂乱无章，这不利于新兴产业的可持续发展。我国可以借鉴日本和德国的经验，科学规划新兴产业园区。一是要坚持聚集的原则。一个地区无需建设多个园区，中小城市一个新兴产业园区即可，大城市也不要超过两个园区，实现产业的集群发展。二是坚持专业发展的原则。在大园区内建设生产相同或相似产品的专业园区，以促进企业间的技术扩散和信息共享。三是坚持开放的原则。制定园区的进入和退出标准，实现园区企业的动态发展。园区不仅向国有企业开放还向私营企业开放，不仅向企业开放还向科研机构开放，不仅向国内开放还向国外开放。

第五章

苏浙沪新兴产业发展战略的比较与启示

第一节　苏浙沪新兴产业发展战略制定概述

江苏、浙江、上海不仅是长江三角洲经济圈的核心区域，在华东地区乃至全国都是经济发展排头兵，其在新兴产业发展方面更是先知先觉，江苏、浙江、上海三地的政府都制定了较为完善的新兴产业发展战略。

江苏省政府对新兴产业高度重视，专门出台《江苏省新兴产业倍增计划》① 下发至各市、县政府及省各委、办、厅、局、省直属单位。江苏省政府办公厅下发了《江苏省生物技术和新医药产业发展规划纲要（2009～2012 年)》② 《江苏省节能环保产业发展规划纲要（2009～2012 年)》③、《江苏省软件和服务外包产业发展规划纲要（2009～2012 年)》④、《江苏省物联网产业发展规划纲要（2009～2012 年)》⑤、《江苏省新能源汽车产业发展专项规划纲要（2009～2012 年)》⑥、《江苏省智能电网产业发展专项规划纲要（2009～2012 年)》⑦、《江苏省新材料产业发展规划纲要（2009～2012 年)》⑧ 等一系列文件，这些文件的出台体现了江苏省政府对发展新兴产业的重视。

浙江省为加强对培育发展战略性新兴产业工作的领导，省政府在 2010 年 3 月 22 日决定成立浙江省促进战略性新兴产业发展工作领导小组⑨。领导小组组长由浙江省常务副省长陈敏尔担任，副组长由副省长金德水担任，成员均有浙江省属正厅或副厅级干部担任。浙江省发展和改革委员会（简称浙江省发改委）早在 2007 年 12 月 29 日就编制了《浙江省优先发展的高技术产业化重点领域指南》⑩ 下发至各市、县（区）发改委（局）、经济贸易委员会（局）、科技局、外

---

① 江苏省人民政府文件，苏政发〔2010〕97 号。
② 江苏省人民政府办公厅文件，苏政办发〔2010〕42 号。
③ 江苏省人民政府办公厅文件，苏政办发〔2010〕41 号。
④ 江苏省人民政府办公厅文件，苏政办发〔2010〕40 号。
⑤ 江苏省人民政府办公厅文件，苏政办发〔2010〕35 号。
⑥ 江苏省人民政府办公厅文件，苏政办发〔2010〕44 号。
⑦ 江苏省人民政府办公厅文件，苏政办发〔2010〕43 号。
⑧ 江苏省人民政府办公厅文件，苏政办发〔2010〕37 号。
⑨ 具体情况见浙江省人民政府办公厅文件《关于成立浙江省促进战略性新兴产业发展工作领导小组的通知》，浙政办发〔2010〕29 号。
⑩ 浙江省发展和改革委员会文件，浙发改高技〔2007〕1050 号。

经贸厅（局）、知识产权局等有关部门，提出了浙江省今后一段时期应优先发展的 121 个高技术产业化重点领域。

上海市为增强上海产业综合竞争力及确保经济平稳较快发展，上海市政府对新兴产业高度重视。2009 年 5 月 16 日，上海市政府印发了《关于加快推进上海高新技术产业化的实施意见》①，下发至各区、县政府，市政府各委、办、局，该文件详细规划了未来一个时期上海新兴产业发展。另外上海还围绕新兴产业发展出台了一系列相关文件，如《2009～2012 年上海服务业发展规划》②《关于推进信息化与工业化融合促进产业能级提升的实施意见》③ 等，为新兴产业发展保驾护航。

第二节　苏浙沪新兴产业发展战略的比较

江苏、浙江、上海三地都制定了较为完善的新兴产业发展战略，下面就三地新兴产业发展战略的总体思路、总体发展目标、发展原则、新兴产业选择、保障措施等方面进行比较。

一　总体思路比较

（一）江苏省新兴产业发展思路

《江苏省新兴产业倍增计划》中明确提出，发展新兴产业要以科学发展观为指导，以改革创新为动力，以转变经济发展方式为主线，以促进转型升级、建设现代产业体系为战略目标，以人才国际化、技术高端化、产业规模化、发展集约化为方向，按照加快发展、三年倍增的要求，重点发展新能源、新材料、生物技术和新医药、节能环保、软件和服务外包、物联网六大新兴产业。

（二）浙江省新兴产业发展思路

浙江省政府在 2010 年 3 月 22 日专门成立了浙江省促进战略性新兴产业发展工作领导小组。虽然浙江省并没有在相关文件中明确新兴产业的发展思路，但从政府相关领导人所作的报告中可以看出浙江省的新兴产业发展思路。浙江省发改委副主任崔凤军在《把握机遇、开拓创新，全面推进我省战略性新兴产业

---

① 上海市人民政府文件，沪府发〔2009〕26 号。
② 上海市人民政府文件，沪府发〔2009〕50 号。
③ 上海市人民政府文件，沪府发〔2009〕46 号。

和高技术产业发展——在 2010 年高技术产业发展工作会议上的讲话》① 中提出
了新兴产业发展思路：深入实践科学发展观，全面实施"创业富民、创新强省"
总战略，以自主创新能力体系和产业基础为支撑，通过实施一批对推进战略性
新兴产业、成长具有重大带动作用的项目，培育一批掌控新兴产业、核心技术
和具有自主知识产权的企业，规划构建一批具有国家战略地位的新兴产业、集
聚平台，逐步建成一批具有浙江省特色的战略性新兴产业，切实推进经济社会
转型升级，不断增强区域综合实力、国际竞争力和可持续发展能力，为建设创
新型省份、实现惠及全省人民更高水平的小康社会目标提供强有力的支撑。

（三）上海市发展新兴产业思路

上海市在《关于加快推进上海高新技术产业化的实施意见》中提出了发展
新兴产业的基本思路。一是服从服务国家战略，落实国家重大专项，主动衔接
国家重点产业调整和振兴规划；二是将推动高新技术产业化作为应对经济危机
挑战、推动产业结构优化升级、确保经济平稳较快发展的主要方向；三是结合
本市产业发展实际，聚焦重点领域和重大项目，培育新的增长点，抢占新一轮
产业发展制高点；四是立足上海市产业、金融、科技、人才等综合优势，加快
引进消化吸收先进技术，推动集成创新和自主创新，增强产业持续发展能力。

二　总体发展目标比较

（一）江苏省新兴产业发展目标

江苏省政府在《江苏省新兴产业倍增计划》提出了如下新兴产业发展目标：
①产业规模倍增发展。到 2012 年，六大新兴产业实现销售收入超 3 万亿元，年
均增速超过 30%，占规模以上工业销售收入的比例达 30%，增加值占 GDP 比例
确保超过 15%，力争达 18%。②重点领域率先突破。主攻 100 项关键核心技术，
实施 300 个以上重大产业化项目，培育 500 个重大自主创新产品，形成 200 个国
内外知名品牌，建设具有国际影响的新能源、软件和服务外包、物联网产业基
地，确立新材料、生物技术和新医药、节能环保产业在全国的领先地位。③创
新能力大幅提升。到 2012 年，新兴产业领域企业研发投入占销售收入的比例超
过 3%，技术对外依存度小于 50%，新兴产业专利授权量占企业授权专利的比例
达 35% 以上。培养和引进 100 个以上高水平创新创业团队、1000 名以上高层次
创新创业人才、10 000 名以上高技能人才。④集约效应显著增强。重点发展 30

---

① 崔凤军代表浙江省发展和改革委员会在 2010 年浙江省高新技术产业发展工作会议上所作的报告。

条新兴产业链，建设 30 个省级以上新兴产业特色产业基地，培育 100 家具有自主知识产权和知名品牌的重点企业、500 家创新型骨干龙头企业。营业收入超 50 亿元企业达 100 家，其中超百亿元企业达 20 家。

（二）浙江省新兴产业发展目标

浙江省发改委副主任崔凤军在《把握机遇、开拓创新，全面推进我省战略性新兴产业和高技术产业发展——在 2010 年省高技术产业发展工作会议上的讲话》中提出了浙江省新兴产业发展目标：力争通过 5 年努力，使战略性新兴产业成为浙江省经济新的支柱产业。到 2015 年，浙江省战略性新兴产业销售收入占全省工业比例达到 30％左右。生物、新能源、新能源汽车、核电关联、海洋开发等产业规模和创新能力居国内领先地位，成为我国重要的战略性新兴产业发展基地。

（三）上海市新兴产业发展目标

上海市政府在《关于加快推进上海高新技术产业化的实施意见》中提出高新产业发展总体目标。①调整结构。到 2012 年，重点领域通过打造自主品牌，开发自主知识产权，实现技术引领；通过提高核心设备制造环节的集聚度，实现系统引领；通过融合发展总集成、研发设计等，实现价值链引领。②发展增量。到 2012 年，全市高新技术产业重点领域总产值达到 11 000 亿元，比 2008 年增加 4500 亿元左右。③带动效应。民用航空制造、先进重大装备、新能源汽车、海洋工程装备等领域的技术创新能力保持国内领先，新能源、生物医药、电子信息制造业、新材料、软件和信息服务等领域的技术创新能力接近国际先进水平，高端产业带动作用明显，产业链衔接较为完善，实现重点产业的集约化发展。

三 发展原则比较

（一）江苏省发展新兴产业原则

《江苏省新兴产业倍增计划》中并未提及新兴产业的发展原则，在江苏省财政厅所作的《江苏省培育和促进战略性新兴产业发展有关情况》报告中对江苏省新兴产业的发展原则进行了详细的阐述。在发展中，一是坚持市场主导和政府推动相结合。遵循市场经济规律，充分发挥市场配置资源的基础性作用。有效运用规划引导、政策扶持、法律规范、行政推动等手段，积极推进新兴产业发展。二是坚持壮大规模和调整结构相结合。引导技术和资金等要素资源聚焦新兴产业，推动产业不断优化升级，不断提高产业层次，努力把握行业发展先机，切实增强产业发展后劲。三是坚持自主创新和开放整合相结合。大力推动体制机制创新，把增强自主创新能力贯穿到新兴产业发展的全过程，建立开放型的自主创新模式，提升跨区域、跨国界配置整合创新资源，发展新兴产业的能力。四是坚持重点突破和系统推进相结合。按照有所为有所不为的原则，突出重点，以点带面，在具有相对优势的关键领域争取重大突破，在重点领域实现跨越式发展，系统有序推进新兴产业发展。

（二）浙江省发展新兴产业原则

浙江省发改委副主任崔凤军在《把握机遇、开拓创新，全面推进我省战略性新兴产业和高技术产业发展——在 2010 年省高技术产业发展工作会议上的讲话》中提出了浙江省新兴产业发展原则：一是突出政企合作。战略性新兴产业具有高投入、高风险的特征，迫切需要政府更多的介入，积极发挥政府的主导作用，为企业分担发展风险、创造市场机会、提供良好环境。二是突出创新驱动。把增强掌控技术源和核心技术能力放在更加突出的位置，通过产学研合作、科技成果孵化转化，以及研发机构和创业团队建设，强化自主创新能力。三是突出民"外"合璧。充分发挥浙江省市场领先、民资充裕、体制灵活的优势，加大与央企合作力度，积极引进国际跨国公司，迅速形成产业化能力。四是突出集群建设。打造集聚国际先进要素资源、具有国家地位的产业基地，重点引进科技含量高、投资强度大的龙头型项目，配套形成产业链和服务体系。五是突出资本运作。把创业投资、资本市场作为战略性新兴产业发展的助推器，引导创新型中小企业借助资本市场加速成长，大型民企通过股权扩张及战略重组实现转型。

（三）上海市发展产业原则

上海市政府在《关于加快推进上海高新技术产业化的实施意见》中提出高新产业的发展原则。一是立足技术进步，提高产业竞争力。以技术进步为主线，以企业为载体，以产业化为抓手，通过开放式创新，充分利用国内外资源，着力推动产学研的深度融合，促进高新技术成果转化，在不断提高自主知识产权的基础上，努力把握行业发展先机；在保持技术进步与国际同步的基础上，切实增强产业发展后劲。二是集聚优势条件，抢占行业制高点。以市场需求为导向，紧紧瞄准行业高端，集聚优势条件重点攻坚。充分激发企业技术创新的内在动力，引导各类创新要素向产业集聚，构建产业链的创新模式，以行业龙头企业为中心，带动产业链上相关企业的技术进步，实现产业化关键瓶颈的持续突破。三是明确责任主体，聚焦重点突破口。坚持以企业为责任主体，实施高新技术产业化重大项目，充分发挥实施主体的积极性，发挥各种所有制企业的作用，明确工作责任制和责任人，制订详细的推进计划，及时协调解决项目实施中遇到的问题，确保组织落实、责任落实、进度落实。四是强化深度融合，推进产业集约化。坚持走新型工业化道路，加快发展信息产业，积极培育以信息技术、网络技术和数字技术为基础的高新技术服务业，运用信息技术改造装备制造和节能环保等传统产业，促进产业技术升级，增强产业核心竞争力。

四 新兴产业选择比较

(一) 江苏省新兴产业选择

江苏省政府在《江苏省新兴产业倍增计划》中提出江苏省要重点发展以下新兴产业：一是新能源产业。把江苏省建成在国内外具有重要地位和较强竞争力的新能源产业研发、制造和应用示范基地。到 2012 年，新能源产业销售收入达 5000 亿元。以规模生产、研发创新、市场应用为目标，重点发展太阳能光伏、风电装备、生物质能和核电装备四大类产业领域，推动新能源产业成为江苏省的支柱产业。二是新材料产业。确立江苏省新材料产业全国领先地位。到2012 年，新材料产业销售规模超10 000亿元。以结构功能复合化、功能材料智能化、材料器件集成化、制备技术绿色化为目标，重点发展江苏省制造业高端化所需的纳米材料、新型显示材料、高性能纤维复合材料、功能陶瓷材料和新型金属材料等 10 类重点材料，销售规模达 5400 亿元。三是生物技术和新医药产业。建设全国重要的生物技术和新医药产业集聚区和增长极。到 2012 年，全省生物技术和新医药产业销售收入超过 5000 亿元。以自主创新占领制高点，集约发展增强竞争力为目标，重点发展生物技术和新医药两大产业领域，推动其成为江苏省的支柱产业。生物技术产业重点发展生物能源、生物工业、生物农业和生物环保四大产品集群，销售收入超过 2300 亿元，力争江苏省生物技术研发和产品制备技术位居全国领先地位。四是节能环保产业。确立江苏省节能环保产业在全国的领先地位，到 2012 年，实现主营业务收入 4500 亿元。依托节能环保重点工程，重点发展节能环保装备制造、资源循环利用、节能服务和环保服务等产业。节能环保装备制造产业重点发展节能装备产品、水污染防治装备、大气污染防治装备、固体废弃物处理和资源综合利用装备、环境监测仪器、环保材料和药剂六大产品集群，实现销售收入 1800 亿元。五是软件和服务外包产业。确立江苏省在世界软件和服务外包领域的重要地位，到 2012 年，全省软件和服务外包产业总收入突破 4000 亿元。以建设全国最具竞争力的软件和服务外包强省为阶段性目标，树立"江苏软件和服务外包"品牌，实现软件和服务外包总量双倍增。六是物联网产业。将江苏省打造成全球有影响力的物联网应用先行区。到 2012 年，实现销售收入超过 1500 亿元。以抢占物联网技术和产业制高点为目标，依托物联网示范应用十大工程建设，重点培育物联网核心产业、物联网支撑产业和物联网带动产业三大产业领域。七是智能电网产业。确保江苏省电力系统自动化控制和智能二次系统领域国际领先的地位。到 2012 年，智能电网产业总产值突破 1500 亿元，实现削减峰谷差 4000 兆瓦。围绕输变电、智能配电、智能用电、调度自动化、新能源智能接入和智能电网通信六大重点领域，重点发展新能源并网及控制设备、智能电网储能设备、智能输变电设备、智能配用电设备和智能调度通信系统等六大装备。八是新能源汽车产业。以新能源汽车整车产品规模化、重要部件本地化、关键技术自主化、产品应用多样化为目标，重点发展新能源客车、乘用车和专用车三大类整车，初步形成部分类别重点整车和重要部件国内领先优势。到 2012 年，新能源汽车产业销售收入力争突破 500 亿元，整车生产能力达 10 万辆，新能源汽车占江苏省汽车产量的比例达 10％左右。

（二）浙江省新兴产业选择

早在 2007 年 12 月 29 日，浙江省政府就下发了关于印发《浙江省优先发展的高技术产业化重点领域指南》的通知。在通知中编制了《浙江省优先发展的高技术产业化重点领域指南》，确定了当前优先发展的信息、生物、新材料、新能源、现代农业、先进制造、先进环保和资源综合利用、海洋工程共 8 个方面的 121 项高技术产业化重点领域，其中，信息 23 项，生物 17 项，新材料 22 项，新能源 11 项，现代农业 14 项，先进制造 17 项，先进环保和资源综合利用 10 项，海洋 7 项。

（1）信息。包括网络设备，光传输设备，接入网系统设备，数字移动通信产品，数字音视频产品，计算机，计算机外部设备，软件，电子商务，无线射频，电子政务，信息安全产品与系统，集成电路，信息功能材料与器件，电子专用设备，仪器和工模具，新型显示器件，新型元器件，信息增值服务，汽车电子，民用雷达，卫星通信应用系统，卫星导航应用服务系统，对地观测卫星应用系统。

（2）生物。包括生物反应及分离技术，发酵工程关键技术及重大产品，新型疫苗，重大疾病防治创新药物，基因工程药物，单克隆抗体系列产品与检测试剂，新型给药技术及药物新剂型，计划生育药具，中药材及饮片，中药制品，中药制药工艺及设备，生物医学材料，新型医用精密诊断及治疗设备，医学信息技术及远程医疗，生物芯片，生物材料及产品，功能性食品。

（3）新材料。包括纳米材料，高性能、低成本钢铁材料，镁、铝合金材料，高品质不锈钢板带材料，高精度，高性能铜加工材料，特种功能材料，稀土材料，高温结构材料，新型建筑节能材料，重交道路沥青，高分子材料及新型催化剂，复合材料，特种纤维材料，环境友好材料，膜材料及组件，金属粉体材料及粉末冶金技术，表面涂、镀层材料，新型纺织材料及印染后整理技术，高性能密封材料，子午线轮胎生产关键原材料，金属多孔复合催化材料，造纸化学品。

（4）新能源。包括燃料电池，氢能源的开发和利用，风能，太阳能，生物质能，地热能与海洋能，油品加氢技术及设备，高效低污染燃煤技术及发电系统，电网输送及安全保障技术，半导体照明器件，高能耗工业生产节能与建筑节能。

（5）现代农业。包括农林作物新品种，畜禽水产新品种，新型设施栽培技术，安全高效，规模化畜禽清洁养殖技术，水产品标准化养殖技术与装备，农林节水技术与设备，新型肥料生产技术，新型安全饲料生产技术，动物重大疫病预防控制技术，农林植物有害生物检疫、预防、控制技术与装备，数字化农林技术与装备，农林产品加工技术与设备，林业生物质材料的精深加工与利用，农林业机械。

（6）先进制造。包括工业自动化，网络化制造，现代科学仪器设备，新型传感器，精密高效加工和成形设备，激光加工技术及设备，高精度数控机床及其功能部件，大型石油化工成套装置，电力电子器件及变流装置，汽车关键零部件，高效节能内燃机，数字化专用设备，快速原型制造技术及设备，大型构件制造技术及装备，核技术应用，高技术船舶与海洋工程装备，轨道交通设备。

（7）先进环保和资源综合利用。包括饮用水安全保障技术，工业和城市节水，废水处理技术及设备，大气污染控制技术和设备，固体废弃物的资源综合利用，危险固体废弃物的处置技术及装备，环境自动监测系统，生态环境建设与保护技术及装置，绿色制造关键技术与装备，清洁生产工艺技术与装备，雨水、海水、苦咸水利用技术。

（8）海洋工程。包括海洋监测技术与装备，海洋生物活性物质及生物制品，海水养殖病害防治技术，海水养殖良种繁育和培育技术，设施渔业和渔业工程装备，海底资源环境监测、勘探技术与装备，海洋生物综合加工与利用技术。

（三）上海市新兴产业选择

上海市政府在《关于加快推进上海高新技术产业化的实施意见》中提出加快推进上海高新技术产业化的重点领域。

（1）新能源。到2012年，产业规模达到500亿元。实现2兆瓦陆上风电机组规模化生产和3.6兆瓦海上风电机组的产业化，加快风电发电机、主控制器及系统等关键部件国产化，推进太阳能电池生产线建设及相关装备产业化，推进整体煤气化联合循环发电系统有关装备研制及示范工程建设。

（2）民用航空制造业。到 2012 年，产业规模达到 200 亿元。形成大型客机的总装和研发基地、ARJ21-700 新支线飞机 30 架批产、商用飞机发动机研发中心和航电系统集成产业化。

（3）先进重大装备。到 2012 年，产业规模达到 1200 亿元。重点聚焦核电、火电、特高压输变电、轨道交通装备、自动控制系统等，实现关键核岛主设备国产化配套，提升大型锻件产品的极端制造能力，发展 60 万～120 万千瓦清洁高效火电设备系列，实现轨道交通车辆及自动控制系统国产化。

（4）生物医药。到 2012 年，生物医药制造业总产值达到 850 亿元，服务外包收入达到 150 亿元，医药商业收入突破 1000 亿元。在高端化学原料药制造领域取得突破，加快开发中药及天然提取物，重点突破生物诊断试剂、疫苗及抗体类药物的产业化，着力发展数字化高端医疗设备。

（5）电子信息制造业。到 2012 年，集成电路和平板显示产业规模达到 1500 亿元。重点推进 12 英寸 65 纳米以下芯片生产线建设，实现新一代移动通信、数字电视、平板显示、汽车电子等芯片的国产化，加快集成电路制造、测试装备产业化，推进高世代 TFT-LCD 生产线、OLED 中试线及配套产业建设，发展大功率 LED 封装器件及产品产业化。

（6）新能源汽车。到 2012 年，产业规模达到 900 亿元。加快推进混合动力汽车和纯电动客车产业化，提升驱动电机、动力电池及其控制系统等关键零部件的国产化配套能力，支持燃料电池汽车研发和产业化，提升汽车电子系统集成能力。

（7）海洋工程装备。到 2012 年，产业规模达到 1500 亿元。重点提升浮式生产储油船、自升式钻井平台、半潜式钻井平台、钻井船等研制能力，加快海洋钻探设备、油处理模块的研制，提升港口装卸运输设备等级，实现船用通信、导航、控制电子设备等船舶电子的突破。

（8）新材料。到 2012 年，产业规模达到 1000 亿元。重点推进高性能碳纤维、耐高温纤维等生产线建设，实现高温合金、钛合金材料产业化，推进生物相容材料及终端产品产业化，加快环保节能材料与新型绿色建材产业化及其推广应用。

（9）软件和信息服务。到 2012 年，产业规模达到 3600 亿元。重点推动信息服务业的基础软件、嵌入式软件和大型行业应用软件的研发和产业化，加快发展 TD-SCDMA、TD-LTE 等移动通信技术，推进基于互联网的电子商务、互动娱乐、金融服务和在线视听等数字内容服务产业。

五 保障措施比较

（一）江苏省发展新兴产业的保障措施

为确保江苏省新兴产业快速发展，江苏省政府在《江苏省新兴产业倍增计划》中提出了新兴产业发展的具体保障措施：①加强规划引导。加强新兴产业规划与长江三角洲区域发展规划、沿海地区发展规划、资源环境和重大科技专项等规划的衔接，促进不同层面、不同领域规划的协调配合。充分发挥苏南（即江苏省南部）创新型经济领头作用，积极把苏南创建成战略性新兴产业示范区。同时，加强六大新兴产业发展规划与国家"十二五"新兴产业规划的对接，力争获得国家更多的支持。充分发挥新兴产业规划纲要的前瞻性、战略性和指导性作用，加快优质资源向新兴产业领域集聚。各地、各部门按照六大新兴产业规划的要求，分产业制订行动计划，提出年度工作目标、主攻方向、具体措施和工作安排，进一步分解细化新兴产业发展任务，推动规划和倍增计划任务的有效落实。加强对规划执行情况的跟踪分析，根据产业发展的新趋势、新动向修订和完善规划。②加大政策支持。在用足用好现有支持企业和科技创新的各类财政专项资金及现有政策资源的基础上，建立稳定的财政投入增长机制，加大对新兴产业发展的扶持力度。2010年，财政新增安排新兴产业发展创业投资引导资金10亿元，加上原有用于扶持新兴产业的专项资金，总额达30亿元，重点用于对具有自主知识产权、自主品牌的新兴产业的培育，用于对新兴产业科技研发、孵化及市场培育等重点环节的扶持，用于光伏发电等新兴产业产品应用示范工程的补贴。加大政府支持力度，加快高效节能产品、环境标志产品等推广应用。对集聚集约明显、带动度大、评比认定的特色产业基地，省财政厅给予一定的奖励。设立省新兴产业发展基金。鼓励信托投资公司创新产品和服务，更多地吸纳民间资本和省外资金，加大对新兴产业优质企业和重点项目的投资。通过政府资金的引导，社会资本和海外资金的跟进，形成千亿规模的创业资本、万亿规模的投资资本，实现资本和知识、资本和产业的融合发展。③建立工作机制。江苏省政府成立省促进战略性新兴产业发展联席会议制度，联席会议办公室设在江苏省发展和改革委员会（简称江苏省发改委），省各有关部门按职责和分工具体推进。联席会议对全省新兴产业发展进行统筹协调，研究制订发展目标，协调解决重大问题，推进落实重大项目，组织实施工作考核。江苏省政府分管领导按照分工，督促相关部门制订、落实年度工作计划，确保各专项规划纲要的实施，促进新兴产业加快发展。各级政府要抓紧提出推动新兴产业发展的工作方案，建立相应的工作推进机制，切实做到思想认识到位、组织协调到位、工作措施到位。加大新兴产业发展重要性和政策举措的宣传力度，及时推广全省新兴产业发展中涌现出的典型经验，形成有利于新兴产业发展的社会舆论环境。④建立和完善新兴产业统计指标体系，合理界定统计范围，全方位科学统计新兴产业有关数据，确保真实反映新兴产业发展情况，为掌握新兴产业发展动态、加强工作考核提供重要依据。积极做好新兴产业重点发展领域和目录的分析研究工作，加强前瞻性研究，引导新兴产业的健康发展。把新兴产业发展纳入江苏省科学发展考核评价体系，完善考评机制，加强对各地、各部门的考核评价。对发展新兴产业做出重大贡献的单位、个人及团队予以表彰和奖励。切实加强对新兴产业发展情况的督促检查，确保各项工作部署落到实处。

（二）浙江省发展新兴产业的保障措施

浙江省政府对发展新兴产业高度重视，浙江省发改委认真谋划、积极行动，采取了一系列措施确保新兴产业的发展。一是加强组织领导。成立了浙江省促进战略性新兴产业发展工作领导小组，成立了综合专家组，九大重点领域分别成立了编制工作组和专家组。二是制订工作方案。提出了推进战略性新兴产业发展工作的总体思路、任务分工、进度安排和工作抓手，经省促进战略性新兴产业发展工作专题会议研究通过。三是明确重点领域。在综合有关部门意见的基础上，起草了《关于浙江省战略性新兴产业重点领域的建议》，并组织浙江工业大学名誉校长沈寅初院士、浙江大学副校长褚健等多领域的 10 多位专家进行了论证。四是开展思路研究。起草了《浙江省发展战略性新兴产业若干重点问题研究》报告，基本理清了发展思路和目标，明晰了各领域发展的关键环节和布局框架。五是编制专项规划。领导小组办公室在听取各专项规划编制思路和框架情况汇报的基础上，下发了《关于浙江省战略性新兴产业专项规划编制工作有关事项的通知》，统一了各专项规划总体框架和重点内容。六是加强沟通衔接。根据国家战略性新兴产业总体思路研究部际协调小组的要求，浙江省发改委向国家发改委报送了《浙江省发展战略性新兴产业若干重点问题研究》。

（三）上海市发展新兴产业的保障措施

上海市高新技术产业化的具体措施：①建立推进工作体系。市委、市政府主要领导对口联系部分重点项目。成立上海市推进高新技术产业化领导小组及工作小组。上海市推进高新技术产业化工作小组建立例会制度，协调推进工作中的有关事项。②明确项目实施主体。全市高新技术产业化工作由中央企业、地方企业、民营企业等各种所有制企业共同参与。实施主体需制订详细的项目推进计划，明确工作责任制和责任人。对实施主体提出的政策需求及需要协调的有关事项，由市推进高新技术产业化工作小组予以协调。③完善高新技术产业化服务平台。组建上海市高新技术产业化促进中心，作为市政府面向全社会服务并推进高新技术产业化的平台，具体承担高新技术产业化的信息发布、政策咨询、项目受理、技术服务、配套对接、平台聚焦、绩效评估等工作。④优先落实支持政策。将上海市出台的财税、规划、土地、人才、科技方面的鼓励支持政策，在高新技术产业化的 9 个重点领域优先落实，对项目实施主体和配套单位倾斜，给予优先支持。⑤设立高新技术产业化专项资金。上海市政府设立 100 亿元的专项资金，用于扶持高新技术产业化项目，专项资金按照《上海市自主创新和高新技术产业化重大项目专项资金管理办法》使用。⑥推动产业链配套建设。建立中小企业对接高新技术产业化重点项目的工作机制，定期向中小企业发布需求信息、召开对接会议等。围绕项目实施主体，培育一批"专精特新"的中小企业，形成专业化配套。⑦不断完善产业发展规划引导。编制高新技术产业化重点领域产业发展规划布局，制定和完善适应 9 个重点领域产业特点、有针对性的支持政策。⑧推进产学研合作。支持在重大产业和重点项目中开展产学研用的融合，扶持高新技术产业化重点企业建立若干产学研示范基地，每年由高新技术产业化承担主体企业发布产学研合作攻关需求，分领域召开产学研合作对接会。

第三节　苏浙沪新兴产业发展比较结果分析

通过对江苏、浙江、上海三地新兴产业发展战略规划的细化比较和总体分析，得出了以下几个方面的结论。

一　三地的市场作用未得到应有的重视

从三地制订的新兴产业发展规划内容来看，三地的共同点是都非常重视政府的作用，但是市场在新兴产业发展过程中的作用没有得到应有的重视。

三地的政府都制订了新兴产业发展规划：江苏省提出《江苏省新兴产业倍增计划》；浙江省专门成立了浙江省促进战略性新兴产业发展工作领导小组；上海市印发了《关于加快推进上海高新技术产业化的实施意见》。新兴产业的选择也是政府决定的，江苏省和上海市各圈定八大新兴产业作为重点发展对象；浙江省则圈定了九大产业作为重点发展对象。三地的保障措施也非常到位，基本上是"政府领导-财政资金支持-配套服务措施"的模式，其核心思想是政府重要领导人或政府重要部门直接干预。从新兴产业发展规划制订到新兴产业选择再到保障措施，三地政府都非常重视，新兴产业的整个发展过程都由政府来决定，然而冷落了市场的作用。诚然，新兴产业的发展离不开政府的支持，政府的支持也确实能够在一定程度上促进新兴产业的发展，但仅有政府的支持是不够的，必须要重视市场在新兴产业发展过程中的作用。在市场经济条件下，市场是新兴产业成长的最适宜环境，也是新兴产业成长的依赖，新兴产业需要从市场中汲取养料。市场会客观公正地淘汰那些不符合其需要的新兴产业，同时也会促进那些能满足人们需求的有发展潜力的新兴产业的发育、成长、壮大。所以市场对新兴产业的支持是正面的而非负面的，且其支持的力度是政府无法达到的。如果政府对新兴产业的发展规定的过多，会抑制市场作用的发挥，反而不利于新兴产业的发展，甚至会阻碍新兴产业的发展。

二　三地新兴产业的发展规划未结合市场需求来制订

需求带动生产，没有需求就不需要生产，需求是对生产的引导和度量。如果新兴产业的发展超出社会的需求，那超出部分的劳动就得不到社会的承认，是对社会资源的浪费。

从三地制订的新兴产业发展目标来看，其发展目标都很宏伟：江苏省提出，到 2012 年，新兴产业实现销售收入超 3 万亿元，发展 30 条新兴产业链，建设 30 个省级以上新兴产业特色产业基地，培育 100 家具有自主知识产权和知名品牌的重点企业、500 家创新型骨干龙头企业；浙江省提出，到 2015 年，实现战略性新兴产业销售收入占全省工业比例达到 30％左右；上海市提出，到 2013 年，全市高新技术产业重点领域总产值达到11 000亿元，比 2008 年增加 4500 亿元左右。但是三地都没有解释为什么要制订这样的发展目标，也没有给出制订发展目标的计算依据。这种计划经济下的产业扩张思维在今天竟还能大行其道，这实在是令人费解，要知道随着技术的进步，今天的新兴产业可能就是明天要淘汰的落后产业。如果若干年后，我们发现所谓的新兴产业出现产能严重过剩的情况，再回过头来进行治理整顿的时候，那将是怎样的浪费呀。

三　三地新兴产业发展趋同化现象严重

通过对三地规划重点发展的新兴产业比较可以看出，三地新兴产业发展均存在"舍不得丢"的情况，各种产业都想发展，从而造成三地新兴产业发展存在着严重的趋同化现象，如表 5-1 所示。

表 5-1　苏浙沪三地选择重点发展的新兴产业

新兴产业	新能源	新材料	生物医药	新能源汽车	海洋工程	软件和信息服务	节能环保
发展的省份	苏、浙、沪	苏、浙、沪	苏、浙、沪	苏、沪	浙、沪	苏、浙	苏、浙

资料来源：根据苏浙沪三地出台的相关文件整理。

通过对三地规划重点发展的新兴产业比较可以看出，三地在新兴产业选择方面突出了三点。一是追求全，只要是新兴产业，各地都要发展，无论市场前景如何。当地政府这一做法的目的很明确，就是要完善本地新兴产业体系，做到"人无我有，人有我也有"。二是追求大，各地均尽最大可能地扩大新兴产业规模。三是追求快，要在短期内实现新兴产业的迅速扩张。这种盲目的产业推进模式在满足了地方经济发展的同时，也为新兴产业的发展埋下了隐患。低水平的重复建设不可避免地会引致相关生产要素尤其是生产设备价格的上涨，大大提高了建设成本；新兴产业结构趋同化为日后地区间低水平的恶性竞争埋下了祸根，导致新兴产业难以向更高层次发展。

四 各地独立发展，缺乏地区间的联合

在经济全球化的今天，区域间的联合发展已经是大势所趋，然而从三地新兴产业发展规划内容来看，均无与相邻省市合作的意向。

从地理上看，三地位于长江三角洲核心区域，且任何两地都相互接壤，铁路、公路、水系纵横交错，地理上的联系非常紧密。然而在新兴产业发展方面，三地都是独立地谋求自身新兴产业的发展，争先恐后，把相邻省市当成了竞争对手而不是合作伙伴。这种非理性的做法分割了本该紧密联系的区域发展空间，使得新兴产业的成长空间被切割成了"豆腐块"。这会使得区域内新兴产业间的信息传递、技术扩散变得极为缓慢，不利于区域内新兴产业的发展。

第四节　苏浙沪新兴产业发展战略的启示

江苏、浙江、上海三地的新兴产业发展都在全国处于领先地位，其制订的新兴产业发展战略对安徽省乃至全国的新兴产业发展都具有重要的启示意义。

一 政府要加强对新兴产业的宏观指导

从新兴产业的发展类型来看，有政府主导型的新兴产业发展，也有市场主导型的新兴产业发展，以及政府调控与市场调节相结合的新兴产业发展，但不

管哪种类型的新兴产业发展都需要政府不同程度的宏观指导。江苏、浙江、上海三地的新兴产业发展战略也说明了政府宏观指导的重要性。

（一）政府要制订新兴产业发展战略规划

政府是一个国家（地区）经济的统领者，能够站在全局的高度来确定新兴产业发展的总体思路，正确把握国内外经济科技发展形势，准确预测未来的技术发展前景和产业发展趋势，合理规划产业发展的近远期目标，研究落实相关扶持政策措施，使其既符合国家战略，又向产业界指明了新兴产业的发展方向，避免盲目性，做到有重点的发展。实践证明，江苏省的《江苏省新兴产业倍增计划》《江苏省生物技术和新医药产业发展规划纲要（2009～2012 年）》《江苏省节能环保产业发展规划纲要（2009～2012 年）》《江苏省软件和服务外包产业发展规划纲要（2009～2012 年）》《江苏省物联网产业发展规划纲要（2009～2012 年）》《江苏省新能源汽车产业发展专项规划纲要（2009～2012 年）》《江苏省智能电网产业发展专项规划纲要（2009～2012 年）》《江苏省新材料产业发展规划纲要（2009～2012 年）》，以及浙江省的《浙江省优先发展的高技术产业化重点领域指南》和上海市《关于加快推进上海高新技术产业化的实施意见》等一系列新兴产业发展规划文件出台为三地新兴产业发展指明了方向，不仅加速了新兴产业的发展，而且使得新兴产业的繁荣发展符合地方经济发展的需要。

（二）政府要明确新兴产业的发展思路

发展思路是政府提出的发展新兴产业所要走的总体路线，只有发展思路清晰才不会走错方向。江苏、浙江、上海三地均提出了明确的新兴产业发展思路。江苏省明确提出，发展新兴产业要以科学发展观为指导，以改革创新为动力，以人才国际化、技术高端化、产业规模化、发展集约化为方向，按照加快发展、三年倍增的要求，重点发展新能源、新材料、生物技术和新医药、节能环保、软件和服务外包、物联网六大新兴产业。浙江省深入实践科学发展观，全面实施"创业富民、创新强省"总战略，以自主创新能力体系和产业基础为支撑，通过实施一批对推进战略性新兴产业成长具有重大带动作用的项目，培育一批掌控新兴产业、核心技术和具有自主知识产权的企业，规划构建一批具有国家战略地位的新兴产业、集聚平台，逐步建成一批具有浙江省特色的战略性新兴产业。上海市从服从服务国家战略，推动产业结构优化升级，确保经济平稳较快发展，培育新的增长点等角度来确定新兴产业发展思路。发展思路要结合本地区的产业基础和要素禀赋优势来确定，思路要可行明确。

(三) 政府要明确重点发展的新兴产业

新兴产业不仅代表着产业未来的发展趋势，而且具有增长率高和带动性强等特点。如果政府对新兴产业支持有力，新兴产业将会发展成为未来的支柱产业，成为产业结构升级和经济腾飞的重要支点。随着经济的发展，经济结构越来越复杂，新兴产业也越来越多，涉及的领域也越来越广泛，但由于政府所掌握的资金、人才等资源的有限性，政府不可能资助所有的新兴产业，一个地区的资源也承载不了无所不包的新兴产业。所以政府发展新兴产业必须具有选择性，重点发展那些具有地区优势、广阔市场发展前景和重大带动作用的新兴产业。另外，政府在选择新兴产业时，要考虑已有的产业基础和自身的要素禀赋。江苏省选择的新能源、新材料、生物技术和新医药、节能环保、软件和服务外包、物联网、新能源汽车；浙江省选择的信息、生物、新材料、新能源、先进制造；上海市选择的新能源、民用航空制造业、先进重大装备、生物医药、电子信息制造业、新材料、软件和信息服务等，都是具有较好产业基础的新兴产业。浙江省选择的先进环保和资源综合利用、海洋工程与上海市选择的海洋工程装备等新兴产业都是政府结合自身要素禀赋做出的选择。

(四) 重大科技突破应由政府来组织

新能源、新材料、生物技术和新医药、节能环保、软件和服务外包、物联网、新能源汽车等新兴产业代表着未来产业的发展方向，这些产业的发展可以带动众多相关产业的发展。但是，当这些新兴产业还处于萌芽状态时，技术突破特别是重大技术突破就是这些新兴产业发展的瓶颈，因为其需要巨额资金和大量技术人员，单个企业无力承担。这时就需要政府站在整个新兴产业乃至整个经济的角度上动用各类资金和技术资源进行较大规模的集中投入，主动设计和组织实施一批重大科技攻关，这不仅可以推动已有新兴产业的发展，而且可以培育一批新的新兴产业。重大科技攻关一定要由政府来做，只有政府才能组织、协调起来各方面的力量，达到事半功倍的效果。在这一过程中政府可以既出钱又出力，也可以出力不出钱，这要视具体情况而定，但不管怎样，政府一定要出力。江苏省围绕新兴产业规划纲要，确定100项关键核心技术，明确主攻方向，落实工作任务，加快攻关步伐，通过政府组织来发挥重点研究机构、产业技术研究院和创新型龙头企业的作用，集成创新资源，集中力量开展科技攻关，突破一批制约产业发展的关键核心技术，获取一批拥有自主知识产权的创新产品，转化一批引导产业发展的技术标准，形成一批高质量的技术储备，满足了新兴产业当前和长远发展对科技的需求。

二 政府要加强对新兴产业的微观扶持

对于正处于成长阶段的新兴产业，政府必须采取切实有效的政策措施和科学的制度安排加以扶持，通过不断加强制度创新，强化制度建设，完善政策机制，形成支持新兴产业发展的长效机制。

（一）政府要引导各类资金支持新兴产业发展

处于萌芽状态的新兴产业回报少，但却需要大量的资金投入，这时若没有外部资金支持新兴产业可能会发展缓慢甚至枯萎，所以政府引导各类资金支持新兴产业是十分必要的。一是政府引导风险投资对新兴产业的支持。政府通过对风险投资企业的税收优惠、财政补贴和信用担保制度等途径，引导风险投资投向新兴产业。江苏省加大创业投资对新兴产业的投资力度，建立省级新兴产业创业投资引导基金，形成各级政府引导支持创业投资的体系。同时要大力发展风险投资业，支持地方创业风险投资基金，做大基金规模，健全退出机制。二是加快新兴产业领域里的企业创业板上市。对于新兴产业领域里那些效益较好、增长率高、有发展前景的，但规模还较小的企业，相关审批机构应放宽政策，积极支持其上市融资。支持具备条件的企业发行企业债券及上市公司再融资，鼓励产业投资基金参与重点发展领域股权投资。三是引导各类金融机构加大对新兴产业发展的支持力度。支持银行等各类金融机构加大对新能源、新材料、生物技术和新医药、节能环保、软件和服务外包、物联网、新能源汽车等新兴产业的贷款力度；通过完善相关制度鼓励国家开发银行、中国农业发展银行等政策性银行设立专门支持科技研发和新兴产业发展的分支机构，专门支持新兴产业的发展；政府支持各保险机构开设科技保险业务，形成创新产品研发、科技成果转化的保险机制。

（二）政府要加大财税对新兴产业的支持力度

一是直接财政支出支持，即财政资金直接支持新兴产业的措施。自 2004 年起，江苏省政府设立科技创新与成果转化专项资金，并将资金规模从每年 3 亿元逐年增加到每年 21 亿元，其中 70％以上用于培育和壮大新兴产业。2009 年，江苏省政府成立注册资本为 30 亿元的再担保公司，解决科技型中小企业的融资困难，当年省财政科技支出达 91.5 亿元，高于财政一般性预算收入增长 10.1 个百分点，全社会科技活动经费 1134 亿元，全社会研发投入 700 亿元。省财政还安排 20 亿元专项资金支持重点产业的调整和振兴，主要向发展新兴产业倾斜。上海市政府设立高新技术产业化专项资金。设立 100 亿元的专项资金，用于扶持高新技术产业化项目,专项资金按照《上海市自主创新和高新技术产业化重大项目专项资金管理办法》使用。二是通过税收优惠支持新兴产业发展。对于新设立的新兴产业企业,除享受《中华人民共和国企业所得税法》及其《实施条例》中规定的各项新能源产业税收优惠政策外,还给予更多的税收优惠。江苏省对符合条件的新兴产业企业加快认定为高新技术企业,加大对企业研发经费税前抵扣的执行力度,引导企业用好国家鼓励进口设备的减免税政策,对新兴产业重点企业的土地和房屋使用税进行适当减免。三是财政资金间接支持新兴产业发展。通过财政拨款设立相关基金,通过贷款贴息、风险补贴等方式引导和激励各类资金包括金融机构资金支持新兴产业发展。

(三)政府要大力培育新兴产业市场

在新兴产业发展初期,受各种因素的影响,市场对新兴产品的需求非常有限,这就需要政府想方设法地增加市场对新兴产品的需求。一是政府的采购政策应向新兴产业产品倾斜。新兴产业产品的生产成本较高,生产技术不成熟,产品的可靠性也较差,这在很大程度上抑制了新兴产业产品的市场需求,阻碍了新兴产业的快速发展。这时政府若将具有自主知识产权的新兴产业产品列入政府采购目录并优先予以采购则可以增加需求,拉动新兴产业的发展。同时政府采购的示范效应还可以带动更多的潜在消费者去购买新兴产业产品。二是政府对购买者进行补贴。江苏省对节能与新能源汽车的示范运营、购置和配套设施建设予以补助,对消费者在新能源汽车购置、使用、维护等环节予以补贴。依托现有的汽车家电以旧换新政策,对汽车以旧换新车主选购新能源汽车的加大补贴力度。这些措施极大地刺激了消费者的购买欲望,对增加需求拉动新兴产业的发展是大有裨益的。

(四)政府要优先安排新兴产业生产用地

从生产要素的角度来说,土地是新兴产业生产的必备生产要素之一。但是新兴产业企业生产规模小,生产资金匮乏,往往无力和其他企业去竞争购置生产用地,这在一定程度上抑制了新兴产业的发展。在生产用地方面,新兴产业企业需要得到政府的支持,在坚持节约、集约用地的前提下优先安排新兴产业项目用地,对符合条件的项目实行土地使用权出让金减免等优惠措施。对于地区间需平衡布局的项目,应优先向新兴产业倾斜。

三 努力营造有利于新兴产业发展的外部环境

新兴产业企业生产规模小,在技术研发、生产制造、产品销售等环节的成本要高于传统产品，所以新兴产品市场推广的难度较大，其市场占有份额也较小，这在一定程度上制约了新兴产业的发展。对于市场前景广阔但当前又弱小的新兴产业，政府要对其大力支持，还需要努力营造有利于新兴产业发展的外部环境。

（一）完善产学研合作机制

高校、科研院所研究出的科研成果只有转化为现实的生产力才能推动经济的发展，所以完善新兴产业企业和研究单位的合作机制意义重大。一是政府要研究制定鼓励产学研合作的法律法规，协调各方利益，规范产学研合作行为，引导科研人员面向市场、面向企业、面向经济建设搞科研，从而建立稳定的、长期的产学研合作机制。二是政府要使企业认识到产学研合作对企业一方的重要性，使企业积极地参与到产学研合作中来，企业要舍得以股权换专利、以利润换技术。三是高校、科研院所要敞开大门搞科研。高校、科研院所要瞄准市场和生产一线搞研发，研究出的科研成果要主动和企业对接，提高科研成果的转化效率，使科研成果真正成为新兴产业的种子。四要加强企业和科研院所的联合攻关。上海市支持在重大产业和重点项目中开展产学研用的融合，扶持高新技术产业化重点企业建立若干产学研示范基地，每年由高新技术产业化承担主体企业发布产学研合作攻关需求，分领域召开产学研合作对接会。

（二）营造有利于新兴产业发展的创新环境

创新是新兴产业产生的根源所在，营造有利于创新的环境就有利于新兴产业的产生和发展。一是要培养国民的创新意识。在幼儿园教育阶段就要对孩子们进行创新教育，在中小学教育中开始创新课程，使得创新的意识深入人心。二是要营造一种科学、诚信至上的氛围。政府不搞权威，也不鼓励民众盲从权威，倡导学术自由和科学至上的精神，反对急功近利的学术浮躁之风，形成尊重知识、尊重人才，鼓励创新的良好氛围。三是要大力发展教育事业，努力提高劳动者的素质。新兴产业往往是具有高技术含量的产业，其发展离不开高素质的劳动者。要改革现有的教育制度，各级教育主管部门要放权、让权，减少对各类学校的行政干预，让各类学校有足够的办学自主权和教育自主权，形成"百花齐放，百家争鸣"的教育格局。要改革现有的招生制度和文凭制度，教育主管部门要减少对招生的管制，淡化文凭意识，注重学生能力的培养。

（三）建立新兴产业基地，打造新兴产业发展平台

政府要把新兴产业基地建设成新兴产业发展的重要载体，通过基地建设有利于推动新兴产业发展。新兴产业基地的建设一方面有利于政府对新兴产业提

供一条龙的服务，进行集中管理，另一方面也有利于新兴产业之间的借鉴和交流，以及产业链之间的对接。建立新兴产业基地关键是要做好空间布局和选址工作，如果空间布局和选址得当就会促进新兴产业发展，否则就会阻碍新兴产业发展。新兴产业基地在选址时一定要把新兴产业的类型和本地区的要素禀赋优势结合起来，使得新兴产业的发展既能获得必要的要素基础又能促进原有产业的发展。政府应加强政策引导，加大对新兴产业基地的扶持力度，促进高技术人才、资金和技术等要素向新兴产业基地集中，形成新兴产业群体优势和局部强势。江苏省按照有发展重点、有重大项目、有创新载体、有系统支撑的要求，重点建设 30 个产业链长、资源循环利用、基础配套完备、集成创新能力强的新兴产业特色产业基地。强化专业分工，降低创新成本，优化要素配置，形成新兴产业发展的集聚效应。江苏省的这一做法很有借鉴意义。

（四）加快推进投资体制改革，优化投资环境

一是要进一步促进投资主体多元化。对于政府主导型的新兴产业，政府要责无旁贷，充分发挥政府资金主渠道作用；对于市场主导型的新兴产业，政府要鼓励和引导国有资本、民间资本和海外资金等进入这一产业领域，以扩大市场主导型新兴产业发展的投资规模。二是降低新兴产业进入门槛。新兴产业是从无到有，从小到大发展起来的。大多数的新兴产业在发展初期都比较弱小，面临投资资金相对不足的窘境，政府要适当降低新兴产业的门槛高度，鼓励各行各业人员尤其是科技人员积极开展新兴产业创业。

（五）政府要加强知识产权保护

各类创新尤其是高科技创新一般都具有正的外部性，很容易造成"搭便车"现象，而企业在保护其创新成果方面往往显得力不从心，所以知识产权保护的重任就落到了政府的肩上。政府要加强知识产权政策的宣传，通过宣传使各类企业理解尊重知识、尊重知识产权的重要性，同时也使企业学会在自身的利益受到不法侵犯时要运用法律保护自身利益。二是强化行政执法和司法保护，加大对知识产权侵权行为的打击力度。对知识产权侵权行为，政府要在经济上加大处罚力度，同时还要要求侵权人给予被侵权人更多的经济赔偿。政府只有严厉查处各类侵犯知识产权的违法行为，才能为新兴产业的技术创新和转移营造良好的外部环境。

| 第六章 | 安徽省新兴产业发展的区域特征分析 |

安徽省新兴产业发展的区域特征分析

发展新兴产业是中央政府在世界金融危机过后提出的重大战略举措，对我国在中长期内能否完成经济结构调整和发展方式转变的重要任务，具有举足轻重的作用，因而得到各地方政府积极响应。安徽省也不例外。发展新兴产业需要立足现有的基础，所以本章拟对安徽省新兴产业发展的区域特征进行分析。

第一节 安徽省新兴产业发展的总体情况分析

一 安徽省新兴产业保持了较快的增长速度

"十一五"以来，安徽省委、省政府认真贯彻落实胡锦涛同志关于安徽省"应在自主创新方面有更大作为"的指示精神，大力实施创新推动战略，自主创新取得重大进展和显著成效，已成为安徽省发展的一大特色、一大品牌和一面旗帜，成为安徽省新兴产业发展的强大引擎。目前，安徽省新兴产业已经成为全省经济发展的重要组成部分。安徽省统计局和科技厅高新处公布的数据显示，"十一五"期间，全省高技术新兴产业增加值从 2005 年的 339.6 亿元增加到 2010 年的 1623 亿元，年均增长约 35%；全省高技术新兴产业总产值由 2005 年的 1150 亿元增加到 2010 年的 5968 亿元，约是 2005 年的 5.2 倍。2011 年，全省高新技术产业增加值，突破了 2000 亿元，达到了 2142.7 亿元，增长速度为 24.6%；2011 年，全省高技术新兴产业产值突破了 8000 亿元，达到了 8330.3 亿元，增长速度为 46.5%（表 6-1）。

表 6-1 安徽省新兴产业发展情况

年份	高技术新兴产业产值/亿元	增长率/%	高新技术新兴产业增加值/亿元	增长率/%	增加值占工业增加值比例/%	增加值占GDP比例/%
2005	1150	24.0	339.6	—	22.9	6.3
2006	1810	28.1	506.8	49.2	23.8	8.0
2007	2518.3	30.2	679.4	33.5	24.7	9.2
2008	3212.3	25.9	905.0	24.8	25.9	10.2
2009	3907	21.6	1094	24.9	26.9	10.9
2010	5968	47.0	1623	27.4	29.0	13.2
2011	8330.3	46.5	2142.7	24.6	30.3	14.2

资料来源：根据各年安徽省高新技术产业统计公报整理。

从产业规模看，2008年，安徽省电子信息、生物、节能环保、新材料、公共安全、新能源等六大产业产值达1704.9亿元，占全省工业总产值的15.3%，产值超亿元的企业约有400家，超10亿元的企业有41家。电子信息产业发展势头迅猛，在六大产业中所占比例近1/3，生物和节能环保产业紧随其后，占比例超过20%。

2009年，光机电领域实现增加值510亿元，占高新技术产业的46.6%；新材料领域实现增加值339.3亿元，占高新技术产业的31.0%；生物医药领域实现增加值82.3亿元，占高新技术产业的7.5%；电子信息领域实现增加值66.5亿元，占高新技术产业的6.17%；新能源与高效节能领域实现增加值58.4亿元，占高新技术产业的5.3%；高新技术服务领域实现增加值37.4亿元，占高新技术产业的3.4%。

2010年，光机电领域实现增加值797.4亿元，占高新技术产业的49.1%；新材料领域实现增加值493.8亿元，占高新技术产业的30.4%；生物医药领域实现增加值120.2亿元，占高新技术产业的7.4%；电子信息领域实现增加值107.4亿元，占高新技术产业的6.6%；新能源与高效节能领域实现增加值104.5亿元，占高新技术产业的6.4%。

2011年，光机电领域实现增加值949.2亿元，占高新技术产业的44.3%；新材料领域实现增加值637.6亿元，占高新技术产业的29.8%；生物医药领域实现增加值150.3亿元，占高新技术产业的7.0%；电子信息领域实现增加值191.4亿元，占高新技术产业的8.9%；新能源与高效节能领域实现增加值174.3亿元，占高新技术产业的8.1%；高新技术服务业实现增加值39.9亿元，占高新技术产业的1.9%。如图6-1所示。

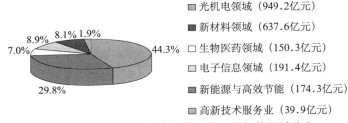

图6-1 2011年安徽省高新技术产业增加值领域分布

二 安徽省新兴产业已成为国民经济的重要组成部分

随着自主创新活动的不断深化和"科技兴皖"战略的逐步实施，安徽省高技术新兴产业蓬勃兴起，高技术新兴产业产值稳步增加，由2005年的1150亿元增加到 2011 年的 8330.3 亿元。伴随着高技术新兴产业的发展，高技术新兴产业增加值也呈稳步增加态势，由 2005 年的 339.6 亿元，增加到 2011 年的 2142.7 亿元，其在工业增加值中所占的比例由 22.9% 提高到 30.3%，在 GDP 中所占的比例也由 2005 年的 6.3% 提高到 2011 年的 14.2%（图 6-2）。

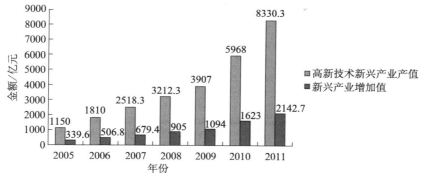

图 6-2 安徽省高新技术新兴产业产值和增加值

安徽省确定的八大战略性新兴产业，包括电子信息、节能环保、新材料、生物、新能源、高端装备制造、新能源汽车和公共安全。2011 年，这八大战略性新兴产业的产值达到 4132.1 亿元，同比增长 62.1%，增幅明显高于其他产业。尤其是新能源产业，产值增幅高达 220%（表 6-2）。

表 6-2 安徽省 2011 年八大战略性新兴产业发展情况

指标	2011 年累计产值/亿元	比 2010 年同期增长/%
电子信息产业	1017.6	82.0
节能环保产业	229.4	50.9
新材料产业	889.9	55.6
生物产业	591.6	36.5
新能源产业	290.1	220.3
高端装备制造业	1066.6	49.7
新能源汽车	5.2	——
公共安全产业	41.7	42.8
总产值	4132.1	62.1

资料来源：根据安徽省统计信息网数据整理。

三 安徽省新兴产业的总体规模偏小，基础薄弱

与发达省市相比，与安徽省奋力崛起的要求相比，安徽省新兴产业总体规模偏小，基础薄弱。主要表现在新兴产业规模占经济总量的比例不高，对经济结构调整的带动作用还不明显；关键技术自给率不足，拥有自主知识产权的大企业不多，高新技术产业链中处于高端的较少；安徽省多数企业研发投入低，

主要从事组装加工，产品附加值较低，产学研互动性不强，"有技术没产业、有产业没技术"的"两张皮"现象仍然较为突出，部分产业缺乏竞争优势与成长爆发力。有数据显示，与全国相比，2008年，安徽省电子信息、生物、节能环保产业产值分别占全国的0.85％、4.2％和4％，生物医药、光伏产业产值大致相当于江苏省的1/5和1/10。再如，在战略性新兴产业中占重要地位的电子信息产业2009年的企业数仅占全省企业总数不到4％，增加值占全省GDP的比例不足4.5％，研发经费投入仅占销售收入比例的1.5％左右，低于全国3％的平均水平（吴慈生等，2010）。

2011年，安徽省八大战略性新兴产业总产值虽然增长了62.1％，达到4132.1亿元，但江苏省新能源、新材料、生物技术和新医药、节能环保、软件和服务外包、物联网等新兴产业全年销售收入达26 090.3亿元。可见，安徽省新兴产业总体规模偏小，基础薄弱。

四　安徽省新兴产业发展非常不平衡

2008～2010年，安徽省共认证了1313家高新技术企业，合芜蚌高新技术企业771家，占安徽全省的58.7％。再加上马鞍山、铜陵、滁州的为990家，则占全省的75.4％。2010年，合芜蚌高新技术产业实现总产值3384.6亿元，占全省的56.7％，加上马鞍山、铜陵、滁州，实现总产值4664.1亿元，占全省的78.2％。2010年，合芜蚌高新技术产业实现增加值906.7亿元，占全省的55.9％，加上马鞍山、铜陵、滁州，实现增加值1254.8亿元，占全省的77.3％（表6-3，图6-3）。

表6-3　2010年安徽省高新技术企业区域分布

地区	2008～2010年累计认证高新技术企业数/家	高新技术产业总产值/亿元	高新技术产业增加值/亿元	高新技术产业增加值占GDP比例/％
合肥	434	1959.6	525.9	19.5
淮北	12	65.9	19.4	4.3
亳州	15	93.2	26.6	5.2
宿州	7	65.4	19.2	2.9
蚌埠	71	324.2	92.9	14.5
阜阳	11	58.8	16.5	2.3
淮南	35	58.0	15.9	2.6
滁州	36	419.8	114.4	16.4
六安	39	94.4	26.0	3.9
马鞍山	102	420.0	115.5	14.2
巢湖	40	359.0	94.9	15.2
芜湖	266	1100.8	287.9	26.0
宣城	76	234.6	71.2	13.5

续表

地区	2008～2010年累计认证 高新技术企业数/家	高新技术产业 总产值/亿元	高新技术产业 增加值/亿元	高新技术产业 增加值占GDP比例/%
铜陵	81	439.7	118.2	25.3
池州	13	47.5	13.9	4.6
安庆	38	134.4	38.6	3.9
黄山	37	93.2	26.6	8.6
合计	1313	5968.2	1623.3	13.2

资料来源：根据2011年安徽省科技统计公报整理。

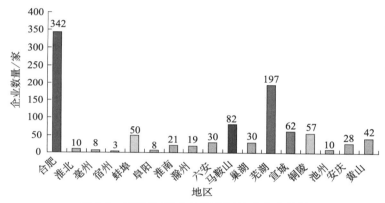

图6-3　安徽省17个地区高新技术企业数量

安徽省战略性新兴产业的分布与高新技术企业分布极为相似。2011年，合芜蚌战略性新兴产业实现产值2359.3亿元，占全省的57.2%，再加上马鞍山、铜陵、滁州2012年第一季度的战略性新兴产业产值613.5亿元，则占全省的58.4%（表6-4）。

表6-4　安徽省各地区战略性新兴产业产值

地区	2011年 产值/亿元	比2010年同期 增长/%	2012年第一季度 产值/亿元	比2011年同期 增长/%
合肥	1331.9	76.0	354.0	46.8
淮北	166.5	77.6	59.5	89.6
亳州	116.0	51.6	31.5	32.4
宿州	45.8	57.0	11.2	32.9
蚌埠	295.3	52.5	78.0	39.8
阜阳	64.5	118.3	16.1	72.9
淮南	43.3	45.9	9.5	21.1
滁州	282.1	61.9	66.2	51.9
六安	80.6	46.8	23.4	35.6
马鞍山	224.6	36.8	47.5	5.8

续表

地区	2011 年产值/亿元	比 2010 年同期增长/%	2012 年第一季度产值/亿元	比 2011 年同期增长/%
芜湖	732.1	50.1	181.5	37.6
宣城	139.7	72.0	37.0	50.6
铜陵	287.4	78.2	58.8	42.7
池州	47.2	30.6	9.8	41.0
安庆	156.4	50.4	38.2	23.8
黄山	118.7	56.6	27.4	38.3
合计	4132.1	62.1	1049.8	42.1

资料来源：安徽省统计信息网月度数据。

安徽省新兴产业过分集中于合芜蚌和沿江的马鞍山、铜陵和滁州，既不利于安徽省新兴产业的发展，也不利于安徽省产业结构调整和发展转型。

第二节　推动安徽省新兴产业发展的有利因素

一　新兴产业发展的良好氛围已经形成

（一）安徽省高层高度重视新兴产业发展

世界金融危机爆发后，安徽全省上下高度重视新兴产业的发展。王三运省长在 2010 年度的《政府工作报告》中指出，要"充分发挥自主创新的支撑和带动作用，加快工业强省步伐，以推进国家技术创新工程试点省为契机，打造新兴产业、壮大优势产业、提升传统产业，推动经济发展方式转变"。要"加快发展战略性新兴产业"。要"将优质要素资源向新兴产业集中，快速起步，全力推进，抢占未来经济发展的制高点"。2010 年 12 月 21 日，安徽省委召开常委会议，专门讨论研究新兴产业发展问题，并强调各地各有关部门要更新发展理念，高度重视培育战略性新兴产业工作，要紧密结合自身实际，明确发展思路，确定主攻方向，采取超常规措施，力争把战略性新兴产业发展成为先导产业和支柱产业。

（二）出台新兴产业发展培育计划

安徽省经济和信息化委员会于 2010 年出台了《安徽省工业领域新兴产业发展培育计划》。其中涉及节能环保、公共安全、生物、新材料等新兴产业的重点项目有 425 个，培育计划的首批项目累计投资 722 亿元，发展目标是到 2012 年全省新兴产业产值达到 3000 亿元，年均增长 30%，占全省规模以上工业总产值的 15%。

（三）发布新兴产业优势领域技术发展指南

安徽省科技厅组织编制了《安徽省新兴产业优势领域技术发展指南（2010—2015 年)》。省科技厅在 2010 年一年先后发布了四批技术指南，包括新能源汽车、语音、高档数控装备、新型工程机械、生物、公共安全、环保、高性能金属材料、优质铜材深加工、新材料、半导体照明 11 个产业。《安徽省新兴产业优势领域技术发展指南（2010～2015 年)》的编制与发布，进一步明确安徽省新兴产业优先发展领域和技术发展重点，集聚、整合全社会创新资源，引导企业研发投入方向，提升新兴产业核心竞争力，促进产业结构调整升级。

（四）召开安徽省加快培育和发展战略性新兴产业会议

2011 年 3 月 22 日，安徽省召开了加快培育和发展战略性新兴产业动员大会，并宣布全面启动实施战略性新兴产业"千百十工程"。到 2015 年，开工建设 1000 个左右重点项目，培育和引进 100 个左右重点企业，培育 10 个左右特色产业基地，战略性新兴产业产值规模突破 1 万亿元，增加值比 2010 年翻一番以上，形成"领军企业—重大项目—产业链—产业集群—产业基地"的发展格局，全力打造安徽省加速崛起新引擎。

（五）编制战略性新兴产业"十二五"发展规划

由安徽省发展和改革委员会（简称安徽省发改委）组织编制的《安徽省战略性新兴产业"十二五"发展规划》，于 2011 年 12 月获省政府常务会议审议通过。规划提出了未来五年安徽省战略性新兴产业发展的指导思想和发展目标，明确了电子信息、节能环保、新材料、生物、新能源、高端装备制造、新能源汽车和公共安全八大产业作为发展重点，提出了相关保障措施，是指导安徽省战略性新兴产业发展的行动纲领。如今，安徽省新兴产业呈现出竞相发展态势。

二　科学和研究经费支出增加迅速

推动科技进步和新兴产业发展，必须要有一定的科学和研究经费投入为保证。2005 年以来，安徽省研发经费投入保持了较快的增长速度。2010 年，安徽省研发总经费为 163.7 亿元，是 2005 年的 3.6 倍，年平均增长 30％以上。其中，2009 年研发经费达到 136.0 亿元，净增加 36.5 亿元，增长 36.7％。2010 年，安徽研发经费在 2009 年大幅增长的基础上，净增加 27.7 亿元。研发经费与当年 GDP 之比为 1.32％，比 2005 年提高了 0.5 个百分点。研发经费的持续、快速增长，增强了安徽省新兴产业发展的后劲（表 6-5）。

表 6-5　安徽省研发经费投入情况

年份	科研院所		高等院校		企业		其他单位		合计 /亿元
	研发 经费/亿元	占全部 研发经费 比例/%	研发 经费/亿元	占全部 研发经费 比例/%	研发 经费/亿元	占全部 研发经费 比例/%	研发 经费/亿元	占全部 研发经费 比例/%	
2005	9.7	21.20	7.7	16.80	27.7	61.10	0.4	0.88	45.5
2006	11.7	19.80	10.4	17.60	36.7	61.90	0.4	0.69	59.2
2007	14.5	19.90	10.7	14.70	47.2	64.80	0.4	0.50	72.8
2008	18.0	18.10	9.0	9.60	71.5	71.90	0.4	0.40	98.9
2009	20.7	15.30	13.5	9.90	100.0	73.60	1.7	1.20	135.9
2010	21.0	12.81	15.7	9.58	126.2	77.10	0.8	0.51	163.7

资料来源：根据 2007～2011 年安徽省科技统计公报整理。

三　创新引领战略成效明显

2009 年，作为传统农业大省的安徽省 GDP 突破 1 万亿元，跨上了经济社会发展的新台阶后，安徽省委、省政府审时度势，确定以创新为引领，调整优化产业结构，推动经济转型升级，使经济发展质量不断提高，呈现出加速崛起的良好势头。

（一）创新型企业培育工作取得显著成效

为提升全国创新水平，从 2006 年开始，科学技术部（简称"科技部"）、国务院国有资产监督管理委员会（简称"国务院国资委"）、中华全国总工会等八个部门共同组织实施国家技术创新工程，把培育创新型企业 500 强作为重要目标，并将它列为各种创新载体建设之首强力推进。至 2011 年先后认定三批共 356 家国家级创新型企业，安徽省共有 16 家企业入选，总数位居全国第一。另外，在确定的 550 家国家级创新型试点企业中，安徽省有 25 家，入选的安徽省创新型试点企业数也是位居全国第一。

其中，奇瑞汽车股份有限公司、科大讯飞信息科技股份有限公司、黄山永新股份有限公司、安徽中鼎控股（集团）股份有限公司四家企业进入中国创新型企业 100 强，安徽叉车集团公司成为我国叉车行业目前规模最大的科研制造基地和技术发展的引领者，安凯汽车股份有限公司成为国内新能源客车行业的创新典范，华菱汽车股份有限公司成为我国汽车整车出口基地。这表明，安徽省的创新型企业和创新型试点企业，除了在数量上位居全国第一外，在实力上也已经发展成为自主创新的主力军。

（二）涌现出一批优势企业和产品

在电子信息、节能环保、新材料、生物医药等领域，安徽省部分企业位居行业前列。科大讯飞信息科技股份有限公司基于新一代语音合成、语音识别、口语评测技术开发而成的新一代语音交互系统位居全国领先地位；铜陵精达特种电磁线股份有限公司被列入全国电子信息百强企业；芜湖海螺川崎节能设备制造有限公司是全国节能环保设备生产的领头羊；拥有静电除尘、布袋和烟气脱硫国际先进生产技术的安徽意义环保设备公司、艾尼科环保技术公司在国内环保装备行业处于领先地位；安徽国祯环保公司城市污水处理和工业污水处理工艺及装备被列入国家重大专项；中科铜都粉体新材料股份有限公司是国内第一家能生产系列银粉的企业；丰原生化股份有限公司是目前国内最大的生物能源和生物化工产业基地；安科生物工程（集团）股份有限公司已成为国内生产干扰素品种最全的制药企业。安凯汽车股份有限公司在新能源客车领域竞争优势明显，目前全国运营的纯电动客车约有 200 多辆，其中 162 辆由安凯汽车股份有限公司生产。奇瑞汽车股份有限公司和江淮汽车集团有限公司在新能源汽车研发和产业化进程中已有较好基础。

蚌埠华益导电膜玻璃有限公司年产 2000 万片 ITO 导电玻璃，规模位居全国第一，AR 抗反射膜玻璃为国内首家产业化项目；安徽省凤形耐磨材料股份有限公司稀土耐磨产品目前规模位居亚洲第一、世界第二；丰原生物化学股份有限公司年产 30 000 吨 L-乳酸产量位居全国第一；安徽龙磁科技有限公司铁氧体永磁材料出口欧美及东南亚等 20 多个国家和地区，位居全国领先。京东方科技集团股份有限公司、鑫昊等离子显示器件有限公司、华夏光电有限责任公司、彩虹电子科技有限公司等是特种显示技术的代表。丰原药业股份有限公司、安科生物工程（集团）股份有限公司、兆科药业（合肥）有限公司等在生物医药领域各具特色。江淮汽车集团有限公司、奇瑞汽车股份有限公司等企业的新能源汽车在全球拥有知名度。

（三）合芜蚌积聚引领作用日益凸显

自 2008 年 10 月全面启动试验区建设以来，安徽省委、省政府强力推进自主创新战略，积极发挥政府投入的引领带动作用，全省研发投入力度明显加大，投入水平显著提高，转变发展方式、提升经济内涵的能力进一步增强。到 2011 年 10 月，试验区高新技术企业数由 404 家上升到 830 家，研发人员数由 3 万人上升到 6 万人，名牌产品和驰名商标数由 85 个上升到 300 个，专利授权数由 2507 件上升到 22 780 件，分别是建区前的 2.1 倍、2 倍、3.5 倍和 9.1 倍。实现了高新技术企业数、研发人员数、专利授权数、名牌产品数"四个翻番"的目标。2012 年第一季度，试验区高新技术产业增加值达 195 亿元，同比增长 36%，占全省高新技术产业增加值的近 60%，成为"安徽创新"的排头兵。

（四）企业主体地位初步形成

试验发展的投入规模代表着科学研究的应用能力，这类研发活动主要由企业实施，这方面投入也能反映出一个地区开发新产品和新技术的水平和能力。2011 年，安徽省 75% 以上的科研机构、科技活动人员、研发经费、专利申请数和省级科技成果来自企业或由企业承担，80% 以上的工业企业建立了产学研合作关系。安徽省的企业技术创新能力位居全国前十，1617 家企业成为国家高新技术企业，总数位居全国第七、中部地区第一。高新技术产业年均增长 30% 以上。同时，以电子信息、新能源汽车等为代表的一批新兴产业从无到有，从小到大。2011 年，全省战略性新兴产业规模以上企业已经超过 1560 家。

（五）新型研发投融资体系逐步完善

"十一五"期间，通过政府财政、科技投入引导和采取政策激励机制，安徽省研发投入明显增加，以政府投入为引导、企业投入为主体、多种投资形式并存的新型研发投融资体系逐步完善。从 2009 年研发经费来源看，政府资金 31.24 亿元，占 23.0%，是 2005 年的 2.2 倍，年均增长 21.2%；企业资金 94.25 亿元，占 69.3%，是 2005 年的 3.4 倍，年均增长 36.2%；国外资金 0.31 亿元，与 2005 年持平；其他资金 10.15 亿元，占 7.5%，是 2005 年的 3.0 倍，年均增长 31.1%。其中，政府资金、企业资金合计占 92.3%，比 2005 年提高 0.5 个百分点。

四 创新载体建设步伐加快

创新载体建设是创新体系建设的重要组成部分，是加强区域产业创新能力建设的重要内容。自 2010 年以来，随着国家技术创新工程试点省工作的加速推进，安徽省加快了创新载体的建设力度。

（一）高新技术产业开发区和高新技术产业基地建设扎实推进

继 1991 年国家批准设立合肥国家高新技术产业开发区之后，芜湖高新技术产业开发区、蚌埠高新技术产业开发区于 2010 年相继升级为国家级高新区，马鞍山慈湖高新区在 2012 年升级为国家高新技术产业开发区，并拥有铜陵高新技术产业开发区、马鞍山高新技术产业开发区、池州高新技术产业开发区、淮南高新技术产业开发区、安徽蚌埠高新技术产业开发示范园区、安徽博望高新技术产业开发区、安徽新芜高新技术产业开发区等 8 家省级高新区。至此，全省高新区数量已达 12 家，其中国家级 4 家，省级 8 家。至 2010 年，建成高新技术产业基地 31 家，其中国家级 12 家，实现总收入 3743.9 亿元，利税总额 396.6 亿元，基地内企业达到 5057 家。

（二）组建多家产业技术创新战略联盟

安徽省大力推进产学研结合，组建新能源汽车、生物医药等 20 多家产业技术创新战略联盟，其中冶金矿产高效利用产业技术创新战略联盟被科技部确定为国家联盟建设试点。

（三）创新服务平台体系建设有条不紊

2010 年，安徽省政府决定从 2011 年开始连续 4 年，每年安排专项经费 6000 万元，支持应用科技、公共支撑平台和人才建设，加快创新平台建设步伐。为优化创新资源共享渠道，安徽省建立了集研发、交易、转化、服务为一体的"科技路路通"创新服务平台体系，组建了合肥公共安全技术研究院、省应用技术研究院、新能源汽车研究院等 50 多个省级以上研发与转化平台。芜湖文化创意产业园、国家动漫产业基地和蚌埠生物医药工业园等一批特色产业园区启动建设。

（四）建设了一批省级以上科研平台

至 2010 年，安徽省有国家大科学工程 5 个；省部级以上（重点）实验室 135 个，其中国家实验室 2 个，国家重点实验室 6 个；省级以上工程实验室 24 个，其中国家工程实验室 4 个；省级以上工程技术研究中心 205 个，其中国家工程技术研究中心 6 个；省级以上工程研究中心 38 个，其中国家工程研究中心 3 个；省级以上企业技术中心 453 个，其中国家级企业技术中心 23 个；省级以上技术转移示范机构 25 个，其中国家级技术转移示范机构 4 个；院士工作站 11 个。

（五）科技中介服务机构发展良好

至 2010 年年底，安徽省已建设各类科技企业孵化器 51 家，其中国家级孵化器 9 家，孵化场地面积 114.6 万平方米，在孵企业 1615 家，已累计毕业企业 850 家；全省纳入统计的生产力促进中心 58 家，其中国家级示范生产力促进中心 6 家；全省有各类专利申报代理结构 11 家；全省共有科技信息服务机构 14 家。

五　具有安徽省特色的区域自主创新网络为新兴产业提供了发展机遇

2004 年年底，经国家有关部门批准，合肥市成为我国第一个国家级科技创新型试点城市。2008年，设立的安徽省级合芜蚌自主创新综合配套改革试验区（简称"合芜蚌新区"）在2009年升格为国家级的自主创新试验区。2009年，安徽省跻身首批国家技术创新工程试点省。至2012年，全省高新区数量已达12家，其中国家级4家，省级8家，省级高新区数量上升至我国中部地区第二位。宁国市设立安徽省首个省级自主创新综合试验区。在它们的带动下，如今在安徽省已经建成了以合芜蚌试验区为龙头，以皖江示范区为支撑，以骨干企业为阵点、园区为节点独特的创新网络。在自主创新政策的强力推动下，安徽省在全国创造了"四个第一"，即奇瑞汽车股份有限公司成为全国企业自主创新第一面旗帜，合肥成为全国第一个科技创新型试点市，合芜蚌成为全国第一个自主创新综合试验区，安徽省成为全国第一批技术创新工程试点省，实现了从抓企业创新、到抓产业创新、再到抓区域创新的跨越。

第三节　制约安徽省新兴产业发展的不利因素

安徽省新兴产业尽管发展速度比较快，但与发达省市，尤其是与邻近的江苏省相比，总体规模偏小，基础薄弱。以下几个方面是影响安徽省新兴产业发展的主要因素。

一 科技活动人才队伍不够庞大

科技活动是技术创新与发展新兴产业的基础。科技活动是由科技人才来开展的。所以科技人才是技术创新与发展新兴产业基础的基础。从科技活动人员数来看，北京市401 595人，上海市227 867人，江苏省437 923人，浙江省347 787人，而安徽省只有113 209人，比浙江省少20多万人，比江苏省少30多万人。从每万人拥有科技活动人员来看，全国平均水平是34.39人，北京、上海、江苏、浙江分别为245.92人、122.64人、57.43人、68.73人，而安徽省是18.50人，每万人拥有的科技活动人员数比全国平均水平少了15.89人。从科学家和工程师队伍来看，北京、上海、江苏、浙江分别为324 488人、169 523人、275 555人、216 532人，安徽省是74 610人，比江苏省少了20多万人，比浙江省少了近14万人。从每万人拥有科学家和工程师看，全国平均水平是23.68人，北京、上海、江苏、浙江分别为198.71人、91.24人、36.14人、42.79人，而安徽省是12.20人，每万人拥有科学家和工程师，比全国平均水平少了11.48人。拥有的研究与开发机构，无论是绝对数，还是相对数，与北京、上海、江苏、浙江相比差距较大，也低于全国的平均水平（表6-6）。

表 6-6　安徽省科技人才总量与其他二省二市的比较

地区	科技活动人员/人	科技活动人员/（人/万人）	科学家和工程师/人	科学家和工程师/（人/万人）	2009 年研发机构/家	2009 年研发人员/人	2009 年博士毕业/人
全国	4 543 868	34.39	3 128 687	23.68	477 989	3 183 687	178 843
北京	401 595	245.92	324 488	198.71	111 320	252 676	37 609
上海	227 867	122.64	169 523	91.24	32 839	170 512	17 160
江苏	437 923	57.43	275 555	36.14	26 381	369 403	13 525
浙江	347 787	68.73	216 532	42.79	10 636	239 058	8 688
安徽	113 209	18.50	74 610	12.20	9 961	87 664	2 973

资料来源：根据国家统计局网站统计数据中的专题数据和 2010 年中国统计年鉴整理，其中科技活动人员、科学家和工程师是 2007 年的数据。

从科技活动人员素质来看，每百名科技活动人员中拥有的科学家与工程师，全国平均水平是 68.86 人，安徽省是 65.90 人，低于全国平均水平。从研发人员规模看，安徽省比江苏省少近 28 万人，比浙江省少近 15 万人。从研发人员拥有博士毕业人数看，安徽省不到 3000 人，比江苏省少 1 万多人，比浙江省少 5000 多人。研发人员每百人中博士所占的比例，全国平均水平为 5.6 人，安徽省为 3.4 人，也低于全国平均水平。

另外，从专业技术人员情况看，2007 年，安徽省每万人中拥有专业技术人员 165 人，居全国第三十位，且从事新材料、新能源、现代医药、环保工程等新兴产业的人才甚为缺乏，影响了科技成果转化源头的有效供给和自主创新能力的提高。

二　财政与企业科技投入规模与实际需求仍有差距

自 2003 年以来，安徽省财政科技投入、全社会科技投入逐年增加，尤其在 2007 年有了大幅度增加，但由于原基数较小，与全国平均水平相比仍有一定的差距。根据国家统计局各地区按活动类型分研发经费支出的数据，2009 年，安徽省在大幅增加的基础上只有 136 亿元，与北京、上海、江苏、浙江的 669 亿元、423 亿元、702 亿元、399 亿元相差较大。安徽省研发经费占 GDP 的比例，既低于北京、上海、江苏、浙江，也比全国平均水平低了 0.35 个百分点（表 6-7）。

表 6-7　安徽省 2009 年研发经费支出与其他二省二市的比较

地区	研发经费支出/亿元	基础研究		应用研究		试验发展		研发经费与GDP 之比/%
		金额/亿元	占研发经费支出百分比/%	金额/亿元	占研发经费支出百分比/%	金额/亿元	占研发经费支出百分比/%	
全国	5802	270	4.66	731	12.60	4801	82.75	1.7
北京	669	70	10.54	153	22.91	445	66.55	5.5
上海	423	29	6.80	71	16.72	324	76.47	2.81
江苏	702	18	2.56	46	6.50	638	90.93	2.04

续表

地区	研发经费支出/亿元	基础研究		应用研究		试验发展		研发经费与GDP之比/%
		金额/亿元	占研发经费支出百分比/%	金额/亿元	占研发经费支出百分比/%	金额/亿元	占研发经费支出百分比/%	
浙江	399	7	1.69	20	4.99	372	93.32	1.73
安徽	136	10	7.42	16	11.47	110	81.15	1.35

资料来源：http://www.stats.gov.cn/tjsj/qtsj/d2crd/t20101124_402686033.htm。

从各地区经费支出来源看，安徽省研发经费支出中的政府资金、企业资金支出规模与北京、上海、江苏、浙江相比差距较大，其中安徽省政府资金所占比例与全国平均水平基本持平，安徽省企业资金所占比例低于全国平均水平2.4个百分点，低于浙江省19.4个百分点，低于江苏省12.6个百分点（表6-8）。

表6-8 安徽省2009年研发经费支出按来源分与其他二省二市的比较

地区	研发经费支出	政府资金		企业资金		国外资金		其他资金	
		金额/亿元	占研发经费支出百分比/%	金额/亿元	占研发经费支出百分比/%	金额/亿元	占研发经费支出百分比/%	金额/亿元	占研发经费支出百分比/%
全国	5802	1358	23.4	4163	71.7	78	1.3	203	3.5
北京	669	349	52.3	241	36.1	29	4.3	49	7.3
上海	423	113	26.7	283	66.8	12	2.8	15	3.6
江苏	702	90	12.8	575	81.9	16	2.3	20	2.9
浙江	399	37	9.2	354	88.7	2	0.6	6	1.5
安徽	136	31	23	94	69.3	0.3	0.2	10	7.5

资料来源：http://www.stats.gov.cn/tjsj/qtsj/d2crd/t20101124_402686033.htm。

在科技活动投入指数的排序中，上海、天津、北京、江苏、广东、浙江、山东、陕西排在前八位，同时也是高于全国平均水平（全国科技活动投入指数为55.13%，与2008年大体持平）的地区。

将2009年与2008年监测数据进行比较，安徽、内蒙古、湖南、山东等18个地区2009年的科技活动投入水平较2008年有所提高。四川、青海等12个地区的科技活动投入指数低于2008年水平。参照2008年科技活动投入指数的排序，位次变动最大的地区是安徽省，由2008年的第十九位上升至十四位。

三 具有实用价值科研项目的研发力量仍相对不足

安徽省是科教资源大省，尤其是省会城市合肥市拥有雄厚的科教实力，但这些科技资源主要集中在基础和尖端科技研究领域，对具有实用价值科研项目的研发力量相对不足，承接重大实用成果研究，尤其是接续高端成果进行转化的能力较弱。从安徽省自主创新能力来看，近几年，虽然安徽省专利申请量及发明专利申请量逐年递增，但其总量目前均只占全国总量的 1% 左右。同时安徽省发明专利的授权量较低，2009 年，安徽省发明专利授权量仅占各类专利授权量的 8%，与全国先进省市相比，差距较大。如 2009 年，北京、上海、江苏、浙江授权的发明专利分别为 9157 件、5997 件、5322 件、4818 件。发明专利是国际通行的反映拥有自主知识产权技术的核心指标（表 6-9）。

表 6-9　安徽省 2009 年研发项目和专利申请情况与其他二省二市的比较

地区	全部研发项目数/件	全部研发项目经费/亿元	研发活动单位有效发明专利数/件	三种专利申请授权数/件	发明专利授权数/件	技术市场成交额/亿元
全国	775 316	4 549	246 870	501 786	65 391	3 039
北京	83 911	451	32 212	22 921	9 157	1 236
上海	50 567	316	24 587	34 913	5 997	435
江苏	65 224	602	25 983	87 286	5 322	108
浙江	62 145	361	22 664	79 945	4 818	56
安徽	23 029	107	5 200	8 594	795	36

资料来源：第二次全国 R&D 资源清查主要数据。

四　高新技术产业化整体水平不强

科技部"2009 全国及各地区科技进步统计监测结果"显示，在高新技术产业化指数的排序中，上海、北京、天津、广东、江苏、福建、四川、湖北排在前八位，同时也是高于全国平均水平的地区，全国高新技术产业化指数为 49.37%，安徽省高新技术产业化指数为 33.64%，比全国平均水平低 15.73 个百分点，排在第二十五名（表 6-10）。

表 6-10　2009 高新技术产业化指数

地区	上海	北京	天津	广东	江苏	福建	四川	湖北	全国	安徽
指数/%	72.45	70.74	64.13	61.57	61.30	54.99	50.49	49.90	49.37	33.64
排名	1	2	3	4	5	6	7	8	—	25

资料来源：根据科技部"2009 全国及各地区科技进步统计监测结果"整理。

高新技术产业化指数下设高新技术产业化水平与高新技术产业化效益两项二级指标。其中，高新技术产业化水平由高新技术产业增加值占工业增加值比例、知识密集型服务业增加值占生产总值比例、高技术产品出口额占商品出口额比例、新产品销售收入占产品销售比例四项三级指标组成，高新技术产业化效益由高技术产业劳动生产率、高技术产业增加值率、知识密集型服务业劳动生产率三项三级指标组成。

安徽省高新技术产业化指数较低、排名较后，表明高新技术产业化水平与高新技术产业化效益，以及高新技术产业化整体水平有待进一步提高。

五 科技进步引领社会经济发展的作用不明显

根据科技部"2009 全国及各地区科技进步统计监测结果"中显示，在地区综合科技进步水平评价中，综合科技进步水平指数全国平均水平为 56.99%，安徽省为 39.35%，排在第二十三位；在地区科技进步环境评价中，科技进步环境指数全国平均水平为 58.96%，安徽省为 38.03%，排在第二十七位；在科技活动投入指数的排序中，科技活动投入指数全国平均水平为 55.13%，安徽省为 42.74%，排在第十四位；在科技活动产出指数的排序中，科技活动产出指数全国平均水平为 56.47%，安徽省为 27.35，排在第二十位；在科技促进经济社会发展指数的排序中，科技促进经济社会发展指数全国平均水平为 62.65%，安徽省为 49.78%，排在第二十五位（表 6-11）。

表 6-11　相关科技进步指数排名

地区	综合科技进步水平评价		科技进步环境评价		科技活动投入评价		科技活动产出评价		科技促进经济社会发展评价	
	指数/%	排名	指数/%	排名	指数/%	排名	指数/%	排名	指数/%	排名
全国	56.99	—	58.96	—	55.13	—	56.47	—	62.65	—
北京	78.80	2	78.80	2	69.38	3	91.45	1	77.98	4
上海	77.56	1	81.86	1	74.04	1	80.84	2	83.15	1
江苏	59.90	5	60.53	8	63.79	4	36.82	13	73.24	6
浙江	56.42	7	59.88	6	61.33	6	35.50	14	72.63	7
安徽	39.35	23	38.03	27	42.74	14	27.35	20	49.78	25

资料来源：根据科技部"2009 全国及各地区科技进步统计监测结果"整理。

总体看来，在全国 31 个省（自治区、直辖市）（不包括港澳台地区）科技进步指数排名中，安徽省均落后于全国平均水平，这充分说明科技进步在引领社会经济发展中没有发挥应有的作用。

第四节　安徽省高技术新兴产业发展预测

一 数据分析及灰色预测模型

对安徽省高技术新兴产业的产值和增加值进行灰色预测，原始数据如表6-12所示。

表 6-12　安徽省高技术新兴产业产值和增加值数据

年份	2005	2006	2007	2008	2009	2010	2011
新兴产业产值/亿元	1150.0	1810.0	2518.3	3212.3	3907.0	5968.0	8330.3
新兴产业增加值/亿元	339.6	506.8	679.4	905.0	1094.0	1623.0	2142.7

灰色系统理论的主要任务之一，就是根据社会、经济、生态等系统的行为特征数据，寻找不同系统变量之间或某些系统变量自身的数学关系和变化规律。灰色系统理论认为，任何随机过程都是在一定幅值范围和时区内变化的灰色量，并把随机过程看成灰色过程。事实上，研究系统的行为特征，得到的数据往往是一串确定的白数，把其看成某个随机过程的一条轨道或现实，或者是看成灰色过程的白化值，这并没有本质上的区别。如何通过系统行为特征数据研究其发展规律，不同的方法思路也不一样。随机过程是以先验概率为出发点，研究数据的统计规律。这种方法是建立在大量数据的基础上的。但有时候，即使有了大量数据也未必能找到统计规律。因为随机过程中研究的典型分布是十分有限的，对于非典型分布往往难以处理。灰色系统是通过对原始数据的挖掘、整理来寻找其变化规律的，这是一种从数据寻找现实规律的途径，称之为灰色序列生成。灰色系统理论认为，尽管客观世界表象复杂，数据繁多，但是它总有整体功能的，因此必然蕴涵某种内在规律。关键在于如何选择适当的方式去挖掘它和利用它。一切灰色序列都能通过某种生成弱化其随机性，显示其规律性。

无论是对实验数据还是对统计数据，在选择模型之前必须对所获得的数据进行分析，否则就会出现定量预测结果和定性分析结论不相符的情况，问题的症结往往不在于所选模型的优劣，而是由于系统行为数据因系统本身受到某种外在冲击而失真。因此，寻求定量预测与定性分析的结合点，设法排除系统行为数据所受到的冲击干扰，还原数据本来面目，从而提高预测的精度，乃是每一位预测工作者的一项重要任务。以 2005～2011 年的数据作为建模数据，计算安徽省高技术新兴产业产值的增长率分别为 57.39%、39.13%、27.56%、21.75%、52.75%、39.58%，显然前半部分增长速度较快，后半部分增长速度比较慢，年平均增长速度为 32.69%[①]，光滑比分别为 1.57，0.85，0.59，0.45，0.47，0.45，当 $t \geqslant 2009$ 时，光滑比 $\rho(t) < 0.5$，且级比 $\sigma^{(1)}(t) \in [1, 1.5)$，因此高技术新兴产业产值的原始数据的一次累加生成序列具有准指数规律，适合建立灰色预测模型。安徽省 2005～2011 年高技术新兴产业增加值数据显示，光滑比分别为 1.49，0.80，0.59，0.45，0.46，0.42，即光滑比递减，当 $t \geqslant 2009$ 时，光滑比 $\rho(t) < 0.5$，且级比

---

① 按几何平均值计算。

$\sigma^{(1)}$ （t）$\in$ ［1，1.5），因此高技术新兴产业增加值的原始数据的一次累加生成序列具有准指数规律，适合建立灰色预测模型（图6-4）。

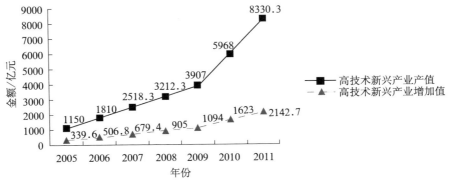

图6-4 安徽省高技术新兴产业产值和增加值

二 建立灰色预测模型步骤

为了便于对高技术新兴产业产值进行预测，记原始数据为

$X^{(0)}$ = （$x^{(0)}$ （1），$x^{(0)}$ （2），$x^{(0)}$ （3），$x^{(0)}$ （4），$x^{(0)}$ （5），$x^{(0)}$ （6），$x^{(0)}$ （7））
= （1150，1810，2528.3，3212.3，3907，5968，8330.3）

第一步：对 $X^{(0)}$ 做 $1-$AGO，得到

$X^{(1)}$ = （$x^{(1)}$ （1），$x^{(1)}$ （2），$x^{(1)}$ （3），$x^{(1)}$ （4），$x^{(1)}$ （5），$x^{(1)}$ （6），$x^{(1)}$ （7））
= （1150，2960，5478.3，8690.6，1259.6，18 565.6，7290.5）

第二步：对 $X^{(0)}$ 做准光滑性检验，由

$$\rho （k） = x^{(0)} （k） / x^{(1)} （k-1）$$

得到 $\rho(5)$ =0.45，$\rho(6)$ =0.67，$\rho(7)$ =0.45，均小于0.5，当 $k>4$ 时，原始数据满足光滑性条件建模条件。

第三步：检验 $X^{(1)}$ 是否有准指数规律。由

$$\sigma^{(1)} （k） = x^{(1)} （k） / x^{(1)} （k-1）$$

得到 $\sigma^{(1)}$ （5）=1.45，$\sigma^{(1)}$ （6）=1.47，$\sigma^{(1)}$ （7）=1.45。因此，当 $k>4$ 时，$\sigma^{(1)}$ （k）$\in$ ［1，1.5］，满足准指数规律，故可以建立 GM（1，1）模型。

第四步：对 $X^{(1)}$ 做紧邻均值生成，令

$Z^{(1)}$ = （$z^{(1)}$ （2），$z^{(1)}$ （3），$z^{(1)}$ （4），$z^{(1)}$ （5），$z^{(1)}$ （6），$z^{(1)}$ （7））
= （2055，4219.15，7084.45，10 644.1，15 581.6，22 730.75）

于是得到

$$\boldsymbol{B}=\begin{bmatrix} -z^{(1)}\,(2) & 1 \\ -z^{(1)}\,(3) & 1 \\ -z^{(1)}\,(4) & 1 \\ -z^{(1)}\,(5) & 1 \\ -z^{(1)}\,(6) & 1 \\ -z^{(1)}\,(7) & 1 \end{bmatrix}=\begin{bmatrix} 2\,055 & 1 \\ 4\,219.15 & 1 \\ 7\,084.45 & 1 \\ 10\,644.1 & 1 \\ 15\,581.6 & 1 \\ 22\,730.75 & 1 \end{bmatrix},\ \boldsymbol{Y}=\begin{bmatrix} x^{(0)}\,(1) \\ x^{(0)}\,(2) \\ x^{(0)}\,(3) \\ x^{(0)}\,(4) \\ x^{(0)}\,(5) \\ x^{(0)}\,(6) \\ x^{(0)}\,(7) \end{bmatrix}=\begin{bmatrix} 1\,150 \\ 1\,810 \\ 2\,518.3 \\ 3\,212.3 \\ 3\,907 \\ 5\,968 \\ 8\,330.3 \end{bmatrix}$$

第五步：对参数列 $\hat{a}=\begin{bmatrix} a,\ b \end{bmatrix}^{\mathrm{T}}$ 进行估计，得到

$$\hat{a}=\begin{bmatrix} a \\ b \end{bmatrix}=\begin{bmatrix} -0.294\,157 \\ 1\,154.317\,44 \end{bmatrix}$$

第六步：确定模型

$$\frac{\mathrm{d}x^{(1)}}{\mathrm{d}t}-0.314\,452x^{(1)}=1\,1025.130\,994$$

且时间响应式为

$$x^{(1)}\,(2005+k)=4\,410.051\,921\mathrm{e}^{0.311\,445\,2k}-3\,260.051\,921$$

同理建立安徽省高技术新兴产业增加值灰色预测模型为

$$\frac{\mathrm{d}x^{(1)}}{\mathrm{d}t}-0.292\,304x^{(1)}=316.129\,448$$

则对应的时间响应式为

$$x^{(1)}\,(2005+k)=1\,421.109\,75\mathrm{e}^{0.292\,304k}-1\,081.508\,75$$

利用样本 2005～2011 年的数据建立模型，得到的高技术新兴产业产值和新兴产业增加值的模拟值如表 6-13 所示。

表 6-13　安徽省高技术新兴产业产值和增加值模拟情况

年份	高技术新兴产业产值			新兴产业增加值		
	原始数据/亿元	模拟值/亿元	相对误差/%	原始数据/亿元	模拟值/亿元	相对误差/%
2005	1150.0	1150	0	339.6	339.60	0
2006	1810.0	1629.55	9.97	506.8	482.48	4.80
2007	2518.3	2231.69	11.38	679.4	646.20	4.87
2008	3212.3	3056.32	4.86	905.0	865.71	4.34
2009	3907.0	4185.66	7.13	1094.0	1159.63	6.00
2010	5968.0	5732.29	3.95	1623.0	1553.33	4.29
2011	8330.3	7850.43	5.76	2142.7	2080.70	2.89
平均相对误差		6.15			3.89	

注：相对误差取绝对值。

对于任何预测模型，都要对模型的预测结果进行精度检验。GM（1，1）有三种精度检验方式：残差检验、关联度检验、后验差检验。GM（1，1）的应用前提是小样本数据，而小样本数据通常不具有统计特征，当对 5 个以下原

始数应用 GM（1，1）预测时，不具有统计特性，若用后验差检验，其检验结果将难令人信服，因此本书采用了残差检验。这是一种简单的直观检验方法。

若 $\max|e(k)| \leqslant \varepsilon$，则认为预测模型好，$\varepsilon$ 为相对误差限是按精度需求预先确定的阈值。通常情况下，残差相对误差限估计不超过 7%，则认为模型好。从表 6-13 可以看出，模型基本上通过检验，所以建立高技术新兴产业产值和新兴产业增加值的灰色模型是可行的。高技术新兴产业产值和新兴产业增加值的 GM（1，1）模拟情况良好，平均相对误差分别只有 6.15% 和 3.89%，说明建立的模型把握了安徽省新兴产业发展的内在趋势。

三 结果分析

根据前面建立的安徽省高技术新兴产业产值和新兴产业增加值的灰色模型，对 2012～2015 年安徽省高技术新兴产业进行预测，结果如表 6-14 所示。

表 6-14　安徽省高技术新兴产业产值和增加值预测情况（单位：亿元）

年份	2012	2013	2014	2015
新兴产业产值	10 751.24	14 723.91	20 164.53	27 615.51
新兴产业增加值	2 787.12	3 733.38	5 000.89	6 698.75

从表 6-14 可以看出，2012～2015 年安徽省高技术新兴产业的发展依然呈上升的趋势，而且上升的幅度依然很大。2012 年，安徽省高技术新兴产业的产值已突破 10 000 亿元，达 10 751.24 亿元，是 2005 年的产值的近 10 倍，年平均增长率高达 32.23% 以上。到 2015 年，安徽省高技术新兴产业产值将突破 20 000 亿元，达到 27 615.51 亿元。新兴产业增加值由 2011 年的 2142.7 亿元发展到 2015 年的 6698.75 亿元，年平均增速为 25.6%，具体发展趋势如图 6-5 所示。

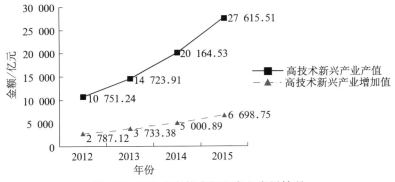

图 6-5　安徽省高技术新兴产业发展情况

　　近 3 年，安徽省战略性新兴产业、高新技术产业产值年均分别增长 60％和 30％，新型平板显示、光伏发电、高端装备制造、新材料等产业核心竞争力明显增强。所以，安徽省高技术新兴产业在未来保持较快的增长速度是有可能实现的。

第七章 / 安徽省战略性新兴产业选择与发展研究

世界各国的发展历程表明，一个国家的经济发展过程，不仅是经济总量的增长和人均收入水平的提高，而且也是经济和社会结构持续演化的过程。目前，中国正处于工业化和城镇化快速发展的关键时期，这一时期面临着资源短缺和气候变暖等全球重大问题。过分依赖资源、资本、环境等投入要素，自主创新能力和人力资本作用不足的传统产业必须要进行转型和升级。产业结构转型和升级实际上就是要产业转变经济增长方式，改变要素禀赋和比较优势，从而使其在国际分工体系中处于有利位置。由于资源短缺等方面的原因，在经济发展过程中不可能同时发展所有的产业，只能选择合适的重点产业进行投资，通过关联效应和诱发性投资等作用，带动其他产业发展，最后实现经济发展与产业结构转型和升级的目标，这些优先发展的合适的重点产业就是战略性新兴产业。

战略性新兴产业是引导未来经济社会发展的重要力量，是区域经济发展新的突破口和增长极。发展战略性新兴产业是世界各国抢占新一轮经济和科技发展制高点的重大举措，美国政府历来把发展战略性新兴产业放在国家战略的高度，将高新技术的研究与应用作为发展先进制造业的核心，走政府以科技政策为核心推动经济发展的道路，并采取了一系列强有力的措施。日本、德国等发达国家也推出各自的战略性新兴产业加以扶持（裴长洪等，2010）。作为发展中国家的中国，尽管产业结构调整和升级面临着各种挑战（林伯强，2010；王忠宏等，2010），但是发展战略性新兴产业是毋庸置疑的。

大力发展战略性新兴产业不仅可以走出"后金融危机时代"[①] 和"中等收入陷阱"[②] 的阴影，而且可以抓住机遇，顺利实现产业结构升级，获取新的比较优势而在国际分工体系中处于有利位置。

[①] 这里的"后金融危机时代"是指 2008 年美国次贷危机后，全球经济触底、回升直至下一轮增长周期到来前的一段时间区间。

[②] 所谓的"中等收入陷阱"是指当一个国家的人均收入达到中等水平后，不能顺利实现经济发展方式的转变，导致经济增长动力不足，最终出现经济停滞的一种状态。按照世界银行的标准，2010 年，我国人均 GDP 达到 4400 美元，已经进入中等收入偏上国家的行列。当今世界，绝大多数国家是发展中国家，存在所谓的"中等收入陷阱"问题。如巴西、阿根廷、墨西哥、智利、马来西亚等，在 20 世纪 70 年代均进入了中等收入国家行列，但直到 2007 年，这些国家仍然挣扎在人均 GDP 为 3000～5000 美元的发展阶段，并且见不到增长的动力和希望。

第一节　战略性新兴产业及其主要特征

一　战略性新兴产业

国务院颁布的《关于加快培育和发展战略性新兴产业的决定》，明确战略性新兴产业是以重大技术突破和重大发展需求为基础，对经济社会全局和长远发展具有重大引领带动作用，是知识技术密集、物质资源消耗少、成长潜力大、综合效益好的产业。加快培育和发展战略性新兴产业，不仅能够有效缓解全球日趋严峻的能源、资源、粮食、环境、气候、健康等问题，也将决定一个国家在经济全球化过程中的作用和地位。

战略性新兴产业是从国民经济的产业体系中筛选出来的具有战略影响、新兴涌现、持续扩散的创新驱动型产业，其技术演进频率非常高。其是经济体系中最富有活力、边界最具有融合性的领域，其发展的核心要素是技术进步和人才的创新能力。通过取得重大技术突破和创造新的市场需求，全面带动和引领经济社会发展，体现了当今世界经济发展潮流。

科学技术是第一生产力，科技创新就是一场攻坚战。目前，世界一些主要国家都把争夺经济科技制高点作为战略重点，把科技创新投资作为最重要的战略投资，把发展高技术及产业作为带动经济社会发展的战略突破口。例如，美国计划投资 1500 亿美元用于新能源技术的研发，希望推动一场以新能源为主导的新兴产业革命；欧盟明确表示在 2013 年前投资 1050 亿欧元支持欧盟区的绿色经济；英国政府公布《低碳转型发展规划》；中国政府提出逐步使战略性新兴产业成为经济社会发展的主导力量等。这些都充分昭示着全球科技将进入一个前所未有的创新密集时代，一场席卷全球的新兴产业革命即将全面到来。因此，发展战略性新兴产业已成为世界主要国家抢占新一轮经济和科技发展制高点的重大战略。

从国际上看，战略性新兴产业的范围，主要是新一代信息技术产业、生物产业、新能源产业、节能环保产业、纳米技术产业等。根据我国国情和科技、产业基础，以及战略性新兴产业的发展阶段与特点，现阶段应紧紧围绕经济社会发展的重大需求。一是以有效缓解经济社会发展的资源、环境瓶颈制约为目标，着力发展节能环保和新能源产业；二是以加快推进经济社会信息化、促进信息化与工业化深度融合为目标，着力发展新一代信息技术产业；三是以提高人民健康水平、促进现代农业发展为目标，着力发展生物产业；四是以提升制造业核心竞争力、促进产业结构优化升级为目标，着力发展高端装备制造业、新材料产业和新能源汽车产业。

　　节能环保、新一代信息技术、生物、高端装备制造、新能源、新材料和新能源汽车七大战略性新兴产业领域细分到操作层面上，这些产业包括了 36 个细分领域。其中，节能环保产业包括 5 个细分领域，分别为建筑节能、污水处理、节能电力电子设备、绿色节能照明和垃圾发电；新一代信息技术产业包括 5 个细分领域，分别为 3G、3D、物联网、三网融合和移动支付领域；生物产业包含 2 个细分领域，分别为生物医药和生物育种；高端装备制造业包含 7 个细分领域，分别为冶金矿采设备、机床工具、电机、电气自控设备、航空航天设备、输变电设备和重型机械；新能源产业包括 6 个细分领域，分别为锂电、风力发电、核能核电、光伏太阳能、氢能和乙醇汽油；新材料产业包含 7 个细分领域，分别为建材、化工新材料、水泥制造、玻璃制造、陶瓷制造、磁性材料和半导体材料；新能源汽车产业包含 4 个细分领域，分别为燃料电池汽车、混合动力汽车、氢能源动力汽车和太阳能汽车。

　　在国家大力发展战略性新兴产业的部署下，安徽省积极响应，着力增强自主创新能力，构建合芜蚌新区和皖江城市带承接产业转移示范区，在发展公共安全、生物医药、新材料、节能环保等战略性新兴产业方面已经积累了一定的基础。

　　根据《安徽省战略性新兴产业调研报告》，"十二五"期间，安徽省将重点培育壮大节能环保、新型显示、生物医药、公共安全、高性能材料、新能源汽车、光伏、生物制造、文化创意和洁净煤十大新兴产业，预计到 2015 年，新兴产业产值将突破万亿元大关，形成若干产值超千亿元产业和一批超百亿元领军企业。2010 年 4 月，安徽省委、省政府通过了《中共安徽省委、安徽省人民政府关于加快培育战略性新兴产业的意见》，提出集中力量培育电子信息、节能环保、新材料、生物、公共安全、新能源、新能源汽车等战略性新兴产业。实施新兴产业"千百十工程"，未来 5 年重点实施 1000 个重大项目，培育 100 家领军企业，建设 10 个特色产业基地。力争到 2015 年，新兴产业产值超过 1 万亿元。

二　战略性新兴产业的主要特征

　　为适应经济全球化的发展趋势，安徽省必须加快产业结构调整与升级，优化区域产业结构，按经济全球化条件下国际分工的要求，建立起以战略性新兴产业为引领的、各产业协调配套、竞争优势显著的区域产业系统。区域战略性新兴产业是区域产业系统的主体和骨骼，是区域经济增长的火车头。大力发展战略性新兴产业可以解决安徽省经济增长内生动力不足，自主创新能力不强，部分行业产能过剩、矛盾突出等问题。战略性新兴产业具有以下主要特征。

（一）新兴性

　　关于新兴产业的定义，学术界尚没有科学权威的统一界定。学者一般从狭义和广义两个角度来理解。从狭义角度而言，新兴产业主要是指依靠第三次科技革命成果而发展起来的高新技术产业；从广义角度而言，新兴产业是指那些利用先进科技革命成果而建立起来的一系列对经济发展具有战略意义的产业。新兴产业普遍采用先进的生产技术，是科技创新最为集中的生产领域，也正是其创新性突出，因此具有较高的劳动生产率，处于产业生命周期曲线中的成长期阶段，同时，这些产业需求旺盛（谯薇，2010）。

根据波特《竞争战略》一书中的定义，新兴产业是指由一系列因素的产生而新形成的产业，这些因素包括技术创新，相对成本关系的变动、新消费需求的出现，或其他经济及社会方面的变化致使某种新产品或某项新服务得以市场化。

新兴产业是指承担新的社会生产分工职能的，具有一定规模和影响力的，代表着市场对经济系统整体产出的新要求和产业结构转换的新方向，同时也代表着新的科学技术产业化新水平的，正处于产业自身生命周期的形成阶段的产业。作为推动产业结构演进的新生力量，新兴产业的形成与发展有其自身的内在逻辑和规律（陈刚，2004）。

（二）战略性

战略性新兴产业对经济发展具有重大战略意义，其在经济社会发展中占有重要地位，对经济社会发展有重要影响力。发展战略性新兴产业能够有效解决可持续发展面临的约束，为经济社会长期发展提供技术基础；能够在一些重要的竞争性领域保持产业技术的领先地位。体现了战略性新兴产业具有全局性、长远性、导向性和动态性的特点（王忠宏等，2010）。

全局性是指战略性新兴产业不仅自身具有很强的发展优势，对经济发展也具有重大的贡献，而且直接关系经济社会发展全局和国家安全，对带动经济社会进步、提升综合国力具有重要促进作用。长远性是指战略性新兴产业在市场、产品、技术、就业、效率等方面应有巨大的增长潜力，而且这种潜力对于经济社会发展的贡献是长期的、可持续的。导向性是指战略性新兴产业的选择具有信号作用，它意味着政府的政策导向和未来的经济发展重心，是引导资金投放、人才集聚、技术研发、政策制定的重要依据。动态性是指战略性新兴产业要根据时代变迁和内外部环境的变化进行调整，以适应经济、社会、科技、人口、资源、环境等变化带来的新要求。

与一般的新兴产业不同，战略性新兴产业的发展源于重大技术创新、消费需求的重大改变或政府政策的重大调整，因此往往伴随着重大的经济范式转变，体现出战略性的突出特征。中国有学者认为，战略性新兴产业是一个国家或地区实现未来经济持续增长的先导产业，对国民经济发展和产业结构转换具有决定性的促进、导向作用，具有广阔的市场前景和科技进步能力，关系到国家的经济命脉和产业安全。温家宝同志在 2009 年 11 月 3 日首都科技界大会上的讲话中指出,战略性新兴产业必须掌握关键核心技术,具有市场需求前景,具备资源能耗低、带动系数大、就业机会多、综合效益好的特征。选择战略性新兴产业要满足三条科学依据:一是产品要有稳定并有发展前景的市场需求;二是要有良好的经济技术效益;三是要能带动一批产业的兴起。综合以上观点,战略性新兴产业的战略性主要表现在以下几个方面(李晓华等,2010)。

(1)具有巨大的发展空间,能够发展成为未来的支柱产业。

(2)是未来高速增长的产业,对经济增长的带动作用强。

(3)与其他产业的关联度大,具有重大的辐射带动作用,能够带动其他产业的发展。

(4)代表科技的发展前沿,符合低碳、环保等先进理念。

(5)对人民生活能够产生重大的影响。

(6)战略性新兴产业的发展决定未来国家和地区的竞争优势。

对安徽省来说,发展战略性新兴产业还是实现跨越式发展的重要机遇。

总之,战略性新兴产业能够对国民经济发展的全局产生重大影响,能够"牵一发而动全身"。

(三)不确定性[①]

战略性新兴产业具有新兴产业的典型特征,而新兴产业具有不确定性,主要体现在技术、市场环境和管理组织上。

1. 技术具有不确定性

技术是经济社会发展的原动力,也是产业更替的驱动力(欧阳峣等,2010),而战略性新兴产业所采用的技术代表着当今世界科学技术的前沿,这说明其技术还正处于研发阶段,尚未完全成熟,具有不确定性(姜大鹏等,2010)。技术不确定性主要是如何用技术语言来表达市场需要的特征,从产品原型到工程化与规模生产,每一步都是一个相当大的跨越。新技术与现行技术系统之间的不一致性也是一个重要的不确定性因素。技术不确定性还包括设计是否优越、技术上能否超过已有产品的工艺、制造成本能否达到商业化的要求,以及进一步改进的潜力如何等。技术的不确定性不仅包括技术研发是否成功的不确定,研发成功时间的不确定(林书雄,2006),还包括商业模式创新带来的不确定性(方荣贵等,2010),商业模式创新是战略性新兴产业最主要的创新(赵刚,2010)。

---

① 不确定性是一个出现在哲学、统计学、经济学、金融学、保险学、心理学、社会学的概念,它是指事先不能准确知道某个事件或某种决策的结果。或者说,只要事件或决策的可能结果不止一种,就会产生不确定性。

　　战略性新兴产业发展的核心是技术创新，但重大技术创新一般都面临着很大的不确定性或风险。不确定性或风险可以划分为可度量的不确定性或狭义的风险，以及不可度量的不确定性或实际风险。技术创新通常被定为第二类。大部分对技术发展的预言都被证明是错误的，特别是那些根本性的技术变革及其产品的市场需求更是难以预测。一般来说，在战略性新兴产业领域要面对以往未经历的不确定性。在传统产业中，发达国家处于技术的前沿，相关技术已经实现产业化，其技术水平领先于中国，中国是技术的跟随者、赶超者，这时中国面对的技术路线是确定的。无论是推进科研型产业的技术前沿，还是创造出新的技术范式，都不是技术后进者的职责，因此后发国家能够节约因创新的高度不确定性所产生的高额研发成本，使其在传统产业具有后发优势（李晓华等，2010）。

　　然而在战略性新兴产业领域，中国从技术的追随者转变为同行者，与发达国家几乎站在同一条起跑线上，前面没有确定的技术路线可供遵循模仿，因此不得不与发达国家一起面对技术的高度不确定性和高昂的研发投入。

　　2. 市场环境具有不确定性

　　市场环境具有不确定性主要表现在市场需求的可变性、市场开发任务的艰巨性和管理具有不确定性。

　　市场需求的可变性既是战略性新兴产业诞生的重要动力，也是战略性新兴产业发展过程中的重要障碍，主要体现用户需求的惯性和同类产品之间的竞争。用户需求惯性，指由于受到转换成本、消费习惯和偏好等因素的影响，用户对某种商品或品牌具有稳定的购买行为。由于用户需求惯性的存在，尽管战略性新兴产业采用了先进环保技术，用户不一定认可。例如，在著名的录像带格式之争中，索尼公司的 BATE 格式在性能上远远强于 VHS 格式，但是 VHS 格式却在民用市场获得了最终的成功（李晓华等，2010）。另外，在投资战略性新兴产业时，各省的投资金额都较为庞大，争先上大项目，从而会带来激烈的市场竞争，这就会引起同类产品之间的竞争。例如，上海、福建、湖南都提出"十二五"期间战略性新兴产业的增速达到 20％以上，安徽省则提出到"十二五"末战略性新兴产业产值突破 1 万亿元的目标。在这些高速发展的目标背后，直接导致同类产业投资重复现象较为严重。从目前各地区公布的战略性新兴产业发展规划或相关会议材料来看，电子信息、新能源、节能环保、高端装备制造、生物医药、新材料、新能源汽车等产业被广泛的列入了各自的发展重点。如此多的地区集中投资有限的产业领域，必定会带来激烈的市场竞争，这将导致部分技术优势不明显，管理水平不高，竞争实力不强的企业会面临较大的竞争压力。

　　市场开发任务的艰巨性。一方面，战略性新兴产业在发展初期，产品质量稳定性比较差，消费者认可度偏低，与现有同类产品相比成本偏高，服务配套体系不完善，在市场上立足与发展面临诸多障碍。另一方面，一项新技术产品被开发出来后，需要进行市场开发，从而打开市场销路。但是，很多新技术产品要经过一段时间才能被用户接受，还有一些技术即使是非常先进的，但是因为市场开发不成功而最终失败。例如，摩托罗拉公司拥有 66 颗低轨道卫星的铱星系统在 1998 年发射完毕，总投资达到 57 亿美元，通过铱星系统，人们可以在世界上的任何一个角落进行通话。铱星系统的先进性自不必说，然而由于价格过高、用户规模过小，运行铱星系统的公司不得不在 1999 年 8 月申请破产保护。

3. 管理具有不确定性

管理具有不确定性主要包括两个方面：一方面，战略性新兴产业中部分行业特别是细分行业是随着经济社会发展而出现的新领域。企业没有经验可以借鉴，如果在这些领域进行投资，这就要求企业在管理理念、管理制度与管理实践中进行创新，若这种新的管理不能适合于所投资的行业或企业，则可能会使得企业面对消费者不满，市场空间难以打开，合作企业难以履行合同，售后服务难以跟上等现实难题。另一方面，即使是传统产业的延伸领域，战略性新兴产业的管理也面临许多的难题。例如，由制造业向文化产业的延伸，企业是成立一个部门，还是设立单独的子公司进行管理，都面临许多的战略难题。这些管理上的问题，是企业在进行投资时必然会面临的风险。

(四) 正外部性

战略性新兴产业能够对其他产业产生积极的影响，这种积极的影响就是正外部性。

1. 技术的正外部性

发展战略性新兴产业是世界产业发展的趋势，不仅其产品具有科技含量高、附加值大，而且也体现了现代科技创新的新方向，其具有坚定的科学知识和新技术的支撑。技术是人类制造某种产品，应用某种工艺或提供某种服务的系统知识，其既可以表现为商品形式，也可以表现为生产经验、操作技能、有效的组织形式等。技术具有公共物品的属性，公共物品具有非竞争性和非排他性两个特征。非竞争性是指一个人消费某件物品并不妨碍其他人同时消费同一件物品；非排他性是指公共物品不能排斥社会上任何人免费地消费该物品。一旦技术上实现了突破，任何单位和个人都能非竞争和非排他地消费该技术带来的成果。例如，由美国领导的基因组计划在 2003 年完成后，相关的知识可以在互联网上下载，全世界的生物技术研究机构和企业都可以分享该研究的成果（李晓华等，2010）；而且重大技术一旦突破，就可以融合现有的技术，带来生产的突飞猛进。例如，我国政府组织企业在新一代信息技术研发上实现突破，使 TD-CDMA、TD-LET 等一批 3G、准 4G 移动通信技术成为国际标准，与美国、日本、韩国等国的 CDMA2000 和欧盟成员国的 W-CDMA 共同组成了国际 3G 移动通信产业技术标准，各项技术取长补短，共同推进移动通信技术在世界的快速发展（胡昱，2011）。

2. 产业化的正外部性

战略性新兴产业对国民经济和社会发展具有重要的战略支撑作用，因为它具有较大的溢出作用，而且对传统产业具有较强的辐射作用，能够带动一批传统产业升级发展，最终会成为主导产业和支柱产业的业态形式。例如，在我国确定的七大战略性产业中的节能环保产业，它是一个涉及各行各业，跨区域等相互融合的综合性产业，它发展的清洁技术、节能技术及产品的循环利用技术可以改造传统的制造业生产方式，实现清洁生产。新能源产业覆盖面很广，既为我国发展未来能源产业指明了方向，即大力发展新一代核能、太阳能作用、风电技术及生物质能，也关系到传统产业的发展，因为能源作为一种重要的要素资源，在社会生产中扮演的角色越来越重要。发展资源节约型和环境友好型社会就要求提高能源综合利用效果。从短期看，可以大力发展清洁煤技术；从长期看，必须改变以煤炭为主的能源消费结构。新一代信息技术产业要求计算机系统发生深刻革命，实现电信网、互联网、广电网三网融合，不仅涉及宽带、信息网络基础设施的建设和发展，而且也要求大力发展集成电路，新型显示技术及软件的研究。高端装备制造业，既来源于传统制造业，也是装备制造业的前沿部分，具有技术密集、资本密集、产品附加值高、成长空间大、带动作用强的特点，它关系到先进航空装备、先进运输装备、高精密数控机床等领域的发展。新材料产业包括传统材料的革新和新型材料的推出，主要涉及纳米、超导、稀土等领域。

（五）复杂性

战略性新兴产业的复杂性主要表现在以下几个方面。第一，技术的复杂性。产业核心技术的突破不仅是一个长期复杂的过程，而且还需要其他众多的技术相配合、支持，甚至要求相关配套技术也要有重要的突破性进展。第二，产业化的复杂性。随着社会分工的日益细化，产业间的相互融合、交流也日趋深入，使产业间的界限变得模糊，各个产业呈现出新的面貌和特征。例如，游戏与网络融合形成的网络游戏产业、贸易与网络融合形成的电子商务产业、IT 与咨询融合形成 IT 服务业等。许多战略性新兴产业本身就横跨多个产业部门，例如，太阳能发电产业的发展就涉及化工、电子、电力、控制、节能环保等多个产业领域。第三，现代产业本质上是一个产业生态系统，产业链不同环节的企业各司其职，形成分工合作的关系。然而在新兴产业发展初期，由于其产品的市场容量有限，企业无法从市场获得所需的新种类或新品质的原材料，所以只能自己制造有关的设备和零部件。随着市场的逐步扩大，市场中会衍生出更多的配套企业，但仍然存在产业链各环节发展不同步的现象，制约战略性新兴产业的发展。

第二节 战略性新兴产业成长的关键因素分析

战略性新兴产业的发展遵循产业结构优化的演进规律，而产业结构变革作为经济运动的客观现象，必然是在一些因素的作用下促成的，这些因素影响和决定着各个产业的此消彼长，也决定着战略性新兴产业的成长状况。

一 政府支持

在中国，中央政府的政策导向是全国产业发展的风向标，中央政府是战略性新兴产业的总策划者，起到统筹协调全局作用。战略性新兴产业在全国范围内的兴起，是中央号召、地方主动响应的结果，是一次自上而下的变革。因此，战略性新兴产业反映了政府的意志和战略，体现了一个国家（地区）未来的重点发展方向和率先突破领域。同时，也说明了战略性新兴产业的选择、培育和发展等都离不开政府的支持。进入"十二五"开局之年，安徽省萌发了发力战略性新兴产业的雄心，省委、省政府通过了《中共安徽省委、安徽省人民政府关于加快培育战略性新兴产业的意见》。2010年，安徽省政府一次性安排25亿元专项资金，并且从2011～2015年，省政府还要每年拿出5亿元，用于各地建立战略性新兴产业引导资金和风险投资引导资金，设立省战略性新兴产业发展引导资金，主要用于支持重大项目、重点企业、产业基地、创投基金等。除了财税政策之外，还从金融政策、市场政策、开放政策提出支持意见，支持力度相当大。

二 现有产业结构状况

在全球竞争和产业分工体系中，世界各国都将发展战略性新兴产业放到国家战略层面上高度重视。2010年9月8日，国务院通过了《加快培育和发展战略性新兴产业的决定》，明确提出了现阶段大力发展节能环保、新一代信息技术、生物、高端装备制造、新能源、新材料和新能源汽车七个战略性新兴产业。

从区域来看，新兴产业总体处于起步阶段，安徽省与发达地区差距不大。以培育新兴产业为重点的新一轮区域竞争已经拉开帷幕，激烈的区域竞争也要求我们必须加速培育战略性新兴产业。不同的地区具有不同的资源禀赋，适合发展不同的战略性新兴产业。因此，在选择和发展战略性新兴产业时切忌跟风，以免脱离了安徽省的具体情况，造成重复建设和产能过剩。

战略性新兴产业的形成和发展受到一系列经济规律和环境因素的制约，它应是对现有优势产业的承接和替代。优势产业拥有的良好基础，有利于战略性新兴产业形成新的产业比较优势。近年来，安徽省战略性新兴产业逐步发展，生物医药、新材料、节能环保等领域已经具有一定的产业基础。合肥市服务外包、公共安全、平板显示，芜湖文化创意，蚌埠市玻璃新材料、光伏等一批特色产业园区（基地）已经启动建设，芜湖市节能环保汽车产业基地被认定为国家特色高新技术产业基地。据有关部门统计，2008年，安徽省电子信息、生物、节能环保、新材料、公共安全、新能源等新兴产业产值达1704.9亿元，占全省工业总产值的15.3%。2009年公布的《安徽省战略性新兴产业调研报告》指出，"十二五"期间，安徽省将重点培育壮大节能环保、新型显示、生物医药、公共安全、高性能材料、新能源汽车、光伏、生物制造、文化创意和洁净煤十大新兴产业，预计到2015年，新兴产业产值将突破万亿元大关，形成若干产值超千亿元产业和一批超百亿元领军企业。据不完全统计，2010年，电子信息、节能环保、新材料、生物、公共安全、新能源、新能源汽车和高端装备制造八大新兴产业产值达2817亿元，增幅为48.8%。规模以上工业企业有3054家。数据表明，安徽省的战略性新兴产业在总体水平上具有大力培育和快速发展的产业基础，也具备成为支柱性产业的可能性。目前，安徽省发展战略性新兴产业的环境正在不断优化，发展条件不断趋于成熟。

因此，安徽省必须在中央政府确定的总体框架下，充分考虑自身现有的经济基础和已有的产业结构特点，选择那些在本地区最有基础、最具优势条件、能够率先突破的产业作为战略性新兴产业。

三　产业技术特征

技术进步是产业结构演进的根本推动力，在工业内部，无论是重工业化、深加工度化，还是知识集约化，从根本上说都是技术进步带来的。技术进步通过能源利用转换、生产工艺更新，以及机器设备改造和更替来改变产业部门的技术基础。但各个产业的技术经济特点不同，创造、吸收和采用新技术的能力不同，造成各产业的效率和扩张速度不同，并最终导致产业之间相对比例的变化。战略性新兴产业要想成长为未来的主导支柱产业，必须以更快的扩张速度和更高的效率成长，而这种成长只能建立在技术进步的基础上。

目前，战略性新兴产业多处于发展的起步阶段，由于市场潜力巨大，已成为各地区角逐的重点。谁掌握了核心关键技术，谁就会在竞争中处于主动。

安徽省在有些领域的研发启动较早，拥有一批具有自主知识产权的优势技术。例如，科大讯飞智能语音交互系统；丰原集团生物能源、生物化工和生物材料技术，秸秆纤维素利用转化技术等；安徽华皖碳纤维有限公司亚砜一步法碳纤维原丝生产技术；安徽华东光电技术研究所特种高亮度显示、特种彩色显示、特种平板显示模块技术；奇瑞汽车股份有限公司新型节能环保汽车制造关键技术；中科大量子信息重点实验室的意义环保设备公司、艾尼科环保技术（安徽）有限公司在国内环保装备行业处于领先地位；安徽国祯环保节能科技股份有限公司城市污水处理和工业污水处理工艺及装备被列入国家重大专项；中科铜都粉体新材料股份有限公司是国内第一家能生产系列银粉的企业；丰原生物化学股份有限公司是目前国内最大的生物能源和生物化工产业基地；安科生物工程（集团）股份有限公司已成为国内生产干扰素品种最全的制药企业。另外，蚌埠华益导电膜玻璃有限公司年产 2000 万片 ITO玻璃，规模位居全国第一，AR 抗反射膜玻璃为国内首家产业化项目；安徽省凤形耐磨材料股份有限公司稀土耐磨产品目前规模位居亚洲第一、世界第二；丰原生物化学股份有限公司年产 30 000 吨 L-乳酸产量位居全国第一；安徽龙磁科技有限公司铁氧体永磁材料出口欧美及东南亚等 20 多个国家和地区，位居全国领先。只要战略对头、行动有力，完全可以抓住经济危机带来的产业变革和科技变革机遇，实现跨越式发展。

四 市场前景和成长潜力

随着人均国民收入水平的提高，社会的需求结构和消费结构都不断地发生变化，其直接引起产业的兴起和衰落。在人们收入水平较低时，消费结构中的主要部分是用来解决温饱问题，随着人们收入水平的提高，消费结构中用于饮食的比例减少，人们将更多地消费工业品。因此，工业化首先从轻工业，尤其是纺织工业起步；随着人均国民收入水平的进一步提高，人们的消费结构进入追求便利和机能的阶段，耐用消费品在消费结构中占据主导地位，工业结构出现重工业化趋势；当消费结构演变到追求时尚与个性的阶段时，工业结构的高加工度化就必然出现了。因此，战略性新兴产业的市场前景和成长潜力也必然要反映消费结构的变化。

根据相关部门的初步预测，未来 5 年内，安徽省具有成长前景的新兴产业领域均有望实现规模的跃升，到 2015 年，节能环保产业将实现 1500 亿元产值，新型平板显示产业将实现 1000 亿元产值，生物医药产业将实现 1000 亿元产值，新材料产业将达到 1500 亿元产值，新能源汽车产业将实现 500 亿元产值。

第三节　安徽省战略性新兴产业选择及评价的实证分析

一　安徽省工业发展的基本情况

经过 30 多年的改革开放，安徽省经济获得了巨大发展，人民生活水平显著提高。从总量上看，按当年价格计算，2000 年安徽省 GDP 为 2902.09 亿元，占全国的 2.925%，2009 年经济总量突破 1 万亿元，2010 年达到 12 359.33 亿元，增长 4.259 倍，年平均增速为 14.08%，略高于全国年平均增长率 13.405%。其中，第二产业中工业产值占 GDP 的比例由 2000 年的 36.414%上升到 2010 年的 52.079%，工业产值占第二产业的 82.95%。如图 7-1 所示。

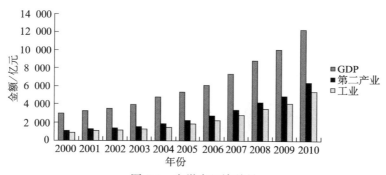

图 7-1　安徽省经济总量

随着"861"行动计划（"8"是指建设八大重点产业基地，"6"是指构筑六大基础工程，"1"是指到 2010 年，安徽省国民生产总值达到 1 万亿元）的实施，工业强省的战略发展思路逐渐明确。工业总产值由 2000 年的 1661.44 亿元，到 2010 年增加 11.28 倍，年平均增长率为 27.412%，工业的迅速发展对经济增长贡献巨大。工业贡献率由 1995 年的 19.660%增加到 2010 年的 57.046%，成为推动安徽省突破 1 万亿元的主导力量。具体如表 7-1 所示。

表 7-1　安徽省工业对经济增长贡献情况

年份	GDP 增长率/%	工业增长率/%	工业占 GDP 比例/%	工业贡献率/%
1995	37.127	20.680	31.063	19.660
1996	15.610	12.760	30.297	25.393
1997	12.135	10.955	29.978	27.352
1998	8.335	8.848	30.120	31.824
1999	6.661	7.089	30.241	32.058

续表

年份	GDP 增长率/%	工业增长率/%	工业占 GDP 比例/%	工业贡献率/%
2000	6.996	7.906	30.499	34.177
2001	11.875	19.986	32.710	51.332
2002	8.409	4.999	31.681	19.446
2003	11.461	12.619	32.010	34.882
2004	21.314	18.562	31.284	27.876
2005	12.415	23.404	34.342	58.974
2006	14.249	21.934	36.652	52.866
2007	20.424	25.426	38.175	45.628
2008	20.252	24.757	39.605	46.666
2009	13.683	15.947	40.393	46.158
2010	22.822	33.033	43.752	57.046

资料来源：根据各年的安徽统计年鉴整理。

注：本表按当年价格计算；工业贡献率＝工业增加值增量/GDP 增量×100%。

2000～2010 年的 11 年间，安徽省规模以上工业企业的工业增加值年平均增长 26.420%，增长速度大于全国平均增长速度 20.211%，居中部六省（安徽、河南、湖北、湖南、江西、山西）第四位。2010 年，中部六省规模以上工业企业的工业增加值如图 7-2 所示。

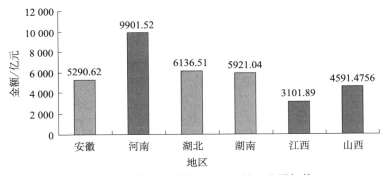

图 7-2　中部六省规模以上企业的工业增加值

二 安徽省高新技术产业发展情况

安徽省选择培育战略性新兴产业，既要与国家战略任务相衔接，又要立足自身优势，抢抓发展机遇，积极培育具有特色竞争力的新产业门类，为有效突破产业转型升级薄弱环节发挥关键作用。高新技术产业是战略性新兴产业的摇篮和引领产业，战略性新兴产业也必将在高新技术产业中衍生出来。安徽省高新技术产业总产值从 2001 年的 470.2 亿元增加到 2010 年的 5968 亿元，年平均增速为 32.622%；高新技术产业增加值由 142.08 亿元增加到 1623 亿元，年平均增速为 31.079%，如图 7-3 所示。

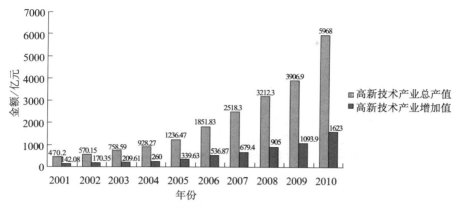

图 7-3　安徽省高新技术产业总产值和增加值

2010 年，安徽省规模以上高新技术产业实现总产值 5968 亿元，比 2009 年同期增长 47%；实现增加值 1623 亿元，同比增长 27.4%，占全省工业增加值的 30.677%，占全省 GDP 的 13.132%，比 2009 年提高 2.26 个百分点，高于同期全省工业增加值增幅 3.8 个百分点（表 7-2）。截至 2010 年年底，安徽省共有高新技术企业 1313 家，其中营业总收入亿元以上的 502 家，10 亿元以上的 78 家，50 亿元以上的 13 家，国家火炬计划重点高新技术企业 40 家，上市高新技术企业 46 家，占全省上市企业总数的 70.8%。2010 年，安徽全省参与调查的 1243 家高新技术企业从业人员合计为 49 万人，其中科技活动人员 11.1 万人，占职工总数的 22.7%；实现工业总产值 4941.6 亿元，工业增加值 1152 亿元，出口额 66.4 亿美元，占全省出口总额的 53.5%；共投入科技活动经费 195.3 亿元，占企业当年营业总收入的 4%；申请专利 11044 项，获授权专利 6423 项。安徽省认定高新技术产品 2993 项，动态保留 2071 项，其中当年认定高新技术产品 772 项。

表 7-2　安徽省高新技术产业增加值

年份	高新技术产业总产值占 GDP 比例/%	高新技术产业增加值占工业增加值比例/%
2001	4.376	24.616
2002	4.840	24.666
2003	5.343	23.778
2004	5.463	21.840
2005	6.348	22.890
2006	8.783	28.472
2007	9.230	26.511
2008	10.224	27.763
2009	10.871	27.481
2010	13.132	30.677

世界金融危机推动了世界经济结构的大调整，引发了抢占新的科技制高点的大竞赛，并最终将催生具有强大发展推动力的战略性新兴产业。这已经成为当今国内外应对金融危机、实现经济社会可持续发展的共同选择。

为了实现跨越式发展和工业强省的梦想，安徽省不能再与新科技革命失之交臂。战略性新兴产业是推动经济社会发展的革命性力量，是科技含量高、产业关联广、市场空间大、节能减排优的潜在朝阳产业。据有关机构测算，2011~2013年，新能源产业产值可望达到4000亿元；2015年，环保产业产值可达2万亿元，信息网络及应用市场规模至少达到数万亿元，数字电视终端和服务未来6年累计可带动近2万亿元产值。因此，对安徽省而言，除了发展装备制造业等传统优势产业外，要及早谋划培育和发展战略性新兴产业，抢占经济科技制高点，不仅对巩固和发展经济回升势头十分必要，而且对营造安徽省未来的新发展具有重大意义。

安徽省科教资源较丰富，经过多年的培育和引进，已经在新兴产业部分领域打下了一定的产业基础。皖江城市带承接产业转移示范区、合芜蚌自主创新综合配套改革实试验区的建设，为培育和发展战略性新兴产业提供了良好的机遇和平台。目前，新兴产业的发展处于起步阶段，安徽省与东部发达省份差距不是很大。以培育和发展战略性新兴产业为重点的新一轮区域竞争帷幕已经拉开，激烈的区域竞争要求安徽省必须把战略性新兴产业作为抢占未来发展制高点的重要突破口，推动产业升级、加快转变发展方式，实现跨越式发展。

三 战略性新兴产业的评价指标体系

在进行安徽省战略性新兴产业评选时，首先要确定评价产业的原则和准则，这些原则和准则将指导整个评选工作。原则必须符合技术发展的客观规律，必须结合地区具体情况。确定原则时，尽量掌握和了解国家或有关部门近期和中长期的发展战略和目标，发展计划和规划，结合安徽省的产业发展政策，认真分析安徽省经济和科技发展水平。从而形成具有区域特色的评价指标体系。评价指标体系的建立，通常要体现以下原则。

第一，目的性原则。设计战略性新兴产业评价指标体系的目的在于衡量产业贡献和区域的产业贡献力，选择出具有比较优势的战略性新兴产业，为国家和地方的产业发展规划提供依据。

第二，综合性原则。不同区域的战略性新兴产业有不同的特点，表现为产业的比较优势不尽相同和政策扶持力度不等。另外，区域战略性新兴产业的扩散程度和方向也不相同，可以从回顾效应、旁侧效应和前瞻效应三个维度来衡量。最后，选择战略性新兴产业，不仅要考虑产业发展的增长潜力，其主要表现在产品潜在市场需求、产业发展速度和就业增长情况，而且要考虑产业的技术先进程度、科技成果、成果转化情况等。

第三，层次性原则。战略性新兴产业评价指标体系构建的层次性原则体现在政策支持、国家和省政府的产业规划发展支持。所选的战略性新兴产业增长潜力分别由其相应的产品潜在市场、产业盈利情况和其带来的就业贡献来反映；技术进步主要通过技术先进程度、技术贡献程度和科技成果转化情况来反映；产业扩散作用主要考虑回顾效应、前瞻效应和旁侧效应；通过科技优势和自然资源优势反映产业的比较优势。

第四，重要性原则。不同的指标反映不同侧面的内容特征，所起的作用和影响也有较大的差别。选取指标时应考虑反映战略性新兴产业的内涵和特征，做到所选指标总量不多，但严格区分主次，取舍得当，突出直接反映产业增长潜力、产业技术进步、产业扩散作用和产业比较优势的指标。

第五，科学性和可操作性原则。所选指标必须概念确切，含义清楚，计算范围明确，能系统科学地反映战略性新兴产业的全貌；设置的指标体系必须考虑产业增长潜力、技术进步、扩散作用、产业比较优势等影响因素，计算方法应该做到科学合理、操作简单、资料易取得。

本书从政府支持、产业增长潜力、技术进步、产业扩散作用和比较优势五个指标着手，建立一套指标体系，如图 7-4 所示。

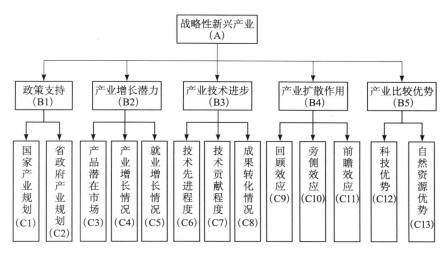

图 7-4　战略性新兴产业选择指标体系

各项指标说明如下。

政府支持主要是指区域发展战略性新兴产业是否符合国家和区域的宏观经济发展政策，以及新兴产业发展初期和持续发展过程中政府部门给予支持的能力。一般符合产业发展规划及得到政府支持的新兴产业会得到较快发展且竞争力强，经济效应也比较高。政府支持从层面上来讲可以分为国家和省政府的支持，体现在国家和省政府的法规和政策当中，反映了政府对战略性新兴产业的选择倾向和调控能力。

产业增长潜力对于战略性新兴产业来说是至关重要的。一方面，所选的产业没有市场是无法生存的，更谈不上产生经济效益；所选的新兴产业潜在市场需求必须是巨大的，只有这样的新兴产业才能是战略性新兴产业。另一方面，就产业发展趋势而言，战略性新兴产业的赢利状况是越来越大的，带动的就业规模也是越大越大的。

产业技术进步涉及的内容是选择和评价战略性新兴产业必须考虑的。战略性新兴产业必须具有先导性，它对国民经济发展方向起着引导作用，代表着技术发展和产业结构演进方向，体现了技术先进程度。战略性新兴产业是依托高新技术产业而产生的，在选择区域战略性新兴产业时，纳入考察的就是该地区产业所具备的核心技术，既要考虑技术先进程度，也要考虑技术贡献程度成果转化能力等情况。

产业扩散作用具体表现在三个方面（图 7-5）。一是回顾效应，战略性新兴产业来源于传统的优势产业或承接外面的产业，而战略性新兴产业的发展反过来刺激传统优势产业和高新技术产业的发展，因而具有回顾效应；二是旁侧效应，即战略性新兴产业的兴起会引起其周围的一系列变化，特别是和战略性新兴产业联系比较紧密的其他产业；三是前瞻效应，即战略性新兴产业的活动创造了能够引起新的工业活动的基础，为更大范围的经济活动提供了可能性，有时候甚至为下一个重要的战略性新兴产业建立起台阶。

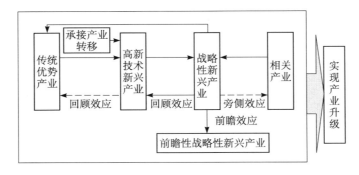

图 7-5　战略性新兴产业的扩散作用

产业比较优势主要刻画所选的产业已有的一些发展条件。发展新兴产业需要相应的硬件设施，包括机器设备、厂房等，另外发展新兴产业需要大量的资金注入，因此融资环境起着关键作用；区域交通发达程度也影响着产品的运输和原材料的采购等。因此，这里主要通过考察产业科技优势和自然资源优势度量战略性新兴产业的比较优势。

战略性新兴产业提出不久，缺少安徽省战略性新兴产业的统计数据，因此本书的评价指标采取定性指标。期望行为式标准方法，是以最理想的期望要求与行为要求为最高等级，逐级而下到以最不理想的行为要求为最低等级，从而制定出相应的指标标准的方法。每个等级中都有相应的反映该指标状况的定性描述或定量数值要求为标准，便于将被评估对象的各项指标情况与标准比照，以按其与某级标准的符合程度定级计分。本书依据此种方法将各种定性指标的不同评价标准制定出统一评价等级尺度，如表 7-3 所示。

表 7-3 评价指标尺度表

目标	准则	指标	评价等级			
			优	良	中	差
战略性新兴产业	政策支持	国家产业规划	支持	较支持	一般	不支持
		省政府产业规划	支持	较支持	一般	不支持
	产业潜在增长能力	产业潜在市场	好	较好	一般	差
		产业增长情况	好	较好	一般	差
		就业增长情况	好	较好	一般	差
	产业技术进步	技术先进程度	先进	较先进	一般	不先进
		技术贡献程度	大	较大	一般	小
		成果转化情况	好	较好	一般	差
	产业扩散作用	回顾效应	大	较大	一般	小
		旁侧效应	大	较大	一般	小
		前瞻效应	大	较大	一般	小
	产业比较优势	科技优势	大	较大	一般	小
		自然资源优势	大	较大	一般	小

对发展战略性新兴产业选择的选择与评价本身就是一个模糊的概念，一般很难进行精确定位，而且战略性新兴产业的一些数据难以获取，因此本书采取层次分析法和模糊综合评价法相结合的方式进行定性问题定量化，然后再深入研究。

四 利用层次分析法进行计算

建立了递阶分层指标体系后，还必须给出指标的权重。指标权重的确定是一个主客观统一的过程。一般而言，指标间权重的差异主要是由以下三方面因素造成的。第一，评价者对各项指标的重视程度不同，反映主观差异；第二，各项指标对综合评价的贡献程度不同，反映客观差异；第三，各项指标的可靠性程度不同，反映客观差异。运用层次分析法确定决策中权重分配问题。

层次分析法是由萨第（Saaty）在 20 世纪 70 年代末提出的一种系统分析方法。这种分析方法适用于结构复杂，决策准则比较多的且不易量化的决策问题。其思路简单明了，尤其是紧密地结合决策者的主观判断和逻辑推理，对决策者的推理过程进行量化描述，可以避免决策者在结构复杂和方案较多逻辑推理上的失误，使得这种方法在国内外得到了广泛应用。

层次分析法基本内容是，首先根据问题的性质和要求，提出一个总目标。然后将问题逐层分解，对同一层次内的诸因素通过两两比较的方法确定相对于上一层目标的各自权系数。这样层层进行下去，直到最后一层，即可给出所有因素（或方案）相对于总目标而言的按重要性程度的一个排序。

层次分析法的信息基础主要是人们对于每一层次中各因素的相对重要性给出具体的判断，这些判断通过引入合适的标度。这里采用 1～9 标度，写成判断矩阵，1～9 标度的含义，如表 7-4 所示。

表 7-4　1～9 标度的含义

相对重要程度 a_{ij}	定义	解释
1	同等重要	因素 i 和因素 j 同等重要
3	略微重要	因素 i 比因素 j 略微重要
5	相当重要	因素 i 比因素 j 相当重要
7	明显重要	因素 i 比因素 j 明显重要
9	绝对重要	因素 i 比因素 j 绝对重要
2、4、6、8	介于两相邻重要程度之间	

根据 1～9 标度构造判断矩阵。判断矩阵是分析者凭个人知识及经验建立起来的，难免存在误差。为了使判断结果更好地与实际状况相吻合，需进行一致性检验。判断矩阵的一致性检验公式为 $CR=CI/(RI)$，其中 $CI=(\lambda_{max}-n)/(n-1)$，称为一致性指标，$n$ 为判断矩阵的阶数，RI 为随机一致性指标，其取值见表 7-5。一般地，当一致性比率 $CR<0.1$ 时，认为该判断矩阵的不一致性程度在容许范围之内，具有满意的一致性，通过一致性检验。然后可以用其归一化特征向量作为权向量，否则要重新构造判断矩阵。

表 7-5　随机一致性指标

n	1	2	3	4	5	6	7	8	9	10	11
RI	0	0	0.58	0.90	1.12	1.24	1.32	1.41	1.45	1.49	1.51

在充分了解安徽省经济发展水平，产业发展现状的基础上，我们邀请了长期从事安徽省产业经济学研究的专家学者，对评价指标分层专家打分并建立判断矩阵（表 7-6）。

表 7-6　判断矩阵 *A-B*

A	B1	B2	B3	B4	B5	权系数
B1	1	2/3	4/5	2/3	4/5	0.1535
B2	3/2	1	6/5	1	7/5	0.2374
B3	5/4	5/6	1	4/5	7/6	0.1963
B4	3/2	1	5/4	1	6/5	0.2322
B5	5/4	5/7	6/7	5/6	1	0.1806

根据 Supper Decision 软件可以求得最大特征值 $\lambda_{max}=5.004\ 508$，一致性指标 $CI=0.001\ 127$，根据表 7-5 得到随机一致性指标 $RI=1.12$，则一致性比率 $CR=0.001\ 006<0.1$，通过一致性检验。这样得到权向量 $W=$（0.1535，0.2374，0.1963，0.2322，0.1806）。

求得最大特征根 $\lambda_{max}=2$，因此判断矩阵 *B1-C* 具有完全一致性，一致性比率 $CR=0<0.1$。得到权向量为 $W_1=$（0.6429，0.3571）（表 7-7）。

表 7-7　判断矩阵 *B1-C*

B1	C1	C2	权系数
C1	1	9/5	0.6429
C2	5/9	1	0.3571

求得最大特征值为 $\lambda_{max}=3.000\ 529$，一致性指标 $CI=0.000\ 264$，根据表 7-5 得到随机一致性指标 $RI=0.58$，则一致性比率 $CR=0.000\ 456<0.1$，通过一致性检验。这样得到权向量 $W_2=$（0.4759，0.3247，0.1994）（表 7-8）。

表 7-8　判断矩阵 *B2-C*

B2	C3	C4	C5	权系数
C3	1	3/2	7/3	0.4759
C4	2/3	1	3/2	0.3247
C5	3/7	2/3	1	0.1994

求得最大特征值为 $\lambda_{max}=3.061\ 593$，一致性指标 $CI=0.030\ 796$，根据表 7-5 得到随机一致性指标 $RI=0.58$，则一致性比率 $CR=0.053\ 097<0.1$，通过一致性检验。这样得到权向量 $W_3=$（0.2240，0.4712，0.3048）（表 7-9）。

表 7-9　判断矩阵 *B3-C*

B3	C6	C7	C8	权系数
C6	1	3/5	4/7	0.2240
C7	5/3	1	2	0.4712
C8	7/4	1/2	1	0.3048

求得最大特征值为 $\lambda_{max}=3.037\,492\,868$，一致性指标 $CI=0.018\,746$，根据表 7-5 得到随机一致性指标 $RI=0.58$，则一致性比率 $CR=0.032\,321<0.1$，通过一致性检验。这样得到权向量 $W_4=$（0.4304，0.3146，0.2550）（表 7-10）。

表 7-10 判断矩阵 **B4**-*C*

B4	C9	C10	C11	权系数
C9	1	5/3	7/5	0.4304
C10	3/5	1	3/2	0.3146
C11	5/7	2/3	1	0.2550

求得最大特征根 $\lambda_{max}=2$，因此判断矩阵 **B1**-*C* 具有完全一致性，一致性比率 $CR=0<0.1$。得到权向量为 $W_5=$（0.5714，0.4286）（表 7-11）。

表 7-11 判断矩阵 **B5**-*C*

B5	C12	C13	权系数
C12	1	4/3	0.5714
C13	3/4	1	0.4286

五 建立模糊层次分析模型

根据图 7-4 建立的评价指标体系，本书采用模糊层次分析模型。模糊层次分析模型主要涉及以下四个要素。

（1）因素集。因素集就是战略性新兴产业综合评价的指标集，该因素是多层的。根据图 7-4，该评价指标体系包含准则层和指标层的因素集。准则层的因素集为 $A=$（B1，B2，B3，B4，B5），其中 B1 表示政策支持，B2 表示产业增长潜力，B3 表示产业技术进步，B4 表示产业扩散作用，B5 表示产业比较优势；指标层的因素集为 $B1=$（C1，C2），$B2=$（C3，C4，C5），$B3=$（C6，C7，C8），$B4=$（C9，C10，C11），$B5=$（C12，C13），其中 C1 表示国家产业政策规划，C2 表示省政府产业政策规划，C3 表示产品潜在市场，C4 表示产业增长情况，C5 表示就业增长情况，C6 表示技术先进程度，C7 表示技术贡献程度，C8 表示科技成果转化情况，C9 表示回顾效应，C10 表示旁侧效应，C11 表示前瞻效应，C12 表示科技优势，C13 表示自然资源优势。

（2）权向量。$W=$（W_1，W_2，W_3，W_4，W_5），其中 W_i，$i=1$，2，3，4，5 表示第 i 个准则层的下的方案层权向量，而 W 表示准则层的权向量。在本节已经得到评价指标体系的权向量，其中准则层权向量和指标层权向量分别为

$W=$（0.1535，0.2374，0.1963，0.2322，0.1806）；$W_1=$（0.6429，0.3571）；

W_2 = （0.4759，0.3247，0.1994）；W_3 = （0.2240，0.4712，0.3048）；W_4 = （0.4304，0.3146，0.2550）；

W_5 = （0.5714，0.4286）。

（3）评语集。评语集是评价者对评价对象可能做出的各种可能结构所组成的集合，它是对评价对象的定性描述，如表 7-3 所示。评价指标体系中的指标都是效益型指标，分为优、良、中、差四个等级，用 K = （K_1，K_2，K_3，K_4）= （100，80，60，40）表示评语集的分值向量。

（4）评价矩阵。聘请相关专家组成因素评价小组，采用问卷调查方式，然后对指标层的因素评价进行统计，得到模糊隶属度矩阵

$$\boldsymbol{R}_i = \begin{bmatrix} r_{i11} & r_{i12} \cdots r_{i2n} \\ r_{i21} & r_{i22} \cdots r_{i2n} \\ \vdots & \vdots \cdots \vdots \\ r_{im1} & r_{im2} \cdots r_{imn} \end{bmatrix} \tag{7-1}$$

式中，R_i 表示第 i 个准则模糊综合评价矩阵，r_{ijk} 表示第 i 个准则下第 j 个指标的第 k 级评价等级的隶属度。

根据建立的模糊层次分析模型，进行各层模糊综合评价，计算准则层模糊综合评价矩阵

$$Y_i = W_i \cdot R_i, \quad i = 1, 2, 3, 4, 5 \tag{7-2}$$

式中，Y_i 表示第 i 个准则层综合评价向量，其为 4 阶行向量。

有准则层综合评价矩阵就可以计算目标层综合评价矩阵

$$\boldsymbol{E} = \boldsymbol{W} \cdot \boldsymbol{Y} \tag{7-3}$$

式中，E 是 1×4 的矩阵，Y 是 5×4 的矩阵

$$\boldsymbol{Y} = \begin{bmatrix} Y_1 \\ Y_2 \\ Y_3 \\ Y_4 \\ Y_5 \end{bmatrix}$$

最后，计算综合评价得分值

$$V = K \cdot \boldsymbol{E}^{\mathrm{T}} \tag{7-4}$$

六 安徽省战略性新兴产业的综合评价

世界金融危机给安徽省的经济造成了巨大冲击，再次为传统经济发展模式敲响了警钟。随着经济规模的迅速扩大，对资源、能源需求日益增加；同时，

由于单位产值能耗高、能源利用效率低，进一步加剧了能源紧张局面。粗放式的经济增长模式导致了资源短缺、土地紧张、生态环境恶化、可持续发展后劲不足，经济进一步发展面临的资源与环境约束日益增多。因此，要积极应对日益紧张的资源与能源危机、促进生态环境保护、实现经济增长方式的根本转变就必须尽快立足区域的产业基础和条件，紧跟世界产业发展趋势和技术进步方向，确立区域未来着重发展的战略产业。这是区域落实科学发展观、实现产业升级和可持续发展、提升区域竞争力的必由之路。

近年来，安徽省工业领域加快结构战略性调整取得了显著成效，在传统产业改造升级的同时，新兴产业得到了一定的发展，在新材料、生物、节能环保、软件等领域具有一定的产业基础，这些新兴产业主要是由技术成果产业和高新技术改造传统产业形成的产业。据不完全统计，2010年，安徽省电子信息、节能环保、新材料、生物、公共安全、新能源、新能源汽车、高端装备制造八大新兴产业产值达2817亿元，增幅48.8%。规模以上工业企业有3054家。从行业看，新材料和节能环保产业规模最大，占全省新兴产业总产值比例超过20%，分别为28%和22%，高端装备制造业、生物产业规模大体相当，都占18%，电子信息产业占12%，其他产业规模较小，所占比例都小于2%。

在以上的背景下，2010年4月，安徽省委、省政府在出台的《关于深入贯彻落实科学发展观加快转变经济发展方式的意见》中指出，加快培育和发展战略性产业是省委、省政府推动产业升级、加快转变经济发展方式、实现跨越式发展的重大举措。着力培育电子信息、节能环保、新材料、生物、公共安全、新能源、新能源汽车等八大战略性新兴产业，力争到2015年，新兴产业产值超过1万亿元。

本书从安徽省的宏观和微观条件及其产业发展政策出发，利用模糊层次分析模型对安徽省八大战略性新兴产业进行客观、科学的评价。

研究样本来源于安徽省合肥、芜湖、蚌埠、马鞍山、铜陵、安庆等地的高新技术企业、高等院校及科研院所的问卷调查。本次调查主要分三个阶段：第一阶段，在参考国内外相关文献的基础上选取变量指标，并就指标情况等相关问题与专家座谈，听取专家意见；第二阶段，选取了五家高新技术企业、两所高等院校和一家科研院所做试点调查与访谈，目的旨在了解安徽省潜在战略性新兴产业的实际情况和尽可能减少问卷当中出现的诸如文字表述不清，变量指标设计与实际不符等问题；第三阶段，问卷发放阶段，在此阶段，调研小组与被调查者面对面地交流，对被调查者提出的问题给予充分的回答，并承诺不涉及单位机密。

对安徽省电子信息产业进行调研，并组织专家进行评价。共发放问卷150

份，回收 97 份，总回收率为 64.67%，剔除无效问卷 7 份，有效回收 90 份，有效回收率达 92.78%，符合社会调查的要求。对回收的调查问卷进行整理，评价情况如表 7-12 所示。

表 7-12 电子信息产业的评价情况 （单位：份）

目标	准则	指标	评价等级			
			优	良	中	差
电子信息产业	政策支持	国家产业规划	73	17	0	0
		省政府产业规划	77	13	5	0
	产业增长潜力	产业潜在市场	65	22	2	1
		产业增长情况	69	17	3	1
		就业增长情况	67	12	7	4
	产业技术进步	技术先进程度	58	23	6	3
		技术贡献程度	55	21	8	6
		成果转化情况	61	20	6	3
	产业扩散作用	回顾效应	74	9	4	3
		旁侧效应	66	21	2	1
		前瞻效应	65	14	8	3
	产业比较优势	科技优势	71	13	3	3
		自然资源优势	69	15	4	2

根据公式（7-2），得到准则层模糊综合评价矩阵

$$Y = \begin{bmatrix} Y_1 \\ Y_2 \\ Y_3 \\ Y_4 \\ Y_5 \end{bmatrix} = \begin{bmatrix} 0.8270 & 0.1730 & 0.0000 & 0.0000 \\ 0.7411 & 0.2043 & 0.0369 & 0.0178 \\ 0.6389 & 0.2349 & 0.0771 & 0.0490 \\ 0.7688 & 0.1561 & 0.0488 & 0.0263 \\ 0.7794 & 0.1540 & 0.0381 & 0.0286 \end{bmatrix}$$

目标层模糊综合评价为

$$E = (0.7475, 0.1852, 0.0381, 0.0286)$$

则综合评价值为 93.1040。

安徽省节能环保产业自"十五"以来发展迅速，产值平均年增长率超过 30%，成为极具发展潜力的新兴产业。2009 年，安徽省节能环保产业从业人数 9.5 万人，总销售收入 428.0 亿元，实现利润总额 38.1 亿元。其中，节能装备和产品生产总销售收入 166.9 亿元，环保装备和产品生产总销售收入 29.9 亿元，节能环保技术服务总收入 12.8 亿元，资源综合利用总销售收入 218.4 亿元。2011 年，节能环保产业总产值达到 229.4 亿元，比上年同期增长 50.9%。对安徽省节能环保产业进行调研，共发放问卷 120 份，回收 77 份，总回收率为 64.17%，剔除无效问卷 7 份，有效回收 70 份，有效

回收率达 90.91%，符合社会调查的要求。对回收的调查问卷进行整理，评价情况如表 7-13 所示。

表 7-13　节能环保产业的评价情况　　　　　　　　（单位：份）

目标	准则	指标	评价等级			
			优	良	中	差
节能环保产业	政策支持	国家产业规划	60	10	0	0
		省政府产业规划	52	13	5	0
	产业增长潜力	产业潜在市场	45	22	2	1
		产业增长情况	19	21	25	5
		就业增长情况	35	24	7	4
	产业技术进步	技术先进程度	29	20	6	15
		技术贡献程度	10	11	30	19
		成果转化情况	29	27	11	3
	产业扩散作用	回顾效应	44	19	4	3
		旁侧效应	51	16	2	1
		前瞻效应	38	21	8	3
	产业比较优势	科技优势	17	16	16	21
		自然资源优势	31	26	11	2

根据公式（7-2），得到准则层模糊综合评价矩阵

$$\boldsymbol{Y}=\begin{bmatrix}Y_1\\Y_2\\Y_3\\Y_4\\Y_5\end{bmatrix}=\begin{bmatrix}0.8163 & 0.1582 & 0.0255 & 0.0000\\0.4938 & 0.3135 & 0.1495 & 0.0414\\0.2864 & 0.2556 & 0.2690 & 0.1890\\0.6382 & 0.2652 & 0.0627 & 0.0339\\0.3286 & 0.2898 & 0.1980 & 0.1837\end{bmatrix}$$

目标层模糊综合评价为

$$E=(0.5063，0.2632，0.1425，0.0880)$$

则综合评价值为 83.7566。

安徽省是新材料产业大省，具有较好的产业基础、技术基础和资源优势。自"十一五"以来，新材料产业发展迅猛，2009 年，全省高新技术产业中新材料产业实现工业产值 1212 亿元，占全省高新技术产业的 31.0%，成为战略性新兴产业的中坚力量。全省新材料领域经认定的高新技术企业在 300 家以上。对安徽省新材料产业进行调研，并组织专家进行评价。共发放问卷 110 份，回收 67 份，总回收率为 60.91%，剔除无效问卷 7 份，有效回收 60 份，有效回收率达 89.55%，符合社会调查的要求。对回收的调查问卷进行整理，评价情况如表 7-14 所示。

表 7-14　新材料产业的评价情况　　　　　　　　（单位：份）

目标	准则	指标	评价等级			
			优	良	中	差
新材料产业	政策支持	国家产业规划	58	2	0	0
		省政府产业规划	57	3	0	0
	产业增长潜力	产业潜在市场	45	12	2	1
		产业增长情况	42	14	3	1
		就业增长情况	40	9	7	4
	产业技术进步	技术先进程度	33	18	6	3
		技术贡献程度	32	14	8	6
		成果转化情况	30	20	7	3
	产业扩散作用	回顾效应	38	12	6	4
		旁侧效应	39	18	2	1
		前瞻效应	30	15	12	3
	产业比较优势	科技优势	40	14	3	3
		自然资源优势	31	18	6	5

根据公式（7-2），得到准则层模糊综合评价矩阵

$$Y=\begin{bmatrix}Y_1\\Y_2\\Y_3\\Y_4\\Y_5\end{bmatrix}=\begin{bmatrix}0.9607 & 0.0393 & 0.0000 & 0.0000\\0.7171 & 0.2009 & 0.0554 & 0.0266\\0.5269 & 0.2787 & 0.1208 & 0.0736\\0.6046 & 0.2442 & 0.1045 & 0.0467\\0.6024 & 0.2619 & 0.0714 & 0.0643\end{bmatrix}$$

目标层模糊综合评价为

$$E=(0.6703,\ 0.2124,\ 0.0740,\ 0.0432)$$

则综合评价值为 90.1974。

生物产业是当今世界最富有活力的朝阳产业之一，是发展前景广阔的战略性新兴产业。大力发展生物产业，对促进产业结构优化升级、加快转变发展方式、培育新的经济增长点等，都具有重要的现实意义。安徽省生物资源丰富，具有一定的产业基础和科研实力，自"十一五"以来，全省生物产业快速发展，目前已初步形成了蚌埠、合肥、亳州和芜湖四大产业集聚区，涌现出丰原生化股份有限公司、安科生物工程（集团）股份有限公司等一批知名企业。对安徽省生物产业进行调研，并组织专家进行评价。共发放问卷 120 份，回收 73 份，总回收率为 60.83%，剔除无效问卷 8 份，有效回收 65 份，有效回收率达 89.04%，符合社会调查的要求。对回收的调查问卷进行整理，评价情况如表 7-15 所示。

表 7-15　生物产业的评价情况　　　　　　（单位：份）

目标	准则	指标	评价等级			
			优	良	中	差
生物产业	政策支持	国家产业规划	61	4	0	0
		省政府产业规划	60	5	0	0
	产业增长潜力	产业潜在市场	41	21	2	1
		产业增长情况	34	19	7	5
		就业增长情况	37	18	7	3
	产业技术进步	技术先进程度	33	20	8	4
		技术贡献程度	31	16	11	7
		成果转化情况	27	22	13	3
	产业扩散作用	回顾效应	31	19	11	4
		旁侧效应	38	20	5	2
		前瞻效应	23	17	16	9
	产业比较优势	科技优势	43	14	5	3
		自然资源优势	28	24	7	6

根据公式（7-2），得到准则层模糊综合评价矩阵

$$\mathbf{Y}=\begin{bmatrix}\mathbf{Y}_1\\\mathbf{Y}_2\\\mathbf{Y}_3\\\mathbf{Y}_4\\\mathbf{Y}_5\end{bmatrix}=\begin{bmatrix}0.9330 & 0.0670 & 0.0000 & 0.0000\\0.5835 & 0.3039 & 0.0711 & 0.0415\\0.4651 & 0.2881 & 0.1683 & 0.0786\\0.4794 & 0.2893 & 0.1598 & 0.0715\\0.5626 & 0.2813 & 0.0901 & 0.0649\end{bmatrix}$$

目标层模糊综合评价为

$$E=(0.5860,0.2570,0.1033,0.0538)$$

则综合评价值为 87.5021。

　　自改革开放以来，安徽省高端装备制造业发展成为重要的主导产业。"十五"期间，高端装备制造业对全省经济增长的贡献率达 8%，高端装备制造业承担着工业强省的先行重任，发展高端装备制造业，有利于拉动内需，形成经济增长点，促进其他行业技术进步。经过多年的发展，已初步形成工程机械、电工电器、机床工具、仪器仪表、农业机械等 10 个行业，经济总量居全省工业行业第二位。为加快转变经济发展方式，促进高端装备制造业调整结构，安徽省以 2009 年出台的《装备制造业调整和振兴规划》为指导，扶持壮大工程机械制造（合肥）基地等六大装备制造基地，加快发展成套及重大装备行业等六大重点行业，积极培育公共安全装备等六大新兴装备制造业。

　　对安徽省高端装备制造业进行调研，并组织专家进行评价。共发放问卷 200 份，回收 137 份，总回收率为 68.50%，剔除无效问卷 7 份，有效回收 130 份，有效回收率达 94.89%，符合社会调查的要求。对回收的调查问卷进行整理，评价情况如表 7-16 所示。

表 7-16 高端装备制造产业的评价情况 （单位：份）

目标	准则	指标	评价等级			
			优	良	中	差
高端装备制造业	政策支持	国家产业规划	122	5	3	0
		省政府产业规划	94	34	2	0
	产业增长潜力	产业潜在市场	97	26	7	0
		产业增长情况	115	6	5	4
		就业增长情况	103	14	8	5
	产业技术进步	技术先进程度	109	10	8	3
		技术贡献程度	101	23	5	1
		成果转化情况	100	20	7	3
	产业扩散作用	回顾效应	109	14	7	0
		旁侧效应	110	17	2	1
		前瞻效应	109	16	5	0
	产业比较优势	科技优势	103	12	9	6
		自然资源优势	112	12	5	1

根据公式（7-2），得到准则层模糊综合评价矩阵

$$\boldsymbol{Y}=\begin{bmatrix} Y_1 \\ Y_2 \\ Y_3 \\ Y_4 \\ Y_5 \end{bmatrix}=\begin{bmatrix} 0.8615 & 0.1181 & 0.0203 & 0.0000 \\ 0.8003 & 0.1316 & 0.0504 & 0.0177 \\ 0.7884 & 0.1475 & 0.0483 & 0.0158 \\ 0.8409 & 0.1189 & 0.0378 & 0.0024 \\ 0.8220 & 0.0923 & 0.0560 & 0.0297 \end{bmatrix}$$

目标层模糊综合评价为

$$E=(0.8207，0.1226，0.0436，0.0132)$$

则综合评价值为 95.0158。

公共安全是国家安全的重要组成部分，是经济和社会发展的重要条件，是人民群众安居乐业与建设和谐社会的基本保证。当前，我国正处于公共安全事件高发期，但公共安全产业发展还处于小、散、低的初级阶段，从事公共安全的企业数量少、规模小，缺乏核心技术和品牌产品；公共安全技术空心化，核心部件依靠进口，重要的应急信息平台、决策指挥平台、监测预警技术等还没有取得突破或形成标准。

近年来，安徽省公共安全产业发展较快，在矿山安全、交通安全、食品安全、火灾安全、信息安全等领域技术和产业基础相对较好。中国科学技术大学、合肥工业大学、安徽大学、中国电子科技集团公司等 38 所高校和科研院所科研实力雄厚，拥有量子通信技术、应急信息技术等一些国际、国内领先的公共安全产业领域科技成果；火灾科学国家重点实验室、煤矿瓦斯治理国家工程研究中心等公共安全科技研发平台具备一定的比较优势；逐渐培育了一批拥有核心技术和专利产品、市场开拓能力强、成长性好的公共安全产品制造企业；公共

安全产业区域特色初步成型。因此，通过进一步强化技术创新和产业集聚，安徽省有望在国家公共安全产业发展中抢占先机、领先一步。

对安徽省公共安全产业进行调研，并组织专家进行评价。共发放问卷140份，回收87份，总回收率为62.14%，剔除无效问卷7份，有效回收80份，有效回收率达91.95%，符合社会调查的要求。对回收的调查问卷进行整理，评价情况如表7-17所示。

表7-17　公共安全产业的评价情况　　　（单位：份）

目标	准则	指标	评价等级			
			优	良	中	差
公共安全产业	政策支持	国家产业规划	38	25	12	5
		省政府产业规划	35	15	18	12
	产业增长潜力	产业潜在市场	42	23	9	6
		产业增长情况	31	23	17	9
		就业增长情况	35	22	12	11
	产业技术进步	技术先进程度	21	28	18	13
		技术贡献程度	17	19	21	23
		成果转化情况	12	27	23	18
	产业扩散作用	回顾效应	21	31	22	6
		旁侧效应	29	22	17	12
		前瞻效应	32	13	24	11
	产业比较优势	科技优势	45	21	9	5
		自然资源优势	37	20	10	13

根据公式（7-2），得到准则层模糊综合评价矩阵

$$Y = \begin{bmatrix} Y_1 \\ Y_2 \\ Y_3 \\ Y_4 \\ Y_5 \end{bmatrix} = \begin{bmatrix} 0.4616 & 0.2679 & 0.1768 & 0.0937 \\ 0.4629 & 0.2850 & 0.1524 & 0.0996 \\ 0.2047 & 0.2932 & 0.2617 & 0.2405 \\ 0.3290 & 0.2947 & 0.2617 & 0.1145 \\ 0.5196 & 0.2571 & 0.1179 & 0.1054 \end{bmatrix}$$

目标层模糊综合评价为

$$E = (0.3912,\ 0.2812,\ 0.1968,\ 0.1309)$$

则综合评价值为78.6536。

新能源产业包括新能源装备制造、先进核能、风能、太阳能、生物质能、地热能、非常规天然气等新能源和可再生能源的开发利用，车用新能源基础设施、智能电网、分布式能源等能源新技术的产业化应用等。新能源产业科技含量高、发展潜力大、分布范围广、带动效应强，不仅涉及钢铁、建材、化工等传统产业，而且与新材料、生物科技、新一代信息等高新技术密切相关。安徽省具备大规模发展新能源产业的条件和市场空间，目前正呈现出加速发展态势。

对安徽省新能源产业进行调研，并组织专家进行评价。共发放问卷 150 份，回收 93 份，总回收率为 61.33%，剔除无效问卷 8 份，有效回收 85 份，有效回收率达 91.40%，符合社会调查的要求。对回收的调查问卷进行整理，评价情况如表 7-18 所示。

表 7-18　新能源产业的评价情况　　　　　　　（单位：份）

目标	准则	指标	评价等级			
			优	良	中	差
新能源产业	政策支持	国家产业规划	82	3	0	0
		省政府产业规划	78	7	0	0
	产业增长潜力	产业潜在市场	77	5	2	1
		产业增长情况	44	17	15	9
		就业增长情况	46	20	13	6
	产业技术进步	技术先进程度	21	28	23	13
		技术贡献程度	23	24	21	17
		成果转化情况	25	19	23	18
	产业扩散作用	回顾效应	29	18	19	19
		旁侧效应	27	16	20	22
		前瞻效应	36	14	21	14
	产业比较优势	科技优势	27	16	29	13
		自然资源优势	21	23	29	12

根据公式（7-2），得到准则层模糊综合评价矩阵

$$Y = \begin{bmatrix} Y_1 \\ Y_2 \\ Y_3 \\ Y_4 \\ Y_5 \end{bmatrix} = \begin{bmatrix} 0.9479 & 0.0521 & 0.0000 & 0.0000 \\ 0.7071 & 0.1399 & 0.0990 & 0.0541 \\ 0.2725 & 0.2750 & 0.2595 & 0.1930 \\ 0.3548 & 0.2235 & 0.2332 & 0.2196 \\ 0.2874 & 0.2235 & 0.3412 & 0.1479 \end{bmatrix}$$

目标层模糊综合评价为

$$E = (0.5011,\ 0.1802,\ 0.1902,\ 0.1284)$$

则综合评价值为 81.0811。

随着全球能源危机与环境问题的日趋严重，新能源汽车产业受到越来越多国家的高度重视。我国在"十五"期间，即确立了以混合动力汽车、纯电动汽车和燃料电池汽车为"三纵"，多能源动力总成控制系统、驱动电机及其控制系统、锂离子电池及其管理系统为"三横"的产业发展布局，奠定了新能源汽车及核心零部件的发展格局，技术进步取得了显著进展。

对安徽省新能源汽车产业进行调研，并组织专家进行评价。共发放问卷 180 份，回收 109 份，总回收率为 60.56%，剔除无效问卷 9 份，有效回收 100 份，有效回收率达 91.74%，符合社会调查的要求。对回收的调查问卷进行整理，评价情况如表 7-19 所示。

表 7-19　新能源汽车产业的评价情况　　　　（单位：份）

目标	准则	指标	评价等级			
			优	良	中	差
新能源汽车产业	政策支持	国家产业规划	76	20	4	0
		省政府产业规划	74	14	12	0
	产业增长潜力	产业潜在市场	27	28	26	19
		产业增长情况	26	21	25	28
		就业增长情况	23	24	26	27
	产业技术进步	技术先进程度	18	27	32	23
		技术贡献程度	18	28	25	29
		成果转化情况	22	27	32	19
	产业扩散作用	回顾效应	21	30	25	24
		旁侧效应	17	27	33	23
		前瞻效应	17	20	37	26
	产业比较优势	科技优势	15	24	30	31
		自然资源优势	24	35	29	12

根据公式（7-2），得到准则层模糊综合评价矩阵

$$\boldsymbol{Y} = \begin{bmatrix} Y_1 \\ Y_2 \\ Y_3 \\ Y_4 \\ Y_5 \end{bmatrix} = \begin{bmatrix} 0.7529 & 0.1786 & 0.0686 & 0.0000 \\ 0.2588 & 0.2493 & 0.2568 & 0.2352 \\ 0.1922 & 0.2747 & 0.2870 & 0.2461 \\ 0.1872 & 0.2651 & 0.3058 & 0.2420 \\ 0.1886 & 0.2871 & 0.2957 & 0.2286 \end{bmatrix}$$

目标层模糊综合评价为

$$E = (0.0923, 0.2539, 0.2522, 0.2016)$$

则综合评价值为 72.7367。

这样，根据建立的模糊层次分析模型，安徽省八大战略性新兴产业的综合评价得分如表 7-20 所示。

表 7-20　安徽省战略性新兴产业综合评价

产业名称	综合得分
电子信息	93.10
节能环保	83.76
新材料	90.20
生物	87.50
高端装备制造业	95.02
公共安全	78.65
新能源	81.08
新能源汽车	72.74

根据评价结果，安徽省确定的八大战略性新兴产业综合得分都在 70 分以上，排名依次为是高端装备制造业、电子信息产业、新材料产业、生物产业、节能环保产业、新能源产业、公共安全产业和新能源汽车产业。其中，高端装

备制造业、电子信息产业和新材料产业得分都在 90 分以上；得分在 80～90 分的有生物产业、节能环保产业和新能源产业；得分在 70～80 分的有公共安全产业和新能源汽车产业。2011 年，安徽省战略性新兴产业总产值为 4132.1 亿元，占整个工业产值的 16.4％，八大战略性新兴产业总产值如图 7-6 所示，可见战略性新兴产业已经成为安徽省发展的强大动力和重要支撑，战略性新兴产业的发展对于满足经济社会发展需求、促进产业结构升级转换都具有较重要的意义，应该重视其发展。

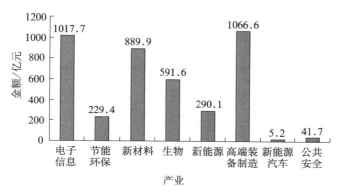

图 7-6　2011 年安徽省八大战略性新兴产业产值

七 安徽省战略性新兴产业优先发展顺序

战略性新兴产业已经成为全国各地区抢占新一轮发展制高点的共同选择，发展速度明显加快。在这样的背景下，对于安徽省战略性新兴产业的发展，在不同发展时期应明确不同的发展重点，只有这样，才能发挥战略性新兴产业引领安徽国民经济和社会发展的战略作用，在不同时期对于需要优先发展的战略性新兴产业，应当给予税收、金融、财政等优惠政策和专项扶持基金的重点支持。根据本书前面分析的结果，把安徽省八大战略性新兴产业得分分成三个区间：90 分以上、80～90 分和 70～80 分，这样就可以大概确定安徽省近期战略性新兴产业发展的优先顺序。

1. 战略性新兴产业发展的第一梯队

第一梯队包括高端装备制造业、电子信息产业和新材料产业。这一梯队不仅具有较强的自主创新能力和较广阔的市场前景，而且对相关产业的带动作用明显，产业优势也非常明显。2011 年，第一梯队的产业总产值为 2974.2 亿元，占战略性新兴产业的 71.98％，其中高端装备制造业和电子信息产业产值都突破1000 亿元。可以作为近 1～2 年内安徽省重点培育和扶持的产业。

(1) 高端装备制造业。目前，已初步形成农业机械、电工电器、工程机械、机械基础件、机床工具、石化通用机械、重型矿山机械、仪器仪表9个小行业（不包括汽车行业）、100个大类、近万种产品且门类比较齐全的制造业体系。全行业拥有一批优势企业集团，如安徽叉车集团有限责任公司、日立建机（中国）有限公司、全柴集团有限公司、宁国中鼎股份有限公司、安徽星马汽车股份有限公司、应流机电股份有限公司、长江农业机械有限责任公司、三佳电子（集团）有限公司、合肥锻压机床股份公司、马鞍山方圆回转支承股份有限公司、芜湖恒升重型机床股份有限公司、天威保变（合肥）变压器有限公司、安徽华菱电缆集团有限公司、六安江淮电机有限公司等大型企业，其中有7家上市公司。装备制造业经济总量位居全省工业行业前列，是安徽省工业经济支柱产业之一。2011年，安徽省高端装备制造业实现产值1066.6亿元，比上年同期增长49.7%。

（2）电子信息产业。目前，安徽省纳入电子信息行业统计的规模以上电子信息产品制造企业有300多家，软件及计算机信息系统集成企业230多家，企业从业人员数约9万人。形成了以企业为主体，产学研用有机结合的技术创新体系和机制；逐步建立了软件、汽车电子、集成电路等重点行业领域的公共技术服务平台；自主创新能力和技术水平显著提高，优势产业领域和重点主导产品技术水平保持国内先进，部分产品技术达到国际先进水平。2011年，电子信息产业实现产值1017.7亿元，占战略性新兴产业总产值的24.63%。

（3）新材料产业。安徽省是新材料产业大省，具有较好的产业基础、技术基础和资源优势。自"十一五"以来，安徽省新材料产业发展迅猛，2011年新材料产业实现工业产值889.9亿元，占战略性新兴产业总产值的21.54%，成为战略性新兴产业的中坚力量。全省新材料领域经认定的高新技术企业在300家以上。目前，以马钢集团、新兴铸管有限责任公司、天大石油管材股份有限公司等钢铁和金属制品企业为代表，已形成了高性能汽车板、环保型家电板、无取向冷轧电工钢、"西气东输"工程用系列管线钢、高速车轮等一系列名牌优势钢铁产品。铜产业形成了以铜陵有色金属集团控股有限公司、鑫科新材料股份有限公司、精诚铜业股份有限公司、精达特种电磁线股份有限公司为龙头，众多"专、精、特、新"的中小企业特色产品为支撑的优质铜材深加工产业格局，铜板带、超微细漆包铜圆线、铜基电子材料等一批特色产品在全国具有一定地位，在市场上享有较高的知名度。导电膜玻璃、透明导电膜玻璃基板、球形石英粉等产品性能处于全国先进水平。随着三安光电股份有限公司、彩虹蓝光科技有限公司、乐凯科技产业有限公司等一大批我国材料领域代表性企业入驻，进一步提高了安徽省新材料领域科研和产业的综合实力。

2. 战略性新兴产业发展的第二梯队

第二梯队包括生物产业、节能环保产业和新能源产业。这一梯队的发展优先顺序稍逊于第一梯队而优于第三梯队。可以作为未来3~5年安徽省重点培育和扶持的产业，在政策和资金上给予适当倾斜。2011 年，第二梯队的产业总产值达到 1111.1 亿元，占战略性新兴产业总产值的 26.89%。

（1）生物产业。目前，安徽省基本构建现代生物产业体系，产业达到了一定规模，通过建设合肥、芜湖生物医药产业基地，亳州现代中药产业基地，蚌埠生物制造产业基地，合肥、皖北生物育种产业基地为生物制造、生物医药、生物育种等领域产业打下了良好基础，现代中药具有明显的地方特色，生物制造在全国处于领先地位。2011 年，安徽省生物医药实现产值 591.6 亿元，占战略性新兴产业总产值的 14.32%。

（2）新能源产业。安徽省具备大规模发展新能源产业的条件和市场空间，目前正呈现出加速发展态势。新能源装备制造业方面，通过招商引资和着力培育本土企业，安徽省已拥有赛维 LDK 太阳能高科技（合肥）有限公司、三安光电股份有限公司、海润光伏科技股份有限公司、阳光电源股份有限公司、颐和新能源科技股份有限公司、聚能新能源科技有限公司、普乐新能源有限公司、铜陵天奇蓝天机械设备有限公司、长航风电科技有限公司、方圆回转支承股份有限公司、金鼎锅炉股份有限公司、精大仪表股份有限公司、国轩高科动力能源有限公司等一批优势企业，在光伏组件、兆瓦级风机、逆变器、生物质锅炉、动力电池、核级仪表等研发和制造方面具备较强市场竞争力。2011 年，安徽省新能源产业实现产值 290.1 亿元，占战略性新兴产业总产值的 7.02%。

（3）节能环保产业。安徽省节能环保产业发展迅速，产值平均年增长率超过 30%，成为具有极具发展潜力的新兴产业。2011 年，安徽省节能环保产业从业人数 9.5 万人，实现产值 229.4 亿元。节能环保产业科技实力显著增强。安徽省拥有包括中国科学技术大学、合肥工业大学、中国科学院合肥物质科学研究院、合肥水泥研究院、蚌埠玻璃工业设计研究院及安徽国祯环保节能科技股份有限公司等一大批从事节能环保产业的科学与技术研究单位；拥有金属矿产资源高效循环利用国家工程研究中心、煤矿瓦斯治理工程研究中心、汽车节能环保国家工程实验室等一批国家级创新平台。研究开发出智能电网技术、电动汽车技术、余热利用设备、烟气除尘设备、水处理设备和药剂、环境监测仪器、高效曝气等多项具有国内外先进水平的节能环保技术、装备与产品。

3．战略性新兴产业发展的第三梯队

第三梯队包括公共安全产业和新能源汽车产业。这一梯队的发展优先顺序要劣于第一梯队和第二梯队。可以作为未来 5～10 年安徽省重点培育和扶持的产业。2011 年，第三梯队的产业总产值达 46.9 亿元，占战略性新兴产业总产值的 1.13%。

（1）公共安全产业。近年来，安徽省公共安全产业发展较快，在矿山安全、交通安全、食品安全、火灾安全、信息安全等领域技术和产业基础相对较好。中国科学技术大学、合肥工业大学、安徽大学、中国电子科技集团公司等 38 所高校和科研院所科研实力雄厚，拥有量子通信技术、应急信息技术等一些国内外领先的公共安全产业领域科技成果；火灾科学国家重点实验室、煤矿瓦斯治理国家工程研究中心等公共安全科技研发平台具备一定的比较优势；逐渐培育了一批拥有核心技术和专利产品、市场开拓能力强、成长性好的公共安全产品制造企业，通信及信息安全、矿山安全、交通安全、食品安全、防火安全等领域基础较好，量子通信技术、应急信息技术等科技成果在国内外领先。2011 年，安徽省公共安全产业实现产值 41.7 亿元，环比增长 42.8%。

（2）新能源汽车产业。安徽省拥有奇瑞汽车股份有限公司、江淮汽车股份有限公司、安凯汽车股份有限公司三家新能源汽车自主品牌，合肥跻身全国 13 个新能源汽车推广试点城市、国家首批私人购买新能源汽车补贴试点城市。奇瑞 A5 混合动力、奇瑞 S18 纯电动、比亚迪 F3DM 双模混合动力、长安杰勋混合动力汽车等已批量上市；安凯汽车股份有限公司的串联式混合动力公交车和豪华客车已交付使用，30 辆纯电动公交车在合肥上线运行；江淮汽车股份有限公司的瑞风、宾悦轻度混合动力、同悦增程式混合动力、微型纯电动轿车完成功能样车。在核心零部件上，小排量发动机已实现批量生产，大功率锂离子电池本体及成组技术和车用电机关键技术上取得突破，国轩高科动力能源有限公司、奇瑞新能源汽车技术有限公司等企业磷酸铁锂电池实现小批量生产；合肥工业大学、中国科学技术大学等高校院所具有新能源汽车研发的技术基础和人才储备，产学研合作成果丰硕。

第四节　安徽省战略性新兴产业发展对策研究

发展战略性新兴产业，既是安徽省加速崛起的需要，着眼于调整经济结构、转变经济发展方式的必然选择，也是抢占新一轮经济发展制高点，促使国民经济和企业发展走上创新驱动，内生增长的根本途径。目前，新兴产业发展总体处于起步阶段，安徽省和发达地区差别不大。安徽省应该抓住"后危机"时期的历史机遇，发挥优势，以发展战略性新兴产业为突破口，培育新的经济增长点，使安徽省在全国经济竞争中占据有利位置。政府的着力点应更多地放在建立健全有利于战略性新兴产业发展的机制上，着力引导与鼓励。要强化企业在战略性新兴产业培育中的主体地位，吸引更多企业发展战略性新兴产业，支持突破战略性新兴产业发展的技术和人才瓶颈，形成有利于战略性新兴产业发展的融资保障体系，支持建立风险投资基金。

一 科学制订并落实产业发展的行动规划

从发达国家的产业发展历史来看，选择一项重点发展的新兴产业，都是从本国国情出发及产业发展的基础出发的，瞄准世界先进目标，制订产业发展的战略规划和行动计划。美国先后制订了三个较大规模的高技术发展战略与规划，即"曼哈顿计划"、"阿波罗计划"、"星球大战计划"。前两个计划使以航空工业和电子工业为代表的新兴产业得以迅速发展，由此分离出来的产品使半导体和计算机产业得以兴起，直接带动硅谷和 128 号公路高技术产业带的崛起。第三个计划无论在深度和广度上远远超过前两个，几乎囊括了当代所有高技术和前沿学科。世界金融危机过后，美国积极布局，抢占新兴产业的制高点，推出了"能源新政"。其核心理念是，实现美国的能源独立，确保美国的能源安全。科学制定并落实产业发展规划，重要的是行动。例如，芬兰为了发展新能源和节能环保产业，政府部门或行业就启动了"芬兰清洁技术"推广计划，并使清洁技术涵盖了所有能够预防、减少或消除环境有害的产品、服务和生产流程。更值得一提的是芬兰人的节能环保意识，人人都参与了行动，用芬兰人的话说，"不会放过节能环保的任何方法"。

目前，安徽省确定的八大战略性新兴产业分布于安徽省不同区域，其中合肥市平板显示、软件、公共安全、新能源、新能源汽车等产业规模均居全省前列；芜湖市节能环保装备制造、LED 产业快速发展，汽车电子集群粗具规模，新能源汽车正稳步推进；滁州市信息家电、绿色照明、玻璃（硅）材料具有一定优势；马鞍山市高性能铁基材料、蚌埠生物制造、亳州现代中药、铜陵电子材料及新型元器件、安庆高分子复合材料、巢湖特种通信电缆、阜阳循环经济产业等各具特色。因此，必须根据区域特点制订出八大战略性新兴产业发展的具体方案。

二 科学选择重点发展细分行业领域

随着我国确定节能环保、新一代信息技术、生物、高端装备制造、新能源、新材料和新能源汽车七大产业作为战略性新兴产业，各个地区在中央政府确定的大框架内推动本地区战略性新兴产业的发展，尽管各个地区战略性新兴产业发展不平衡，但是大部分地区都选择了节能环保、新能源、新材料、新医药、生物育种、新能源汽车等战略性产业作为发展的重点。因此，安徽省必须立足自身实际情况，理性地选择适合本地区特点的战略性新兴产业，具体细分行业领域，优先重点发展这些领域，这样才能提高资金使用效率，掌握未来经济发

展的主动权。目前，安徽省战略性新兴产业方向已进一步厘定为 8 个领域、31
个重点方向（表 7-21）。

表 7-21　安徽省战略性新兴产业及其重点细分行业

战略性新兴产业	重点细分行业领域
电子信息产业	新型平板显示、LED 光电、智能家电、集成电路、软件、物联网器件、下一代信息网络
节能环保产业	余热利用设备、大气污染防治设备、污水处理成套设备、固体废弃物处理设备、智能电网输变电设备
新材料产业	硅基新材料、铜基新材料、铁基新材料、新型高分子材料
生物产业	生物医药、现代中药、生物制造、生物农业
高端装备制造产业	重大基础制造设备、大型工程机械、行业成套技术装备
公共安全产业	通信及信息安全、生产安全、食品安全
新能源产业	光伏、生物质能源、洁净煤
新能源汽车产业	高性能电机及其控制系统、其他重要零部件

三　打造战略性新兴产业培育平台

　　合芜蚌新区和皖江城市带承接产业转移示范区的建设，为安徽省战略性新兴产业提供了发展机遇。

　　合芜蚌新区是安徽省推行自主创新的又一重要举措，它结合合肥、芜湖、蚌埠三市的创新资源，力图通过体制机制的突破，探索依靠自主创新引领区域经济发展的新路径，建立比较完善的区域创新体系，成为中西部乃至全国创新型人才、企业和产业高地。实际上，合芜蚌新区是合肥市国家科技创新型试点市的拓展和合芜蚌自主创新成功经验的放大。之所以选择合肥、芜湖、蚌埠，是因为它们集中了安徽省大部分的创新资源，是我国中西部地区科技资源较为密集的地区。三市共有 130 多所高等院校和科研院所，6 个国家级工程技术研究中心。合肥市作为全国唯一的科技创新型试点市，通过 5 年的实践，在创新体制机制、探索产学研结合有效模式、整合科技资源等方面取得了积极成效，在提高科技成果转化能力、提升产业综合竞争力等方面取得了一批重要成果。芜湖市是皖江城市带的中心城市，一直把自主创新作为城市发展的主战略，涌现出奇瑞汽车股份有限公司、海螺水泥股份有限公司、新兴铸管股份有限公司、方特欢乐世界等一批具有较强自主创新能力的企业。蚌埠市是沿淮城市群的中心城市，市内全民创业风起云涌，汽车配件、精细化工、玻璃深加工等产业发展生机勃勃。

　　皖江城市带承东启西、连南接北，区域内长江黄金水道、快速铁路、高速公路等综合交通体系比较完善，区位优势明显；与长江三角洲地区山水相连、人缘相亲、文化相近，产业分工互补，合作基础较好；自主创新特色鲜明，产业基础良好，配套能力较强；矿产、土地、水、劳动力资源丰富，长江岸线条件优越，承载空间较大；综合商务成本低，生态环境优良，宜业宜居。自20世纪90年代以来，安徽省着力推进皖江城市带的开发与开放，加快推进与长江三角洲一体化进程，承接产业转移规模不断扩大，为设立示范区奠定了良好基础。

2010年年初，皖江城市带承接产业转移示范区正式上升为国家战略，这是全国首个以"产业转移"为主题的区域规划。皖江城市带承接产业转移示范区将打造以长江为轴、合肥和芜湖为双核、宣城和滁州为两翼的产业布局，包括合肥、马鞍山、芜湖、铜陵、安庆、巢湖、池州、宣城、滁州9个市及六安市的舒城县、金安区，共59个县（市、区），辐射安徽全省，对接长江三角洲地区。安徽市正举全省之力，把示范区打造成为集聚产业、集聚资本、积聚人气、集聚政策的大平台。

安徽市17个市中，皖江城市带9市人均GDP整体水平较高，基本超过1万元，尤其以马鞍山、铜陵、芜湖三市最为突出，工业化系数（工业增加值/农业增加值）均超过4，并且三市现已处于工业化加速阶段（第一产业比例小于10%且第二产业比例明显高于第三产业），而长江三角洲地区已经进入工业化成熟阶段，两地域工业化差异为装备制造业的梯度转移提供了原动力。同时皖江城市带9市城镇化水平在安徽市17市中排名也比较靠前，与其工业化水平相对应，具有承接东部地区装备制造业转移的良好基础和潜力。

四 努力引进"植入型"战略性新兴产业

"植入型"战略性新兴产业可以分为"技术引进型"、"引智型"和"招商引资型"新兴产业。

"技术引进型"战略性新兴产业模式，是指通过引进国内外研究已经比较成熟，安徽省仍然缺乏的核心技术，来满足省内发展战略性新兴产业需求。这种模式需要加强引进消化吸收再创新工作，在完全消化别人现有技术的基础上，推动二次创新。

"引智型"战略性新兴产业模式，是指通过引进一个领军人才，带回一批核心专利，培育一个创新团队，发展一个高科技企业，造就一批拥有自主知识产权的高端项目或产品，进而带动一个新兴产业的成长。正是因为科技领军人才的重要，所以进入21世纪以来，各地积极推动"人才强市"、"人才强省"战略，都相继出台了系列引进人才政策，人才竞争日趋激烈。

"招商引资型"战略性新兴产业模式，是指通过利用国内外发达地区扩散技术抢占市场的机遇，引进省内外战略性新兴产业企业的直接投资，来带动安徽战略性新兴产业的发展。安徽省在积极推进全省战略性新兴产业发展的过程中，高起点、高水平地引进一批技术实力雄厚、创新能力强的境内外企业，让它们成为安徽省战略性新兴产业发展大军中的重要成员，加快了全省战略性新兴产业发展和产业结构转型升级的步伐。例如，合肥晶澳太阳能科技有限公司、京东方科技集团股份有限公司、鑫昊等离子显示器件有限公司、彩虹花炮有限公司、友达通信科技有限公司、芜湖长信科技股份有限公司、华东光电技术研究所等骨干企业都是引进的。

安徽省的产业基础相对比较薄弱，新兴产业发展也不足，这就更需要围绕产业链、产业集群、产业基地努力引进"植入型"战略性新兴产业，以做到"无中生有"，推动安徽省战略性新兴产业爆发式增长和跨越式发展。

五 大力发展"内生型"战略性新兴产业

"内生型"新兴产业可以进一步分为"新生型"、"派生型"、"衍生型"和"融合型"新兴产业。

发展"新生型"战略性新兴产业，需要大力发展实验室经济，建设创新平台，鼓励和坚持原始创新。发展"派生型"战略性新兴产业，主要是围绕骨干和龙头企业做好配套工作，因此要不断培育和引进战略性新兴产业中的骨干企业和龙头企业。发展"衍生型"战略性新兴产业，主要是立足于传统产业，通过技术突破，延长产业链，开发新产品来实现产业新生。发展"融合型"战略性新兴产业，主要是促成高新技术产业与传统产业之间的融合，通过融合促进传统产业创新，进而推进产业结构优化与产业发展。例如，传统装备制造业与新材料技术相互融合促进，精密加工、机械电子、数控装备等尖端技术与传统制造融合突破，将推动传统装备制造业从产业链条低端向高端跃进，从传统制造向高端装备制造业转变。

六 组建战略性新兴产业技术研究院

战略性新兴产业技术研究院具有非营利性、公益性和社会性，其功能主要有以下几个方面。第一，组织新兴产业发展战略研究，掌握国内外新兴产业发展动态，把握安徽省新兴产业发展方向。选择和培育战略性新兴产业需要做到"知己知彼"，只有对国内外，特别是对发展战略性新兴产业的基本规律、框架、路线图、推进的主要方式等都了如指掌，才能不断扬长避短，形成自己的竞争优势。第二，制订八大战略性新兴产业技术战略图，整合各种创新资源，形成创新合力，即通过顶层设计、规划和管理，提升整个系统的创新效率。第三，组织攻克新兴产业发展中的共性技术和关键技术。战略性新兴产业技术研究院定位于技术研发和技术产业化的中心位置，应充当政府的"有形之手"，弥补科技市场"失灵"。第四，谋划"爆发性增长源工程"。紧密结合安徽省实际，发挥比较优势，按照"加快形成爆发性的增长源"要求，优先选择语音合成及应用、新型平板显示、新能源汽车及蓄能技术、智能制造、量子通信五大领域，瞄准国内外科技和产业发展方向，谋划、落实一批战略性、牵动性强的大项目，形成爆发性增长源。第五，发挥技术引进、人才培育、资讯提供、衍生公司、创业孵化、技术服务与技术转移等作用，大力推动企业、政府、高校与科研机构之间的协同创新。第六，协助组建八大战略性新兴产业重点领域技术创新联盟，促进协同创新。引导社会资本投入新技术攻关、新产品研发领域，实施技术标准战略，促进核心技术转化为技术标准，提升产业核心竞争力。第七，协助政府有关部门，决定政府引导基金和有关创新基金的使用，对政府支持项目的成效进行验收、评估，并制定奖惩政策，防止欺诈、套用政府基金。

七 积极培育前瞻性战略性新兴产业

从安徽省角度看，依据战略性新兴产业"新"的程度，可以将其分为两类：第一类是在安徽省是新兴产业，但是在发达省份与西方发达国家已经率先兴起的产业；第二类是在中国和西方发达国家都是新兴产业。前者的战略性是加强技术学习和追赶，缩小差距，同时积极加入其全球价值链高端。后者的战略性则体现为在技术创新竞争中抢占先机，率先掌握技术领导权、技术标准制定权。第二类是前瞻性战略性新兴产业。

从创新角度看，任何战略性新兴产业的发展都来源于创新，如果既实现技术突破，又实现消费类型的创新，原来的产业脱胎换骨成为一个新型产业，或者在原来产业的基础上出现了一个新型产业，则为前瞻性战略性新兴产业。例如，互联网技术诞生，改变了原来的信息交流方式，并衍生出各种各样的新型消费；再例如，基因技术突破，使得生物、医药产业因新的消费诞生而得以迅速地成长，这类创新称之为新兴产业的创新。

突破性技术创新建立在一整套不同的科学技术原理之上，它对现有市场的主导技术不仅仅是简单的替代，而是一种跨越。技术跨越标志着全新产品、服务或工艺的出现。例如，在世界钟表产业的发展史上，日本的电子表替代瑞士的机械表。因此，前瞻性战略性新兴产业一旦成熟，将形成显著的巨大的规模经济、范围经济和和产业关联性，战略性显著。前瞻性战略性新兴产业，代表着新兴产业发展中的制高点，谁率先在前瞻性战略性新兴产业发展方面有所作为，就意味着在技术创新竞争中抢占先机，所以我们要积极培育前瞻性战略性新兴产业。

前瞻性战略性新兴产业发展的关键，是面向未来社会重大发展需求率先实现关键技术突破。为此，一是要关注国家科技重大专项、"863 计划"、国家科技支撑计划、"973 计划"、国家重大科学研究计划的研究进展；二是要面向未来具有广泛前景的重大发展需求，组建研究团队，搭建研究平台，积蓄研究力量，从事具有前瞻性的基础理论和应用研究；三是要关注国家（重点）实验室，国家工程（技术）研究中心的研究成果；四是面向行业关键技术，组织团队，重点攻关；五是要把握科技发展趋势，联合攻关，重点突破，着力抢占科技制高点；六是要超前谋划 2030 年左右可能诞生的产业；七是抓住第三次工业革命的机遇。第三次工业革命是一种建立在互联网和新材料、新能源相结合的新经济发展范式。其真正到来可能还需要科学和技术的重大发明。所谓的要把握第三次工业革命的机遇，就是要更多地来考虑科学的新发现在什么地方。前瞻性战略性新兴产业培育的重点是要扎扎实实地进行基础研究、产业共性技术和关键技术的研发，投入非常大，需要一个比较漫长的过程，各级政府和产业界需要有足够的耐心，需要摆脱浮躁之心，需要"慢工出细活"。

八　加快产学研用协同创新载体建设

协同创新是通过多个主体的协同作用和资源共享，产生整体大于部分的协同效应，实现创新价值的最大化。目前，安徽省与中国科学院、合肥市与中国科学技术大学合作共建中国科学技术大学先进技术研究院，打造具有国际影响力的高层次人才聚集中心、高科技产业孵化中心和先进技术成果研发基地、转化基地。依托中国科学院、中国工程院建立了 22 家院士工作站。除此，还要支持皖籍高校申报教育部协同创新中心，支持省教育厅协同创新中心建设。继续支持地方政府与知名大学和科研院所共建发展研究院；继续支持企业组建各种形式的战略联盟，特别是企业与企业、企业与院校之间的战略联盟，集成一切可资利用的科技资源和力量，开展协同创新，合作研发一批牵动性强的新产品；继续支持企业院士工作站、博士后流动站和博士服务站建设；继续支持企业和科研院所在省外、境外设立技术研发中心，与国内外企业、科研院所合作共建实验室及研发中心。

为了鼓励和推动产学研协同创新，政府应制定和完善与产学研合作有关的法律、政策，为各方主体的紧密协作提供制度保障；出台促进产学研协同创新的财税、金融、人才流动、仪器设备共享等相关配套政策，为产学研协同创新提供人财物保障。

| 第八章 | 安徽省八大战略性新兴产业发展解读 |

第一节　电子信息产业

　　电子信息产业是安徽省的传统支柱产业，产业基础较好，但近年来安徽省电子信息产业发展却相对滞后。对此，安徽省政府出台了《安徽省电子信息产业调整和振兴规划》、《安徽省 2008—2015 年电子信息产业发展规划》《中共安徽省委安徽省人民政府关于工业强省的决定》《安徽省战略性新兴产业"十二五"发展规划》等一系列规划文件，以此促进安徽省电子信息产业的振兴，从中也可解读出安徽省电子信息产业发展的目标、思路、政策条件及发展前景。

一　关于电子信息产业

（一）电子信息技术产业含义

　　电子信息产业是一个较为宽泛的概念，是研制和生产各种电子设备及各种电子元器件的产业，包括通信设备、导航设备、互联网设备、物联网设备、电子计算机、广播电视设备、雷达设备、电子仪器仪表、电子元器件及其他电子专用设备等研发和生产的行业。

　　电子信息产业包括新一代信息技术产业。国家"十二五"规划及《国务院关于加快培育和发展战略性新兴产业的决定》中均明确了新一代信息技术为七大战略性新兴产业之一，将被重点推进。新一代信息技术分为下一代通信网络、物联网、三网融合、新型平板显示、高性能集成电路六个方面和以云计算为代表的高端软件。《国务院关于加快培育和发展战略性新兴产业的决定》指出，我国将加快建设宽带、泛在、融合、安全的信息网络基础设施，推动新一代移动通信、下一代互联网、核心设备和智能终端的研发及产业化，加快推进三网融合，促进物联网、云计算的研发和示范应用。着力发展集成电路、新型显示、高端软件、高端服务器等核心基础产业。提升软件服务、网络增值服务等信息服务能力，加快重要基础设施智能化改造，大力发展数字虚拟等技术。

（二）电子信息产业的内容

1. 新型显示

随着人们对显示效果、便利性和经济性提出了更高的要求，新型平板显示技术已经浮出水面。新型平板显示技术包含多个方面，不仅局限于显示技术本身，同时还包括与显示设备关系密切的其他技术。目前的关注热点主要有（有机发光二极管）OLED、电子纸、LED 背光、高端触摸屏和平板显示上游材料等。OLED 技术和 TFT - LCD 相比，具有显示效果好、轻薄省电、可柔性弯折等优势，被公认为是替代 TFT 的下一代显示技术。电子纸也是新型显示技术的一大发展方向，其采用的原理是通过反射环境光线来进行显示，由于其轻薄省电、可卷折及更接近自然印刷品的观看体验，未来将主要用于替代纸质媒体。随着 LED 白光技术的发展，发光效率进一步提高，其显色性能和能耗指标都已大大高于冷阴极荧光灯管（CCFL），因此未来 LED 背光技术将逐渐取代 CCFL 作为 LCD 显示设备的背光源。触摸屏和平板显示设备的关系密切，很多技术具有高度通用性，目前，电容式触摸屏是发展的主流方向，其具有高精度、耐用和多点触摸等优点。平板显示上游材料一直以来基本依靠进口，近几年来，随着国内企业研发实力的增强，已有企业能够生产部分上游材料，产品品质接近国际水平①。

2. LED 光源

LED 是目前全球最具发展前景的高端技术领域之一，被称为第四代绿色照明光源，驱动着照明行业的变革，2013 年，LED 照明需求量将首度超越背光源。我国已经把 LED 光源列为"十二五"战略性新兴产业，随着全球 LED 照明市场需求持续高速增长及中国政府政策的大力支持。预计到 2014 年，中国 LED 照明市场规模将达 908.9 亿元，年复合增长率达到 69.2%②。

3. 智能家电

智能家电是相对于传统家电而言的，传统家用电器有空调、电冰箱、吸尘器、电饭煲、洗衣机、电磁炉、消毒碗柜和蒸炖煲等。智能家电关键在于采用了先进控制技术，把微处理器和计算机技术引入家电设备后形成的家电产品，从而使家用电器从一种机械式的用具变成一种智能设备。未来的智能家电还将具有自动监测、自身故障、自动测量、自动控制、自动调节与远方控制中心通信的功能。

4. 集成电路

集成电路是基尔比（Kilby）和诺伊思（Neuss）发明的，是一种微型电子

---

① 根据 http：//baike. baidu. com/view/4272407. htm 整理。

② 根据 http：//www. ledwn. com/exhibit/1/613. html 整理。

器件或部件。其是采用一定的工艺，在一小块或几小块半导体晶片或介质基片上把一个电路中所需的晶体管、二极管、电阻、电容和电感等各种电子元件及布线互连一起，然后封装在一个管壳内，成为具有所需电路功能的微型结构器件。集成电路有重量轻、体积小、寿命长、可靠性高、性能好、引出线与焊接点少和成本低等优点。集成电路目前在各种电子设备中都得到了广泛的应用，同时涌现出一大批专门致力于集成电路生产的企业。

5. 软件

软件一般来讲可划分为系统软件、数据库、中间件和应用软件。系统软件为计算机使用提供最基本的功能，可分为操作系统和支撑软件，其中操作系统是最基本的软件。应用软件是为了某种特定的用途而被开发的软件，如图像浏览器、微软的 Office 软件、数据库管理系统等。软件开发就是根据用户要求建造出软件系统或者系统中的软件部分的过程，通常采用软件开发工具进行开发。目前，我国已涌现出大量专门从事软件开发的企业，软件开发已成为我国电子行业中的一个重要产业。

6. 物联网器件

中国早在 1999 年就提出了物联网的概念，当时叫"传感网"。"物联网"（internet of things）一词，是麻省理工学院 Auto-ID 中心艾什顿（Ashton）教授 1999 年最早提出来的。2005 年，在国际电信联盟发布的同名报告中，物联网的定义和范围已经发生了变化，覆盖范围有了较大的拓展。物联网是在计算机互联网的基础上，利用射频识别、无线数据通信等技术，构造一个覆盖世界的物品（商品）能够彼此进行交流的"物与物联系网"。物联网在将来智能家居、智能交通、智能医疗、智能电网、智能物流、智能农业、智能电力和智能工业等领域应用前景非常广泛。在将来物联网发展的产业链中，对物联网器件如传感器、射频器件、智能仪器仪表等需求巨大，物联网器件发展前景十分广阔。

二 安徽省电子信息产业发展的目标及思路

根据《安徽省 2008～2015 年电子信息产业发展规划》、《安徽省电子信息产业调整和振兴规划》、《安徽省战略性新兴产业"十二五"发展规划》及安徽省其他电子信息产业相关文件，可以解读出安徽省电子信息产业的发展目标及发展思路。

（一）发展目标

1. 总量目标

到 2015 年，电子信息产业规模达到 2200 亿元，年均增长 22%，将其发展为带动安徽省产业结构调整和转变经济增长方式重要的基础性、先导性和战略性支柱产业。至 2020 年，在安徽省建立起具有核心竞争能力和可持续发展能力的现代电子信息工业体系，将安徽省发展为全国重要的电子信息产品研发生产基地。

2. 技术进步目标

完善以企业为主体，产学研有机结合的技术创新体系和机制；建立软件、汽车电子和集成电路等重点行业领域的公共技术服务平台；建立一批国家级和省级工程（技术）研究中心，为电子信息产业发展和信息化推进提供技术支撑；自主创新能力和技术水平显著提高，优势产业领域和重点主导产品技术水平保持国内先进，部分产品技术达到国际先进水平；至 2015 年，研发投入占销售收入比例达到同期全国电子信息产业平均水平。

3. 结构目标

新型平板显示、集成电路、软件、下一代信息网络、物联网器件、云计算、汽车电子、电子元器件和智能家电发展为支撑行业发展的主导产业，培育发展一批新兴产业；积极培育电子信息中小企业发展，着重推进 30 家骨干电子信息制造企业和 20 家重点软件企业做大做强，突出外源驱动，重点引进一批产业带动性较强的电子信息企业集团和一批重大产业项目，到 2010 年，形成年销售收入超 50 亿元企业 2～3 家，超 20 亿元的企业 5～8 家，2012～2015 年形成 2～3 家百亿元企业；推进产业结构调整与产品升级，力争实现信息家电、微电子等重点行业产业链关键环节突破；优化区域布局，完善产业配套体系，构筑分布合理、区域特色鲜明、集聚效应突出的产业空间发展格局。

4. 环境目标

加强电子信息产品污染防治，实现铅、汞、镉、六价铬等重金属物质和多溴联苯、多溴二苯醚等溴化阻燃剂等 6 种有毒有害物质在电子信息产品中的替代或减量化，加快电子信息产业循环经济发展体系建设。

（二）发展思路

（1）以科技创新促进电子信息产业发展。安徽省将发挥高校科教及研究机构的资源优势，加强自主创新成果的产业化步伐，提高产业的创新化发展能力，同时加强外部的技术引进与消化创新。

（2）以优势产业带动电子信息产业发展。充分发挥优势行业中的优势子产业及重点骨干企业的先导带动作用，提高骨干企业的产业凝聚力，增强特色产业集聚效应，千方百计地促进安徽省电子信息产业向集群化及规模化方向发展。

（3）以产业链核心环节为突破口优化结构。加快产业内重大项目建设，积极强化产业链核心环节建设，积极培育优势产业，加快结构调整和优化升级。

（4）加快工业化与信息化的融合发展。以国家实施的"两化"融合为契机，加快信息技术在工业领域内的推广应用，提高信息产业与工业产业的融合度，以推动信息产业和工业产业的融合发展。

三　安徽省发展电子信息产业的政策条件

（一）省级政府制定的政策

2008 年，安徽省经济和信息化委员会根据《中共安徽省委安徽省人民政府关于工业强省的决定》和省政府的工作部署，特制定《安徽省 2008～2015 年电子信息产业发展规划》。该规划把信息家电、电子材料和元器件、软件、汽车电子、微电子等列为重点子行业，加以大力发展。2009 年，安徽省经济和信息化委员会为全面落实国家《电子信息产业调整和振兴规划》，在已经省政府同意发布的安徽省八大支柱产业规划的基础上，特编制《安徽省电子信息产业调整和振兴规划》。该规划提出三项重点任务：一是迅速推进现有产学研成果的产业化；二是提升电子材料和元器件产业，重点建设国家（铜陵）电子材料产业园、合肥平板显示产业基地；三是加速培育发展合肥、芜湖、蚌埠等地的汽车电子产业集群。另外，该规划还提出了一系列实现规划目标的保障措施。《安徽省战略性新兴产业"十二五"发展规划》把电子信息产业列为安徽重点发展的八大新兴产业，在人、才、物等方面对该产业给予大力支持。

（二）地方政府制定的政策

合肥市为了贯彻落实省委、省政府《关于合芜蚌自主创新综合配套改革试验区的实施意见（试行）》（皖发〔2008〕17 号）和《合肥市自主创新综合配套改革实施方案》（合政〔2008〕142 号）文件精神，根据省委办公厅、省政府办公厅《合芜蚌自主创新综合配套改革试验区 2009 年工作安排》（厅〔2009〕9 号）要求，市政府组织编制了《合肥电子信息产业发展规划》。该规划提出，加速培育发展电子信息产业，尽快确立电子信息产业在合肥市工业经济中的支柱先导地位，充分发挥其对其他支柱产业发展的加速与倍增作用，是实现"工业立市、创新推动"战略目标的重点任务和重要突破口。

四　安徽省电子信息产业发展现状

近年来，安徽省电子信息产业实现了持续快速发展，技术水平及产业规模得到较大幅度提升，在中部地区居第二位，在全国同行业中的规模排位已升至第十二位。目前，安徽省已形成新型平板显示、集成电路、软件、下一代信息网络、物联网器件、云计算、汽车电子、电子元器件和智能家电等在全国具有比较优势的产业领域。拥有铜陵电子材料、芜湖汽车电子 2 个国家级电子信息产业园，以及滁州、铜陵、芜湖 3 个省级电子信息产业基地。"十一五"期间，工业增加值、主营业务收入、出口交货值的年均增长率分别达 32.1％、27.9％和 23.4％。目前，安徽省纳入电子信息行业统计的规模以上电子信息产品制造企业有 300 多家，软件及计算机信息系统集成企业 230 多家，企业从业人员数约9 万人。

五 安徽省电子信息产业发展前景

（一）重点领域发展展望

多年来，安徽省一直重视电子信息产业的发展，《安徽省电子信息产业调整和振兴规划》及《安徽省战略性新兴产业"十二五"发展规划》对安徽省电子信息领域发展重点做出了规划。

1. 新型显示

积极推进 TFT-LCD、OLED、激光显示、3D 显示、ITO、大尺寸玻璃基板、特种显示器件和背光模组等相关项目建设，完善安徽省新型显示产业链，形成规模化配套生产能力，努力突破国外专利壁垒并取得自主知识产权。但是随着社会经济的发展，人们对显示的效果、便利性等方面提出更高的要求，这一领域的技术也是日新月异。尽管显示领域市场需求巨大，例如，2010 年，TFT-LCD 面板全球市场规模达 640 亿美元左右，但是巨额资金投入到该领域，导致盈利空间越来越小甚至亏损。对于安徽省而言，走规模之路可能是不明智的，把精力放在核心技术的研发上，掌握核心技术才是获利之道。

2. LED 光源

安徽省将重点发展 LED 外延片、芯片，LED 显示、LED 汽车大灯、背光源、照明灯具及配套器件，积极引进蚀刻、热处理、切割、测试分选等生产环节，积极发展蓝宝石衬底晶体、绿色照明等产品。攻克半导体照明产业共性关键技术和关键设备，提高 LED 照明的经济性。从国家的文件精神来说，我国是大力支持节能节电的，而安徽省大力发展 LED 光源是符合国家大政方针的。国内外在 LED 光源方面的需求潜力是巨大的，只要安徽省在 LED 光源方面配套政策得当，这一产业将会迅速发展。

3. 智能家电

安徽省将本着节能环保的原则，采用数字、环保、节能新技术，提高绿色设计水平，开发节能、节材、可回收可拆解家电产品，研究利用信息技术提高家电产品的智能化水平，延长产业链条，提升智能家电产业的本地配套能力，实现产业链的整体升级。随着人们生活节奏的加快，对家电提出了更高的要求。家电不仅要节能、节电、环保，还要能为消费者省事、节省时间。可以说，智能家电恰好符合人们的需求，是未来家电发展的趋势。安徽省是家电传统生产大省，在全国具有较高的家电生产地位和知名度，在智能家电创新上也是先知先觉，目前已经奠定了良好的基础。接下来，国内外巨大的市场需求必将会拉动安徽省智能家电产业快速发展。

4. 集成电路

安徽省将重点发展移动电话、移动通信、汽车等领域芯片设计，扩大集成电路封装测试产业规模。形成从集成电路设计、制造到封装测试，以及相关专用设备、材料的完整产业链。未来的电器设备将向着小型化、高端化方向发展，这对集成电路的体积和密度提出了更高的要求。目前，集成电路的主要发展趋势是加工线宽微细化、高密度、高集成度和高性能，安徽省现有的企业如捷敏电子（合肥）有限公司、芯硕半导体（合肥）有限公司、科大讯飞信息科技股份有限公司、东芯通信股份有限公司、国晶微电子有限公司、合晶科技股份有限公司、三佳电缆科技有限公司等已经在向这个方向努力。

5. 软件

安徽省将以嵌入式软件、应用软件开发为主，支持网络化操作系统、海量数据库管理等为代表的系统软件，提升系统软件的开发能力。同时，加强云计算软件、数字语音系统、过程控制软件、智能终端软件、公共安全管理软件等集成软件开发。以市场需求为导向，瞄准数字电视、移动通信、掌上电脑、互联网等广阔的市场，开发应用于物联网、云计算、工业控制、消费电子及通信等领域的嵌入式软件和网络信息安全管控软件。未来世界将是信息化世界，对软件的需求将是海量的，美国、印度等国外软件产业的发展历程表明，这是一个可以做大的产业。但是，安徽省还需要在软件产业品牌建设、资源整合等方面加大力度，积极培育骨干企业，建立省内企业间的联合与互助机制，提高安徽省软件产业的整体竞争力水平。

6. 物联网器件

安徽省将重点发展传感器、射频器件及中间件、智能仪器仪表等物联网感知产品制造，积极推进物联网在经济社会中的应用；抓好光学传感器、压力传感器、温度传感器位移传感器等产品研发与生产，加紧特殊环境和工程项目传感技术的研发。物联网的建设是一项复杂、系统的工程，全世界都只是出于起步阶段，无论是物联网器件还是网络建设都还处于摸索阶段。安徽省在传感器领域具有传统的优势，可以以此为基础，大力开发物联网器件，利用安徽省的人力资源优势，把安徽省建成物联网器件生产基地。

（二）产业集群及分布

电子信息产业是安徽省的支柱产业之一，合肥、芜湖、蚌埠、滁州等城市是安徽省电子信息产业的重要生产基地。在国家及安徽省电子信息产业政策的引导和支持下，安徽省电子信息产业将向着集群化、规模化的方向发展，将会形成一批生产基地。

1. 新型平板显示产业基地

在合肥新站区和三十头产业园区，已经聚集了合肥京东方光电科技有限公司、鑫昊等离子显示器件有限公司等对安徽省平板显示产业起到引领作用的大企业，一大批项目如京东方光电科技有限公司的 8.5 代薄膜晶体管液晶显示器件、彩虹高世代液晶玻璃基板、乐凯转型光学薄膜生产线正在建设，未来将还会有一些企业入驻该地区，形成销售收入超过 1500 亿元的平板显示产业基地。

2. 芜湖 LED 光电产业基地

德豪润达光电科技有限公司、三安光电股份有限公司、安徽华东光电技术研究所等企业在国内具有较强的实力，目前已落户芜湖经济技术开发区，形成了产业集聚的趋势。接下来该开发区将加快推进 LED 芯片、封装、照明和特种显示项目，利用国家支持光伏产业发展的政策机遇，把芜湖建成光电产业生产和研发基地，在未来 5 年内实现销售收入超过 1000 亿元。

3. 智能家电生产基地

安徽省是传统的家电生产和研发大省，在全国具有较强的实力。合肥、滁州等城市是安徽省传统家电生产的中心，具有打造智能家电生产基地的基本条件。接下来，安徽省将以市场需求为导向，大力建设区域品牌，加快家电新产品的开发，完善智能家电产业链，在合肥市和滁州市原家电产业的基础上打造智能家电生产基地。

4. 微电子产业基地

中国科学技术大学、合肥工业大学、安徽大学等高校及中国科学院设在合肥市的研究所等研究机构在微电子领域的研究在全国处于领先地位，围绕着微电子领域在合肥市集聚了一大批全国优秀企业，如芯硕半导体（合肥）有限公司、捷敏电子（合肥）有限公司、合晶科技股份有限公司、国晶微电子有限公司等，微电子在合肥市的集聚效应已初步显现，这反过来还会吸引更多的微电子企业到合肥市安家落户。同时，安徽省政府及合肥市政府也正在优化产业发展环境，完善配套服务设施，积极承接产业转移，加速相关配套产业发展，在不久的将来，合肥市将会形成规模庞大的微电子产业集群，成为安徽省乃至全国的微电子产业基地。

5. 汽车电子产业基地

芜湖市聚集着大量的生产汽车电子的中小企业，从事开发生产发动机管理系统、车身控制系统、变速箱控制单元、电控动力转向系统、汽车稳定控制系统、全球定位系统及汽车仪表等汽车电子产品，目前，已经形成一定的规模。芜湖市也加大了对此类中小企业的支持力度，依托奇瑞汽车股份有限公司，加快芜湖市国家级汽车电子产业园建设，争取把该产业园建设成汽车电子产业基地。合肥市也正在以合肥市经济技术开发区和高新区为依托，围绕江淮汽车股份有限公司等整车企业，发挥合肥市在微电子、软件等产业方面的优势，加大对核心技术的研发支持力度，加快开发动力和底盘控制、车身和车载电子等产品，逐步建立合肥汽车电子产业基地。

6. 软件基地

以合肥市和芜湖市国家级动漫产业发展基地及合肥中国服务外包基地建设为契机，依托两市软件产业现有基础和软件技术人才，加快推进建立以动漫产品加工、研发、制作、运营和周边衍生产品开发等为一体的动漫产业链，千方百计促进动漫、软件出口、软件服务外包、汽车电子软件等软件开发企业向软件产业园区集聚，把合肥市、芜湖市打造成为集软件产品开发、为相关产业配套、销售运营于一体的新型软件产业基地。

第二节　节能环保产业

安徽省节能环保产业具有较好的产业基础，安徽省政府也非常重视节能环保产业的发展。近年来，安徽省出台了《安徽省节能环保产业发展规划（2009—2012年）》、《安徽省"十二五"节能环保产业发展规划（2011—2015年）》、《安徽省战略性新兴产业"十二五"发展规划》、《安徽省人民政府关于加快新能源和节能环保产业发展的意见》（皖政〔2009〕119号）及《安徽省战略性新兴产业"十二五"发展规划》等规划文件，为安徽省节能环保产业的发展指明了方向，提供了政策支持，同时从中可以解读出安徽省节能环保产业发展的目标、思路、政策条件及发展前景。

一　关于节能环保产业

从字面来看，节能是指节约使用能源的意思，意即在生产或生活中产出不变的情况下消耗尽可能减少的能源；或者反过来说，消耗同样多的能源，生产出比原来数量更多质量更好的产品。所谓节能产业，就是从事节能产品的研发、生产、销售、维护的企业的集合。环保产业是指以防治环境污染、改善生态环境、保护自然资源为目的而进行的技术研发、技术服务、产品生产、商品销售、工程承包等企业的集合。一般认为节能环保产业包括节能技术和装备、高效节能产品、节能服务产业、先进环保技术和装备、环保产品、环保服务六大领域。

二 安徽省节能环保产业发展的目标与思路

从《安徽省节能环保产业发展规划（2009～2012 年)》、《安徽省"十二五"节能环保产业发展规划（2011～2015 年)》及《安徽省战略性新兴产业"十二五"发展规划》可以解读出安徽省节能环保产业发展目标与思路。

(一) 发展目标

1. 规模目标

到 2015 年，节能环保产业实现飞速发展，预计年产值可突破 6000 亿元，年均增长率 40％以上，约占当年 GDP 的 25％。其中，节能产业 4500 亿元，资源综合利用产业 1000 亿元，环保产业 500 亿元。

2. 竞争力目标

到 2015 年，在节能环保产业培育 5～10 家年销售收入超过 50 亿元以上，20 家年销售收入 10 亿元以上，具有一定核心竞争能力的节能环保产业大公司和企业集团，扶持和壮大一大批中小企业；创建 5～10 个中国名牌产品、1～5 个中国驰名商标，建成布局合理、品牌效应明显，在全国具有一定影响力和竞争优势的节能环保装备产业化基地。

3. 自主创新能力目标

到 2015 年，研发投入占产业增加值的比例明显提高，组建 15～20 个国家级、省级节能环保产业工程（技术）研究中心和企业技术中心，30 个以上技术创新和公共服务平台，重点攻克 15 项以上关键共性技术及装备，开发具有自主知识产权的节能环保技术和产品 500 项以上，获得发明专利 200 项以上，国家（行业）标准 10 项。节能环保装备和产品总体技术水平达到国内先进，部分达到或接近国际先进水平。

4. 产业体系目标

依托现有产业优势、特色和发展趋势，统筹布局，打造八个各具特色的国家级或省级节能环保产业发展基地，加快节能环保产业集聚、规模化发展。建立起具有较强竞争力的节能、环保及资源循环综合利用产业体系；大力发展节能环保产业服务体系，使节能环保服务业占安徽省节能环保产业的比例大幅提高，年均增长 50％左右；加速形成有利于节能环保产业发展的政策法规体系、技术创新体系、技术标准和市场体系。打造安徽省节能环保产业较强的国际及区域合作和竞争能力。

（二）发展思路

1. 以创新为驱动，培育具有安徽省特色的节能环保产业

加大科研投入，大力支持创新，突破一批具有重大支撑作用的节能环保关键技术，并加快创新技术的产业化步伐，形成具有安徽省特色的节能环保产业。

2. 优化节能环保产业结构

从安徽省节能环保产业的长远发展着手，依托科技创新，着力支持技术含量高、成长潜力大、产品关联度高的节能环保企业，大力培育重点领域和重大产品，优化节能环保产业结构，提升安徽省节能环保产业整体实力。

3. 围绕市场需求推动产业发展

以市场需求为导向，充分利用本地已有的产业基础培育节能环保产业，构建和完善有利于自主创新的体制机制，使企业真正成为技术创新和产业化发展的主体。发挥好政府的管理和服务功能，推动产业按市场规范有序发展。

三　安徽省节能环保产业政策条件

发展节能环保产业是转变经济发展方式、促进可持续发展的有效途径，是积极应对气候变化、实现绿色发展的重要保证。美国、欧盟等国家已把节能环保产业作为提振经济和实现经济持续发展的战略性产业。我国政府对节能环保产业也颇为重视，2010 年，国务院出台《国务院关于加快培育和发展战略性新兴产业的决定》（国发〔2010〕32 号），把节能环保产业列为国家重点发展的七大战略性新兴产业之一加以重点扶持。

安徽省节能环保产业发展的基础较好，在全国具有一定的地位。近几年，安徽省陆续出台了一些政策支持节能环保产业发展。2009 年，安徽省出台了《安徽省人民政府关于加快新能源和节能环保产业发展的意见》（皖政〔2009〕119 号），提出安徽省将大力发展节能环保产业。2009 年，安徽省出台了《安徽省节能环保产业发展规划（2009—2012 年）》，该规划对安徽省节能环保产业在 2009～2012 年期间的发展重点、重点工程及政策措施进行了详细规划，为安徽省节能环保产业在这一期间的发展提供了有力的政策支撑。2011 年，安徽省出台了《安徽省"十二五"节能环保产业发展规划（2011～2015 年）》，该规划对"十二五"期间安徽省节能环保产业的发展重点、产业布局及保障措施进行了细致的规划，为安徽省节能环保产业在"十二五"期间的发展指明了方向。2011年，安徽省根据中央有关文件精神及安徽省委、省政府的安排，及时出台了

《安徽省战略性新兴产业"十二五"发展规划》，该规划提出，建立节能环保产业可持续发展的长效激励机制，以重点工程建设为依托，加速现有先进适用技术、装备和产品推广应用，加强重要领域关键技术和装备创新，强化政策标准的倒逼机制和引领作用，优化能源管理、推行清洁生产和低碳技术，培育合肥、芜湖、蚌埠节能环保装备制造业基地，提升阜阳资源综合利用产业基地。安徽省节能环保产业一系列规划文件的出台为产业发展指明了方向，有力地促进了安徽省节能环保产业的发展。

四 安徽省节能环保产业发展现状

近年来，安徽省节能环保产业规模快速扩大，产值平均年增长率超过 30%，成为安徽省新兴产业发展的主力军。2009 年，安徽省节能环保产业从业人数 9.5 万人，总销售收入 428.0 亿元，实现利润总额 38.1 亿元。其中，节能装备和产品生产总销售收入 166.9 亿元，环保装备和产品生产总销售收入 29.9 亿元，节能环保技术服务总收入 12.8 亿元，资源综合利用总销售收入 218.4 亿元。

安徽省节能环保产业不仅注重量的扩张，还注重质的提升。近年来，安徽省节能环保产业充分利用安徽省科研院所的优势，大力开发新技术，提升产业研发水平。产业内的骨干企业先后与中国科学技术大学、合肥工业大学、中国科学院合肥物质科学研究院、合肥水泥研究院、蚌埠玻璃工业设计研究院、金属矿产资源高效循环利用国家工程研究中心、煤矿瓦斯治理工程研究中心、汽车节能环保国家工程实验室等一批国家级创新平台合作，研究开发出智能电网技术、电动汽车技术、余热利用设备、烟气除尘设备、水处理设备和药剂、环境监测仪器等多项具有国内外先进水平的节能环保技术、装备与产品。

近年来，安徽省节能环保产业区域集聚度不断提高。据 2009 年不完全统计，合肥、芜湖、马鞍山和蚌埠四市节能环保服务业总收入占安徽省的 77.6%。目前，全省较大的高效节能装备制造企业主要分布在合肥和芜湖，合肥、蚌埠、马鞍山、淮北及安庆五市集中了全省 80% 以上的水污染和大气污染治理设备生产企业。铜陵、阜阳资源循环综合利用产业已成规模。

五 安徽省节能环保产业发展展望

(一) 重点领域发展展望

随着社会节能环保意识的提高，未来社会对节能环保方面的需求巨大。根据《安徽省"十二五"节能环保产业发展规划（2011～2015年）》，安徽省在未来一段时间将重点发展节能产业、环保产业、资源循环利用产业等。

1. 节能产业

在未来一段时间，安徽省节能产业将重点发展节能装备制造、节能产品、节能服务等。在节能装备制造领域，将加快节能关键技术装备研发和产业化示范步伐，重点发展节能变频调速控制技术、无功补偿技术与装置、电效管理系统、低压智能节电系统、节能变压器、高压智能节电系统、节能风机、低损耗配变技术、余热/余压/余能发电技术等，同时加快节能装备推广应用。在节能产品领域，将重点发展节能环保汽车及关键零部件，推广高效节能产品，如节能空调、平板电视、单元式空调、冷水机组等高效节能家电、办公及商业节能产品。在节能服务领域，将大力发展提供节能设计、测量、咨询、审计、能源管理等服务的节能服务公司。

2. 环保产业

安徽省未来在环保产业将重点发展环保装备制造、环保产品生产、环保技术服务等。在环保装备制造领域，将重点发展水污染防治装备、大气污染防治装备、固体废弃物处理处置等。在环保产品生产领域，将重点发展新型环保材料与药剂、环境监测仪器仪表、环境友好型产品等。在环保技术服务领域，重点发展环境工程总承包服务，鼓励从融资、设计、设备成套、安装、调试到运行的一条龙服务，培育集科研、设计、制造、工程总承包于一体的大型专业环境工程公司。

3. 资源循环利用产业

安徽省未来在资源循环利用产业将重点发展资源循环利用装备、资源循环利用产品、资源循环利用服务等。在资源循环利用装备领域，将加快开发有色金属矿、铁矿等矿物分离、富集与综合利用工艺、技术和设备，重点支持废旧汽车、工程机械、机床等产品关键零部件再制造技术与装备，氧化铝赤泥、钢铁厂酸泥、脱硫石膏、碎煤石等大宗固废资源化利用等技术与装备自主研发。在资源循环利用产品领域，将加大再生金属、再生纸制品、利废建材产品、再生塑料制品、翻新轮胎、废弃物再利用固体燃料、再生汽车零配件等推广力度。在资源循环利用服务领域，将建设再生资源回收利用体系，完善技术产品交易链、原料和产品绿色供应链、产业链耦合、系统集成等循环经济服务体系。

（二）产业集群及分布

根据《安徽省"十二五"节能环保产业发展规划（2011—2015年）》，安徽省将加快节能环保产业聚集化、规模化发展，以产业基地为载体，实现产业集群化发展。

1. 合肥市节能技术装备产业化基地

合肥市依托天威保变（合肥）变压器有限公司、继远电网技术有限责任公司、ABB 机器人技术有限公司、明腾永磁机电设备有限公司等大企业和中国科学技术大学、中国科学院合肥物质科学研究院技术优势，重点发展节能变压器、节能电机、智能电网及工业节能技术和设备产业，本着促进企业聚集化、规模化发展的原则，打造合肥节能技术装备产业化基地。

2. 芜湖市节能技术装备产业化基地

芜湖市依托海螺川崎装备制造有限公司、芜湖金鼎锅炉股份有限公司等骨干企业，重点发展水泥纯低温余热发电成套设备、冶金行业余热锅炉、电站锅炉、节能型变压器等节能成套装备和产品，推动余热余压利用装备成套化、系列化制造，促进企业集群化发展，打造芜湖节能技术装备产业化基地。

3. 合肥环保技术装备产业化基地

合肥市依托合肥国祯环保节能科技股份有限公司、元琛环保科技有限公司及合肥市水泥设计研究院、中国科学院合肥物质科学研究院等企业单位，壮大污染治理企业集群，重点发展污水处理、污泥处置，以及新型高效环保材料和空气污染监测技术等产业化项目，促进企业集群化、规模化发展，打造合肥环保技术装备产业化基地。

4. 蚌埠环保设备产业化基地

蚌埠市依托意义环保设备有限公司、艾尼科环保技术有限公司、恒意环保科技有限公司等大型企业，组建产业技术联盟，大力发展布袋除尘器、电除尘器、烟气脱硫装置、污水处理装置等，推动环保设备技术自主创新，加强关联产品开发，完善产业链，促进产业集聚化发展，打造蚌埠市环保设备产业化基地。

5. 芜湖节能环保汽车产业基地

芜湖市依托奇瑞汽车股份有限公司汽车节能环保国家工程实验室和安徽省工程技术研究中心建设，重点发展 1.6 升以下自主品牌小排量汽车、混合动力和替代燃料汽车，加强纯电动汽车的研发，提升核心零部件（动力总成、电子控制、电动车核心部件等）的研发和制造能力，对现有零部件产品继续加大轻量化的优化设计，加快建设国家级芜湖节能环保汽车产业基地。

6. 合芜滁节能家电生产基地

合芜滁充分发挥"节能产品惠民工程"的政策效应，大力推广使用 1 级或 2 级高效节能空调、冰箱、洗衣机和彩电等节能产品。依托美菱股份有限公司、荣事达三洋电器股份有限公司、格力电器（合肥）有限公司、扬子华美电器有限公司等大型企业，重点发展节能环保型的制冷剂、压缩机、换热器等产品，加强变频技术研究，推进安徽省家电行业的节能环保产业升级，同时实施名牌战略，推动组建安徽省家电产业联盟，打造合芜滁节能家电生产基地。

7. 合芜绿色照明产业基地

合芜依托芜湖三安光电股份有限公司、德豪润达光电科技有限公司，以及合肥皖投新辉光电科技有限公司和合肥彩虹蓝光科技有限公司等公司，加大绿色照明技术研发投入和关键技术的自主创新，重点发展 LED 和 OLED 产业技术。大力推广 LED 照明技术在汽车、家电、交通运输、隧道，以及路灯和景观装饰等领域的应用，本着产业集聚发展的原则，打造合芜绿色照明产业基地。

8. 两淮煤矿资源高效利用基地

依托淮南煤矿瓦斯治理国家工程研究中心、淮北煤炭资源综合利用工程技术研究中心，以及临涣煤焦化工业园和淮北国家循环经济试点城市，重点发展煤矿资源高效开采、利用技术和装备，煤炭气化、液化技术，以及煤化盐化一体化工程；大力发展煤层气（瓦斯）、煤矸石、粉煤灰、矿井水等资源的循环利用，着力开展煤层气抽采关键技术研究，提高煤层气开发利用水平。积极打造两淮地区煤矿资源综合利用基地。

9. 合蚌节能环保服务业基地

在节能环保服务业发展基础较好的合肥市和蚌埠市，大力发展能源合同管理，引入国内外知名的节能服务龙头企业，培育和壮大中小企业，鼓励和支持以合肥水泥设计研究院、东华工程科技股份有限公司及蚌埠玻璃工业设计研究院等为代表的本地企业积极发展节能环保产品认证、能效审核、环境监测评价和投资风险评估等节能环保服务，形成节能环保工程设计、施工和运营总包服务产业链，促进两市节能环保服务业规模化、集聚化发展，积极打造合蚌节能环保服务业基地。

第三节　新材料产业

安徽省出台的《安徽省战略性新兴产业"十二五"发展规划》、《安徽省新材料产业技术发展指南（2010～2015 年)》、《安徽省"十二五"工业发展规划》、《安徽省国民经济和社会发展第十二个五年规划纲要》等规划文件有力地促进了安徽省新材料产业的发展，从中也可解读出安徽省新材料产业发展的目标、思路、政策条件及发展前景。

一　关于新材料产业

（一）新材料及新材料产业的界定

随着人类社会的不断发展，传统材料已经无法满足人们在现代社会中的生产及生活需求，于是新材料应运而生。新材料是相对传统材料而言的，是指新出现的或正在发展中的，具备传统材料所不具备的优异性能和特殊功能的材料；或采用新技术（工艺、设备），使传统材料性能有明显提高或产生新功能的材料；或满足高技术发展的需要，具有特殊性能的材料（新材料产业生产力促进中心，2004）。新材料按照现代社会的需求，通过研究试验、材料设计、材料加工等一系列过程生产出来的，具有比传统材料更为优异的性能，能更好地满足现代社会的生产和生活的需要。

新材料产业是指生产经营新材料企业的集合。从产业的角度来说，新材料产业主要为其他产业的发展提供物质基础，所以新材料产业与其他产业的关联性较强。新材料是新出现的材料，其研发阶段存在较大风险，但是一旦研发成功，由于其具有"新"性而成为此种产品的市场垄断者，所以新材料往往具有附加值高、科技含量高的特征。

（二）新材料产业的分类

新材料产业涉及的范围很广，几乎涵盖了国民经济的各个行业，新材料产业包括新材料及其相关产品和技术装备。具体涵盖新材料本身形成的产业，新材料技术及其装备制造业，传统材料技术提升的产业等。2010年，国务院发布的《国务院关于加快培育和发展战略性新兴产业的决定》提出，大力发展稀土功能材料、高性能膜材料、特种玻璃、功能陶瓷、半导体照明材料等新型功能材料；积极发展高品质特殊钢、新型合金材料、工程塑料等先进结构材料；提升碳纤维、芳纶、超高分子量聚乙烯纤维等高性能纤维及其复合材料发展水平；开展纳米、超导、智能等共性基础材料研究。该文件进一步明确了我国未来一段时间新材料发展的种类。

二 安徽省新材料产业发展的目标与思路

安徽省目前还没有出台专门的新材料发展规划，但从《安徽省战略性新兴产业"十二五"发展规划》中可以解读出安徽省新材料产业发展的目标与思路。

（一）发展目标

（1）规模目标。培育一批具有引领作用的骨干企业，到2015年，实现总产值2000亿元，使新材料产业成为全省经济增长的重要支撑

（2）竞争力目标。到2015年，安徽省新材料产业整体技术水平和国际竞争力进一步提升，自主创新能力和科技支撑产业发展能力明显提升，掌握一批对产业发展具有主导作用的核心关键技术，部分行业居全国领先地位。

（二）发展思路

（1）培育企业。立足现有材料企业，进一步做大骨干企业，引进一批新材料知名生产企业。

（2）加大产业载体建设力度。建成2～3个千亿元产业基地，若干个产值超百亿元产业基地。

（3）加强优势产业的发展。以市场为导向，坚持有所为而有所不为，重点支持安徽省具有比较优势的新材料产业，坚持传统材料产业技术升级和新兴材料产业培育并重，加大研发投入，推进产学研结合，延长产业链。

（4）优化产业发展环境。通过加强市场准入管理，规范技术标准，建立投融资机制、加强人才队伍建设等措施，促进新材料产业规范有序发展。

三　安徽省新材料产业发展的政策条件

安徽省对新材料产业发展非常重视，力图将新材料产业打造为安徽省的支柱产业。2011年，安徽出台的《安徽省"十二五"工业发展规划》提出，要依托安徽省高等院校及中国科学院、中电集团等驻皖科研院所的技术人才优势，采用新工艺和新技术，在电子信息、汽车、信息家电、光伏等重点领域开发综合性能高、资源消耗少、环境负荷低的结构材料和功能材料，重点发展电子材料、高性能金属材料、高分子材料、非晶软磁材料、弹性体、硅基材料、复合材料、碳纤维和半导体照明材料，建设马鞍山、安庆、芜湖、蚌埠、池州、宿州新材料产业集聚区，加快建设铜陵国家级电子材料产业园。2011年，安徽省出台的《安徽省国民经济和社会发展第十二个五年规划纲要》也提出，重点发展高性能金属材料、硅基材料、膜材料、纳米材料、碳纤维材料、新型显示材料、稀土永磁材料、复合材料及特种材料等，培育和打造铜陵铜基新材料产业基地、马鞍山市高性能铁基新材料产业基地、滁州硅基新材料产业基地、安庆化工新材料产业基地、池州高分子聚合材料产业基地、黄山新型包装材料产业基地。《安徽省战略性新兴产业"十二五"发展规划》提出，安徽省未来将重点发展铜基新材料、铁基新材料、硅基新材料、新型高分子材料、纳米材料、碳纤维材料等种类的新材料。为提升安徽省新材料产业技术水平，促进新材料产业快速发展，安徽省出台了《安徽省新材料产业技术发展指南》（2010～2015年），该指南明确了安徽省新材料产业发展的技术线路及新材料技术发展的重点，为安徽省新材料产业技术发展指明了方向。

四 安徽省新材料产业发展的现状

(一) 具有一定的产业基础

安徽省在新材料领域具有一定的产业基础,合肥市杰事杰新材料有限公司、皖维高新材料股份有限公司、蚌埠市玻璃工业设计研究院、安徽省中鼎密封件股份有限公司、安利合成革股份有限公司、黄山永新股份有限公司等高新技术企业具有一定的知名度。非金属材料深加工、水性高分子材料、纳米材料研究与粉体开发等技术处于国内领先地位。氧化铟锡导电膜玻璃、透明导电膜玻璃基板、球形石英粉、高纯超细硅酸锆、锂离子电池正极材料、超级炭负极材料、纳米碳酸钙、陶瓷纳米粉体等产品性能处于全国先进水平。

(二) 具有一定的研发优势

中国科学院合肥物质科学研究院、蚌埠市玻璃工业设计设计院、中国科学技术大学等高校院所新材料研发实力较强,并建有国家玻璃深加工工程技术研究中心、纳米材料与技术重点实验室等技术开发平台,可以为安徽省新材料产业的发展提供科技支持。

(三) 具有一定的资源优势

安徽省还有较丰富的非金属矿产资源,现已查明非金属矿产有 79 种,其中方解石型碳酸钙、凹凸棒石黏土在储量与质量上居全国前列。煤系高岭土、绢云母、膨润土、沸石等储量也十分丰富,这为安徽省新材料的研发和生产提供了原材料来源。

五 安徽省新材料产业发展展望

(一) 重点领域发展展望

安徽省材料资源丰富,未来新材料产业的发展将会在现有材料资源的基础上加以提升。安徽省出台的《安徽省战略性新兴产业"十二五"发展规划》及《安徽省新材料产业技术发展指南》(2010～2015 年)是安徽省新材料产业发展的方向和指南,从中可以解读出安徽省新材料产业未来发展的重点和方向。

1. 硅基新材料

蚌埠及周边地区企业生产的硅基产品有很好的基础,并具有开发硅基新材料的能力。所以,未来安徽省将在蚌埠及周边地区重点发展特种玻璃新材料,包括显示玻璃、光伏玻璃、节能建筑玻璃、汽车玻璃、新型高性能有机硅、新型陶瓷功能材料。重点开发低辐射镀膜玻璃、高世代 TFT‐LCD 基板玻璃、光伏用 TCO 玻璃。强化硅基资源管理，提升开采利用水平和开采效率。

2. 铜基新材料

铜陵市是我国重要的铜矿资源地，铜产业在全国具有较高的知名度。随着市场对铜基新材料需求的进一步加大，加快发展安徽省的铜基新材料对提升安徽省的经济及优化产业结构意义重大。在未来几年中，安徽省将重点发展高精度电子铜带、超薄电子铜箔、低氧光亮铜杆、数据电缆、阳极磷铜材料、集成电路引线框架、特种电线电缆等。

3. 铁基新材料

马鞍山市及周边地区铁矿资源丰富，是我国重要的铁矿资源地，马鞍山市因钢设市，铁基产品畅销国内外。但是长期以来马鞍山市的钢铁产品均是一些科技含量不高的大路货，产品附加值较低。2012 年以来，马鞍山市在上级部门的领导下正积极转变观念，大力发展高附加值的铁基新产品，重点是铁基新材料。未来马鞍山市将重点发展高速车轮及轮对、重载车轮、低噪声车轮和轮毂、耐腐蚀钢、新一代高强汽车用钢、激光拼焊汽车板、高性能电工钢、功能化环保型涂镀板带、高强度机械用钢等高性能钢材和轻量化功能材料；以高强度、多功能为重点，大力发展合金材料。磁性材料重点发展稀土永磁、发光等高性能稀土功能材料，永磁铁氧体、纳米金属永磁材料、高性能软磁材料和器件。

4. 新型高分子材料

安徽省在高分子材料的研发及生产方面有很好的基础，一些骨干企业在全国有较高的知名度。随着社会经济的发展，传统的高分子材料已经不能满足社会需求，安徽省高分子材料企业将会不断研发新型高分子材料来满足社会需求和实现企业发展。安徽省未来将以树脂基复合材料和碳复合材料为重点，推进高性能复合材料低成本化、高端品种产业化，积极开展高强、高模等系列碳纤维开发和产业化；加快发展芳纶、超高分子量聚乙烯等，扩大发泡聚丙烯材料产业化进程；着力提高树脂性能，大力发展高稳定性、易塑性复合材料品种。可降解高分子材料重点发展光降解高分子材料与生物降解高分子材料。开发汽车和家电零部件用复合材料及配件、新型滤膜、高档环保型塑料薄膜涂层材料、新型包装材料等产品。

（二）产业集群及分布

1. 蚌埠市硅基新材料产业基地

蚌埠市及周边地区如凤阳县有较好的硅基新材料产业基础，未来安徽省将充分发挥凤阳硅基材料资源优势、蚌埠硅基材料技术优势和产业基础，加大对硅基材料的研发投入力度，积极发展硅基电子材料、高纯度光伏材料，重点实施蚌埠玻璃新材料产业园、凤阳中国硅材料科技产业园建设项目，建成销售收入超过 500 亿元的蚌埠硅基新材料产业基地，实现安徽省硅基新材料产业集群化发展。

2. 铜陵市铜基新材料产业基地

铜陵市的铜基新材料产业已经粗具规模，未来安徽省将依托铜陵现有铜基新材料产业优势，积极发展铜-电解铜箔-高密度层积板，铜-高精度电子铜带-集成电路引线框架，铜-低氧化光亮铜杆-特种电线电缆，铜-铜粉-铜合金材料等铜基新材料，培育具有自主知识产权的铜基新产品，打造完整的、具有国际竞争力的产业链，实现安徽省铜基新材料产业集群化发展。

3. 马鞍山市铁基新材料产业基地

马鞍山市的铁基新材料在全国已有一定的知名度，很多新产品已经完成了前期的研发设计，并投入了商业化生产。未来，安徽省将依托马鞍山市现有资源优势和产业基础，大力发展高速车轮及轮对、重载车轮、第三代汽车用钢、耐腐蚀钢、装备制造业用特种钢及高承载回转支承等高性能钢铁新材料，开发生产特种高效电机用磁性材料及电子元器件材料，培育一批高技术产业化示范企业和从事跨国经营的骨干企业，建成国内有较强竞争力的、具有区域特色的铁基新材料产业基地，实现安徽省铁基新材料集群化发展。

4. 蚌埠市碳纤维产业基地

近年来，蚌埠市的碳纤维产业发展迅速，已经形成了安徽省规模最大、技术最为先进的产业基地。未来，安徽省将依托安徽首文碳纤维有限公司，以现有的原丝、碳化生产技术、设备为基础，进行升级改造，并逐步发展下游产业，延伸碳纤维的产业链。力争到"十二五"末，蚌埠市碳纤维产业基地形成年产 5500 吨聚丙烯腈原丝、2200 吨碳纤维、2200 万平方米预浸料及复合材料生产线，成为安徽省规模最大的、产业链最完整的碳纤维及复合材料生产基地，实现碳纤维产业规模化、集群化发展。

第四节　生　物　产　业

安徽省是一个农业大省，发展生物产业具有较好的产业基础。近年来，安徽省出台了《安徽省人民政府关于加快生物产业发展的实施意见》、《安徽战略性新兴产业"十二五"发展规划》等规划文件，一些地方政府也出台了生物产业发展规划，如《蚌埠生物产业发展规划》、《合肥生物医药产业"十二五"发展规划要点》等，这些规划文件的出台将有力促进安徽省生物产业的发展，从中也可解读出安徽省生物产业发展的目标、思路、政策条件及发展前景。

一 关于生物产业

（一）生物产业的含义

一般来说，生物产业是指以生命科学理论和生物技术为基础，结合信息学、系统科学、工程控制等理论和技术手段，通过对生物体及其细胞、亚细胞和分子的组分、结构、功能与作用机理开展研究并制造产品；或改造动物、植物、微生物等并使其具有所期望的品质特性，为社会提供商品和服务的行业的统称。国家发改委在《生物产业发展"十一五"规划》中认为，生物产业是将科学与技术应用于生物体及其部分、产物和模型，为改变生物及非生物物质而创造新技术、产品及服务的同类生产经营活动单位的集合。国家发改委在《中国生物产业发展战略研究》中对生物产业的定义为：生物产业是指将现代生物技术和生命科学应用于生产及经济社会各相关领域，为社会提供商品和服务的统称。尽管到目前为止，学术界对生物产业还没有一个明确和权威的定义，但有一点是共同的，即生物技术在不同领域应用而带来产业化的结果。

（二）生物产业的分类

以生物技术应用的领域为标准，可将生物产业分为生物医药产业、生物制造产业、生物能源产业、生物农业产业和生物环保产业等。

1. 生物医药产业

进入 21 世纪以来，随着人们对健康的日渐重视，生物医药产业成为发展最为迅猛的高科技产业之一。一般来说，生物药物主要是指应用基因工程、蛋白质工程、抗体工程及细胞工程技术制造的用于治疗、预防和诊断的药物。生物医药大致可分为生物技术药物与生物技术改造的传统化学药、疫苗及诊断试剂、现代中药，以及以生物技术改造的传统中药、生物医学工程产品等。

2. 生物制造产业

生物制造是近年来制造技术发展的新方向，主要是指利用可再生生物物质制造新型材料和化学品，以及利用生物的机能进行制造，以替代化学品制造。生物制造主要包含生物基材料和微生物制造。目前，生物制造在世界范围仍然处于初步发展阶段，产业带动效应主要表现在较为成熟的生物糖产业上。生物糖产业对于产业上游传统农业和下游绿色食品加工业有着显著的带动作用。

3. 生物能源产业

简单地说，生物能源是指从生物质得到的能源。生物是周期性生长的，所以生物能源是一种可持续能源，发展生物能源符合循环经济的理念。目前，大力开发生物能源已成为西方发达国家能源战略的重要组成部分。生物能源产业是指生物能源材料及其产品的生产制造企业的集合，主要包括生物能源材料产业（如能源植物的育种及种植等）、生物液体燃料产业（如生物柴油的生产与制造等）、生物气体燃料产业（如沼气的生产及制造等）、生物发电产业（如甘蔗渣发电等）。

4. 生物农业产业

按照欧洲的提法，生物农业是指按照自然的生物学过程管理农业，适当投入能量和资源，通过促进自然过程和生物循环保持土地生产力，用生物学方法防治病虫害，维持系统最佳的生产力，实现农业环境的生态平衡。生物农业包括转基因育种、生物农药、非化学害虫控制、生物饲料、动物疫苗等领域。

5. 生物环保产业

简单地说，生物环保就是生物技术在环境保护方面的应用，包括水处理、固体垃圾处理、土壤修复等，相应的企业集合就是生物环保产业。

二 安徽省生物产业发展的目标及思路

目前，安徽省还未出台正式的生物产业发展规划，但从安徽省政府下发的《关于加快生物产业发展的实施意见》及《安徽战略性新兴产业"十二五"规划》中可以解读出安徽省生物产业目前的发展目标与思路。

（一）发展目标

（1）规模目标。到2015年，培育20～30个年销售额在亿元以上的生物技术产品，形成年销售收入超100亿元的骨干生物企业，产业产值达1500亿元。

（2）产业结构目标。到2015年，产业规模进一步扩大，产业层次逐渐提升，涌现出一批领军企业，形成安徽省生物产业的特色与优势，将生物产业逐步培育成为全省的支柱产业。

（二）发展思路

（1）重点突破的思路。坚持有所为而有所不为的原则，充分发挥安徽省在生物产业方面现有的特色和优势，明确生物产业主攻方向，围绕生物产业的前沿及主要发展方向，抓住重点区域，集中力量进行突破。

（2）培育与引进相结合的思路。抓住国家大力发展生物产业的良好时机，大力培育安徽省生物企业，增强壮大安徽省生物产业。同时瞄准国内外生物产业技术前沿及主要领军企业，加大招商引资力度特别是大企业的引进力度，实现省内外企业融合发展，壮大安徽省生物产业规模。

（3）强化创新的思路。利用安徽农业大学、中国科学技术大学、合肥工业大学、安徽大学的科研优势，积极推进产学研合作，加强生物产业领域重大技术创新，积极开发应用生物技术，实现技术产业化，知识产权自主化。

三　安徽省生物产业发展的政策条件

安徽省生物产业有较好的基础，省委、省政府对生物产业也有较高的期待，省发改委等部门也制定一些政策措施支持生物产业发展。《安徽战略性新兴产业"十二五"发展规划》提出，面向健康、农业、资源环境等经济社会发展重大需求，着力提升生物产业创新能力，构建现代生物产业体系，扩大产业规模，提升产业层次。该规划明确了安徽省生物产业未来发展的重点领域。安徽省政府《关于加快生物产业发展的实施意见》（皖政〔2009〕116号）提出了安徽省生物产业在未来一段时间发展的主要任务，为产业的发展指明了方向。另外，安徽省一些城市也制订了生物产业发展规划，例如，蚌埠市制定了《蚌埠生物产业发展规划》，合肥市制定了《合肥生物医药产业发展规划》等。安徽省级政府及地方政府出台的规划及实施意见必将为安徽省生物产业的发展提供有力的政策支持。

四　安徽省生物产业发展的现状

经过多年的发展，安徽省的生物产业已经取得了骄人的成绩，产业总体发展态势良好。

（一）形成了较好的产业发展基础

经过多年的培育，安徽省的生物产业已取得长足进展，产业覆盖生物制造、生物环保、生物能源、生物医药、生物农业等现代生物产业的诸多领域。在生物制造领域，形成了柠檬酸、赖氨酸、VC等多产品的生产能力，产品技术、规模居国内领先。在生物环保领域，蚌埠市的年产3万吨L-乳酸项目，规模为全国最大，出口量居全国之首，是亚太地区唯一的纯L-乳酸产品，形成了4万吨聚丙烯酰胺生产能力。在生物能源领域，蚌埠市形成了年产44万吨燃料乙醇生产能力，规模居国内领先，是我国四大燃料乙醇定点生产基地之一。在生物医药领域，培育了果糖原料药、催乳颗粒、乳酸钙、乳增宁、脑力静口服液、六味地黄丸（口服液）、维生素C原料等系列产品，自主研发了盐酸安妥沙星、那格列奈、萘哌地尔、富马酸伊布利特、西尼地平、扎来普隆等一批国家新药。

（二）研发水平不断提高

安徽省高度重视生物产业创新体系建设工作，不断加大创新平台建设扶持力度。目前，已建成了一批国家级研发中心、省级研发中心、博士后工作站及产业创新团队，并取得了重大科研进展。目前，安徽省生物产业已掌握了最前沿的菌种技术、发酵技术、分离提取、乳液聚合、生物倍增废水处理等技术，并在国内首创了生物化工的清洁生产工艺路线。

五 安徽省生物产业发展展望

（一）重点领域发展展望

1. 生物医药

安徽省是医药制造大省，其生产的中药及西药在全国具有很高的知名度。进入 21 世纪以来，省委、省政府高度重视医药产业的发展，尤其是生物医药。未来安徽省将会加大生物医药的开发力度，鼓励发展肝炎、结核病等重大传染病疫苗和诊断试剂；积极发展具有自主知识产权的生物技术药物、小分子药物、现代中药；重点发展重组人干扰素、母牛分枝杆菌、尿多酸肽、盐酸安妥沙星、疏风解毒胶囊、华蟾素等大品种。同时，支持丹皮等30 种道地中药材进行规范化种植，大力开发中药提取物、植物提取物、中药配方颗粒新品种、中西药结合制剂等新品种，使安徽省生物医药产业向多品种化、高端化方向发展。

2. 生物制造

安徽省是一个农业大省，农产品产值位于全国前列，具有发展生物制造的基础。未来安徽省将鼓励发展生物可降解性和生物相容性好的高分子材料；支持以非粮生物质为原料，生产柠檬酸、乙烯、聚乳酸等生物材料和环氧乙烷、乙二醇等单体原料；提高木糖醇、柠檬酸等生物基化学品的生产技术水平和产品质量；鼓励纤维素酶、半纤维素酶等技术的研发和应用。同时，加大生物技术对医药、化工、酿造、食品、农产品加工、饲料、纺织、造纸、制革等传统制造过程的改造力度，减少环境污染，实现绿色生产。

3. 生物能源

生物能源是一种可持续能源，对一个农业大省来说其发展潜力是巨大的。未来安徽省将积极发展以非粮作物生产生物乙醇，攻克纤维素乙醇生产关键酶技术；支持生物石油、生物乙醇、生物柴油的开发和产业化；鼓励采用生物石油精炼技术，促进燃料乙醇和多种生化产品联产；鼓励利用秸秆等生物质直燃、气化发电、热解液化、加工致密成型燃料；支持利用油料作物、棉籽油、餐饮业废弃油等生产生物柴油。随着生物能源开发技术水平的提高，生物能源的应用范围也将大大扩展，安徽省的生物能源产业也会不断地增强壮大。

4. 生物农业

根据世界农业的发展趋势来看，未来的农业将向着高效、优质、低害的方向发展。安徽省在经历粗放式的农业发展过程之后，也必将要改变发展方式。在农业育种上，鼓励采用现代生物技术，选育优质水稻、小麦、玉米、棉花等良种，提高禽畜、水产品的良繁率；在农业田间管理上，大力发展生物农药、生物肥料、兽用中药、可降解生物农用薄膜、改善水生态益生菌等绿色农用生物制品，扩大氨基酸、生物色素等饲料与食品添加剂的生产规模；在农业生产环境的保护上，采用生物制品保护和改善水域生态环境，发展健康养殖，加强野生动植物基因资源保护和开发利用。

5. 生物环保

安徽省在生物环保方面已有一定的基础。未来安徽省重点发展高性能水处理絮凝剂、杀菌剂等生物技术产品，支持利用生物技术产品进行清洁生产工艺技术开发，鼓励生物环保技术在废水处理、垃圾处理、大气污染防治、矿区、煤矿塌陷区生态修复等方面的应用，推动生物环保产业快速发展。

（二）产业集群及分布

1. 蚌埠市生物产业集群

当前，蚌埠市生物产业已涵盖生物制造、生物环保、生物能源、生物医药、生物农业等几乎所有现代生物产业领域，并形成了自己的产业特色。在生物制造领域，形成了年产 22 万吨柠檬酸、10 万吨赖氨酸、8000 吨稳定 VC 生产能力；在生物能源领域，形成了年产 44 万吨燃料乙醇生产能力，是我国四大燃料乙醇定点生产基地之一；秸秆综合利用技术取得重大突破，千吨级示范项目建成试生产，万吨级工业化项目已经开工建设，2×12 兆瓦秸秆发电项目建成投产，2×30 兆瓦秸秆发电项目开工建设。目前，蚌埠市生物产业拥有上市企业 2 家、国家创新型企业 1 家、新认定高新技术企业 11 家，生物产业集群初步形成。值得一提的是，由于蚌埠市生物产业科研实力雄厚，发展潜力巨大，在未来必将会形成具有区域特色的生物产业集群。

2. 合肥市生物医药集群

近年来，合肥市生物产业发展速度较快，产业规模不断壮大，已经形成了包括生物能源、化学制剂、中成药、生物制药、生物农药、生物育种等在内的门类齐全的生物产业体系。涌现了一批全国知名的骨干企业，如兆科药业（合肥）有限公司、神鹿双鹤药业有限责任公司、安科生物工程公司、易能生物能源有限公司、奥生环保科技有限公司、丰乐种业股份有限公司、袁隆平农业高科技股份有限公司、华威药业有限责任公司等。其中，生物医药企业呈现出聚集发展的趋势，主要集中在合肥高新区和合肥经济开发区，这是合肥市生物产业发展中的特色和亮点。在未来，合肥市将会大力支持生物医药产业发展，形成产业集群，使其成为合肥市的支柱产业。

3. 芜湖市生物医药产业集群

近年来，芜湖市充分利用合芜蚌新区和皖江城市带承接产业转移示范区的政策优势，夯实生物医药产业基础，企业实力不断增强，经济效益明显提升。同时，芜湖市积极引进资金投入和新品种、新技术，提高医药产业核心竞争力。目前，芜湖市有生物医药企业近70家，已成为国内基础输液、外用药和医用玻璃的重要生产基地，安徽省重要的医药产品配送和信息中心之一。根据《芜湖市生物医药产业中长期发展规划》，芜湖市将引进、扶植一批具有较强竞争力的大中型医药企业或企业集团，重点发展大容量注射液、小针剂、植入剂、中药材及天然产物萃取物、外用药、医用生物制品、医疗器械等生产项目。在未来几年，芜湖市生物医药产业体系将更加完善、聚集趋势将更加明显，逐步形成区域性的生物医药产业集群。

4. 亳州市现代中药产业集群

亳州市是神医华佗的故乡，有着深厚的中国中医药文化底蕴，在明代已被誉为我国四大药都之一，在国内外具有较高的知名度。目前，亳州市的中药产业主要包括中药种植业、中药加工业、中药流通业等方面。亳州市中药材种植业具有较好的基础，有中药资源171科、410种，经常种植的中药材有230多个品种，常年种植面积占全国的10%，达4万多公顷，中药材种植专业村800多个（主要集中在谯城区），8个中药材规模种植大基地，区域化种植面积40多万亩[①]，规范化种植基地近3万亩。在中药加工方面，全市共有7家制药企业（其中6家通过GMP认证），28家饮片加工企业（有26家通过GMP认证，占全国的44%），亳州市拥有全国最大的中药饮片产业集群，饮片年产6万～7万吨，总产量占全国的近30%。在流通领域，全市共有药品经营企业近千家（含零售企业），中国（亳州）中药材交易中心目前是全国中药材集散地。从中药种植、加工、流通等方面来看，亳州市基本形成了较为完善的中药产业集群。中药产业是亳州市的支柱产业，未来亳州市必将大力支持该产业的发展，亳州市现代产业集群也必将进一步发展壮大。

---

① 1亩＝1/15公顷≈666.7平方米。

第五节 新能源产业

安徽省是一个资源大省，新能源产业发展有较好的基础。近年来，安徽省政府出台了《安徽省"十二五"能源发展规划》、《安徽省人民政府关于加快新能源和节能环保产业发展的意见》（皖政〔2009〕119号）、《安徽战略性新兴产业"十二五"发展规划》等规划文件，力促新能源产业发展，从中也可解读出安徽省新能源产业发展的目标、思路、政策条件及发展前景。

一 关于新能源产业

传统能源是指已经被广泛利用的煤炭、石油、天然气、水能等能源，随着传统能源问题的日益突出，以环保和可再生为特点的新能源越来越得到世界各国的重视。新能源一般是指在新技术基础上加以开发利用的可再生能源，包括太阳能、生物质能、水能、风能、地热能、波浪能、洋流能、潮汐能、氢能、沼气、酒精、甲醇等。1980年，联合国召开的联合国新能源和可再生能源会议中对新能源的定义为，以新技术和新材料为基础，使传统的可再生能源得到现代化的开发和利用，用取之不尽、周而复始的可再生能源取代资源有限、对环境有污染的化石能源，重点开发太阳能、风能、生物质能、海洋能、地热能和氢能。联合国开发计划署把新能源分为大中型水电、可再生能源（包括小水电、太阳能、风能、现代生物质能、地热能、海洋能等）及传统生物质能三大类。在中国，新能源一般包括风能、太阳能、生物质能、水能、核能、地热能、海洋能等能源（王长贵，2004）。新能源产业是研究、开发、生产新能源企业的集合。

二 安徽省新能源产业发展的目标及思路

目前，安徽省还未出台正式的新能源产业发展规划，但从安徽省政府下发的《安徽省"十二五"能源发展规划》、《安徽战略性新兴产业"十二五"发展规划》、《安徽省人民政府关于加快新能源和节能环保产业发展的意见》（皖政〔2009〕119号）中可以解读出安徽省新能源产业目前的发展目标与思路。

（一）发展目标

安徽省在"十二五"期间将大力开发利用风能、生物质能、太阳能等可再生能源，积极推进水电建设，把安徽省建成在全国具有重要地位和较强竞争力的新能源产业基地。进一步优化能源供应结构，力争到 2015 年，非化石能源消费占一次能源消费总量的 6％左右。到 2015 年，在新能源技术开发、创新成果产业化等方面取得重大进展，一批创新型企业做大做强，新能源产业实现产值达到 1500 亿元。

（二）发展思路

（1）以创新驱动产业发展。积极推进新能源技术开发，促进创新成果产业化，支持一批创新型企业做大做强。

（2）以人才支撑产业发展。推进产学研结合，实施人才开发与培养工程，进一步提高自主创新能力，为新能源和节能环保产业发展提供智力和人才支撑。

（3）以载体承载产业发展。建设合肥、滁州、六安、马鞍山太阳能光伏产业基地，蚌埠、淮北生物质能源产业基地，促进新能源规模化、产业化发展。

三 安徽省新能源产业发展的政策条件

新能源产业是具有巨大发展潜力的产业，对此安徽省政府非常重视，制定一系列政策支持新能源产业发展。《安徽省人民政府关于加快新能源和节能环保产业发展的意见》（皖政〔2009〕119 号）提出要对安徽省新能源产业发展提供财政支持。其具体措施有：①积极争取中央预算内补助资金和国债资金，支持符合条件的新能源企业、高校及科研院所申报国家重大科技专项、高技术产业化专项、重点行业结构调整专项、装备制造业发展专项及各类专项补助（补贴）资金；②启动新安江流域生态补偿试点，争取中央财政支持，增加对流域地区财政转移支付；③加大对新能源产业发展的投入力度，通过财政资金引导作用，重点支持新能源新技术研发、示范工程建设；④整合现有省级专项资金，加大对新能源和节能环保产业自主创新和科技成果转化的扶持力度；⑤落实国家和省已出台的税费减免政策，加快将符合条件的新能源和节能环保企业认定为高新技术企业，引导企业用好国家相关减免税政策。

四 安徽省新能源产业发展现状

安徽省自然条件优越，具备大规模发展新能源产业的条件和市场空间，目前正呈现出加速发展的良好态势。目前，安徽省新能源产业主要涉及风电开发、太阳能利用、生物质能发电等方面。在风电开发方面，国电龙源电气有限公司在来安县建设风电场，实现了安徽省风力发电零突破。根据有关部门初步估算，估计安徽省"十二五"期间风电开发潜力可达 300 万千瓦以上。在太阳能利用方面，建成蚌投集团首座兆瓦级（2兆瓦）非晶硅薄膜电池太阳能电站、合肥高新区光伏发电集中应用示范区（25.9兆瓦、一期14.6兆瓦）、海润光伏科技股份有限公司、安徽超群电力科技有限公司、黄山善孚化工有限公司、铜陵中海阳新能源股份有限公司等一批光伏电站项目列入国家金太阳示范工程，总装机容量约32兆瓦。在生物质能发电方面，国能生物质发电有限公司、凯迪电力科技有限公司等国内新能源龙头企业在安徽省建成生物质电厂7家，总装机容量16.3万千瓦。另外，安徽省还建设了一批垃圾焚烧电厂，例如，芜湖绿洲环保能源有限公司垃圾焚烧热电厂、安庆垃圾焚烧电厂、合肥垃圾焚烧电厂等有力地促进城市垃圾的"无害化、减量化、资源化"，改善城市生态，实现了垃圾资源的有效利用，经济效益十分可观。

五 安徽省新能源产业发展展望

从《安徽省"十二五"能源发展规划》、《安徽战略性新兴产业"十二五"发展规划》、《安徽省人民政府关于加快新能源和节能环保产业发展的意见》（皖政〔2009〕119号）中可以解读出安徽省新能源产业未来发展前景。

（一）重点领域发展展望

1. 光伏产业

太阳能具有清洁、持续、低成本的特点，开发太阳能的市场前景十分广阔，围绕利用太阳能大力发展光伏产业是安徽省政府做出的重大决策。安徽省未来将以提高太阳能电池转化效率和降低光伏发电系统成本为目标，重点突破环保型高纯硅材料、低能耗硅碳棒制备技术，推进高效非晶硅薄膜太阳能电池及专用设备的产业化，加快太阳能电池生产和测试设备的产业化，做大做强太阳能光伏并网发电装备与站控系统，加强电站用大容量储能电池及管理系统技术研发，积极发展光伏预测、分析、设计、运行、调度与能量管理软件，突破光伏电站接入智能电网关键技术，形成具有安徽省特色的太阳能光伏产业。

2. 生物质能源

安徽省发展生物质能源已具有较好的基础，但在关键技术上还有待突破。未来安徽省将加强下一代生物燃料技术开发，利用各类农作物秸秆，促进非粮生物乙醇产业化；积极发展生物质精炼技术，生产芳香族类、糖类、有机酸酯等生物石油延伸产品；鼓励以油料植物、地沟油生产生物柴油，利用边际性土地种植能源植物；探索发展高温快速裂解秸秆生产气体燃料技术及其产业化。通过一系列关键技术的突破，把安徽省的资源优势转化为产业优势，最终形成在国内具有较强竞争力的安徽省生物质能源产业。

（二）产业集群及分布

1. 合肥市光伏产业集群

合肥市被称为全国光伏产业的摇篮，因为合肥市不仅拥有全国唯一的光伏系统研究中心（合肥工业大学教育部光伏系统工程研究中心），还有中国科学技术大学太阳能光热技术研究所、合肥物质研究院等离子所太阳能电池材料研究室等科研院所，整体研发实力在全国处于领先地位。根据《合肥市工业发展"十二五"规划》，"十二五"期间，合肥市新能源产业将依托赛维LDK太阳能高科技（合肥）有限公司、海润光伏科技股份有限公司、阳光电源股份有限公司、晶澳太阳能有限公司、国轩高科动力能源有限公司等龙头企业，重点生产高效低成本硅片、电池片、光伏组件、光伏逆变设备，构建完整的太阳能光伏产业链。目前，仅合肥市高新区就聚集有光伏企业超过20家，未来将还有一大批光伏企业将落户合肥市，光伏产业集群初步形成并有进一步发展壮大的趋势。

2. 滁州市光伏产业集群

滁州市新能源产业主要涵盖硅基材料加工，石英坩埚生产，单晶硅棒、多晶硅锭生产，硅片切割，太阳能电池片、电池组件生产，光伏玻璃生产等。2010年，滁州新能源产值57亿元，其中70%集中在太阳能光伏领域，占全市工业总产值的5.4%。滁州市区位优势明显，可便捷地利用长江三角洲新能源产业的技术、人才溢出效应和信息、检测、认证等平台，安徽省也大力扶持滁州市的光伏产业。目前，滁州市光伏产业中规模以上企业达到16家，产值过亿元的企业达到11家，光伏产业聚集化发展的倾向进一步增强。在未来，滁州市将会吸引更多的光伏企业在此安家落户，形成一个体系完善、配套齐全的规模化聚集化发展的光伏产业集群。

第六节　高端装备制造产业

高端装备制造产业是装备制造业的高端领域，也是装备制造业未来发展的方向，安徽省政府对该产业的发展十分重视。近年来，安徽省出台了《安徽省装备制造业调整和振兴规划》、《安徽省装备制造业调整和振兴规划实施意见》、《安徽省人民政府关于加快我省装备制造业发展的若干意见》、《关于加快培育和发展战略性新兴产业的实施意见》、《安徽战略性新兴产业"十二五"发展规划》等一系列规划文件，从中可以解读出安徽省高端装备制造业发展的目标、思路、政策条件及发展前景。

一　关于高端装备制造业

装备制造业是为国民经济发展及国家安全提供技术装备的基础性、战略性产业，具有产业关联度高、社会需求弹性大、吸纳就业能力强、技术资金密集等特点，是一个国家（地区）核心竞争力的重要组成部分，是产业升级、技术进步、经济安全的重要保障。

高端装备制造业是装备制造业的高端领域，是产业链的核心环节，具有技术高端，价值链高端，成长空间大，带动作用强等突出特点。其体现出多学科和多领域高、精、尖技术的交叉与集成，具有战略性、先导性、可持续性、高附加值等基本特征，是为国民经济发展和国防建设提供高端技术装备的战略性产业。其发展水平决定产业链的整体竞争力，是衡量国家现代化程度和综合国力的重要标志。

二　安徽高端装备制造业发展的目标与思路

（一）发展目标

1. 规模目标

到 2015 年，形成一批技术含量高、附加值高、市场需求量大的新产品，若干个具有国际竞争力的大型企业集团，以及一批在全国有特色的产业集群，高端装备制造业产值达 1500 亿元。到 2020 年，实现工业增加值 2100 亿元，实现出口交货值 800 亿元。

2. 技术目标

坚持技术进步，到 2013 年，力争全行业研发费用达到全行业销售收入的 2.5%；新增国家级企业技术中心 3～5 个，新增省级企业技术中心 40～50 个；主要加工设备数控化率达 35%～40%。

3. 产品目标

煤矿、建材、冶金等大型成套装备成套率达 20%；重点产品技术水平达到国内领先水平；出口产品交货值占全行业产值的 10%～15%；争创世界名牌产品 1～2 个，中国名牌产品 5～8 个，省内名牌产品 50～60 个，新产品产值占全行业产值的 25%以上。

（二）发展思路

1. 争取国家政策

抓住国家大力发展新兴产业的机遇，抢抓市场需求快速增长和产业转移加速的有利机遇，积极争取国家政策支持，同时落实省内配套政策，加快培育形成优势突出、特色明显、大中小并举、配套合理、充满活力的高端装备制造工业体系。

2. 实施一批重大项目

充分利用安徽省的高端装备制造业基础优势，充分挖掘现有资源潜力，集中配置要素资源，加强对外合资合作，实施一批高水平的重大项目。同时，加强产学研用联合，增强以企业为主体的开放式自主创新能力，掌握优势产业研发与核心制造技术，提升安徽省高端装备制造业的技术水平。

3. 培育骨干企业

骨干企业是产业发展的排头兵，具有带动作用。安徽省高端装备制造业将大力培育骨干企业，并以骨干企业为龙头，加快联合兼并重组，培育一批能够参与国际竞争，带动安徽省装备制造业整体发展的大型企业（集团）和工程公司。

三 安徽省高端装备制造业发展的政策条件

（一）加大财政支持力度

《安徽省人民政府关于加快我省装备制造业发展的若干意见》中提出，加大财政性资金投入力度。设立省加快装备制造业发展专项资金，主要用于推进重点产业发展研究、重大项目前期、重大装备技术攻关、产业集中地服务平台和重大建设项目的补助和贴息。建立奖励机制，对在谋划重大项目、招商引资、扩大省产零部件采购、使用首套省产重大技术装备等方面有突出贡献的企业领导层给予奖励。各市财政也要设立相应专项资金。省直有关部门要积极对口争取国家预算内资金和国债资金，进一步加大对安徽省装备制造业发展的支持。

（二）加大技术改造力度

《安徽省装备制造业调整和振兴规划》提出，高起点实施大规模技术改造。将国家装备制造业调整和振兴规划的实施作为安徽省装备制造业调结构、上水平的一次重大机遇，围绕重点产业和装备制造业基地建设，继续高强度、高起点实施企业技术改造。3年规划实施技改项目900项，总投资超700亿元。

（三）加大技术创新力度

《安徽省装备制造业调整和振兴规划实施意见》提出，安徽省高端装备制造业要实施技术创新，加强企业技术中心建设，推进产学研结合。未来几年，全省新增国家级技术中心 3~5 个、省级技术中心 50 个。每年产学研合作项目增长 20%，群众性的技术革新项目增长 20%。

四 安徽省高端装备制造业发展的现状

安徽省高端装备制造业经过多年的发展，已初步形成工程机械、电工电器、机床工具、机械基础件、石化通用机械、重型矿山机械、仪器仪表、农业机械、其他机械等 10 个行业，经济总量位居安徽省工业行业第二位，是安徽省工业支柱产业之一。2008 年，全省规模以上装备制造企业 1992 个，实现工业增加值 390 亿元，比 2007 年增长 27%，增速居全国第十五位、华东地区第五位、中部地区第三位；实现利润 77 亿元；实现出口交货值 94 亿元。煤矿机械、环保设备、船舶制造、工程机械、节能装备、冶金装备六大产业基地实现工业增加值 110 亿元，比 2007 年增长 30%，占全装备制造业的 28%。

五 安徽省高端装备制造业发展展望

(一) 重点领域发展展望

1. 重大基础制造装备

中国在全球制造业中的大国地位还将维持一段时间，重大基础制造装备在中国乃至全球的市场前景仍旧十分广阔，安徽省在重大基础制造装备领域的发展前景也十分看好。在未来一段时间，安徽省将加强新型传感、高精度运动控制、系统集成等关键技术产业化，积极发展智能液压系统、智能化仪表、精密测试仪器、自动控制系统等典型智能装置，优先发展"绿色、节能、环保、智能"数控成形机床、工业机器人、数控金属切削机床、数控锻压机床，开发数字化和柔性化生产系统、数控系统、关键功能部件等。

2. 大型工程机械

安徽省大型工程机械产业有很好的产业基础，行业中有多家上市公司在全国有较高的知名度，为安徽省乃至全国的经济发展做出了较大的贡献。从未来的市场行情来看，我国还有大量的基础设施需要建设，对大型工程机械的需求量还在继续增加，市场前景较好。安徽省未来将依托合肥、芜湖、蚌埠、马鞍山、淮南、淮北等地的工程机械龙头企业，大力发展叉车等高端工业车辆，挖掘机、装载机、掘进机、起重运输机等大型工程机械；加快发展以数控技术为支撑、服务现代农业的大型农业机械；壮大主导产品，培育配套企业，延伸产业链条，建成若干个国内外有影响的工程机械产业基地。

3. 行业成套技术装备

未来的设备越来越复杂，生产分工也越来越细，对行业设备装备需求也越来越大。安徽省在行业成套技术装备方面有很好的基础，只要抓住当前的大好机遇，这一行业完全可以做强做大。未来安徽省将在多个行业成套技术装备方面大显身手。汽车装备重点发展超高强度热成形技术及成套装备、自动化成套技术及装备；平板显示装备制造重点引进平板显示产业装备；大力发展集成电路装备制造、现代传媒装备制造；能源技术装备重点发展太阳能、风能、地热能采集先进装备，太阳能光伏、大型风能发电成套设备及核心功能组件；采选技术装备重点发展大功率电牵引采煤机组、大型选煤、选矿成套设备；冶金技术装备重点发展大型冶金铸锻件和大型金属冶炼设备、高气压环形潜孔钻机、井下无轨钻机等。化工技术装备重点开发大型煤气化炉、大型聚合反应釜、大型合成塔、大型压缩机等关键和成套设备。

（二）产业集群及分布

1. 合肥市大型工程机械制造基地

目前，合肥市有多家大型工程机械制造企业，产业基础较好。近几年来，合肥市加大资金投入扶持力度，完成技术改造项目 22 个，投资额 70.8 亿元，完善和拓宽工程机械产业链。未来合肥市将重点发展工业搬运车辆、挖掘机械、混凝土机械、道路机械、起重机械、工程专业车辆等产品，进一步吸引国内外有实力的工程机械企业到合肥市投资，在合肥市形成大型工程机械产业集群，把合肥市打造成我国重要的工程机械制造基地。

2. 芜湖市节能装备制造基地

芜湖市的节能装备制造在全国具有较高的知名度，产业集聚度较高。近几年来，芜湖市政府加大资金投入扶持力度，扶持技术改造项目 24 个，投资额 24.3 亿元。目前，芜湖市已成为在全国具有重要影响力和竞争优势明显的节能装备制造业基地。未来芜湖市将重点发展水泥纯低温余热发电成套设备、冶金行业余热锅炉、电站锅炉、节能型变压器等节能产品，通过内引外联，促进产业集聚化、集群化发展，提升产业技术水平，把芜湖市建成全国重要的节能装备制造业产业基地。

3. 蚌埠市环保设备制造基地

蚌埠市的环保设备产业是其传统优势产业，具有较好产业基础。近年来，政府加大资金投入扶持力度，完成技术改造项目 19 个，投资额 11.1 亿元。产业销售收入持续增长，2011 年，产业销售收入超过 40 亿元，该产业已成为蚌埠市的重要产业之一。未来蚌埠市环保设备产业将重点发展布袋除尘器、电除尘器、烟气脱硫装置、污水处理装置等产品，同时继续加大技改力度，通过内引外联吸引国内外环保企业到蚌埠市投资，促进变化产业集聚化发展，蚌埠市也将会成为我国较先进的环保设备制造基地。

4. 淮南市煤机装备制造基地

安徽省的淮南、淮北是我国重要的煤炭生产基地，对煤机装备需求量很大，淮南市也因此衍生出了煤机装备制造业，并形成了一定的规模。近年来，淮南市加大资金投入扶持力度，加大技术改造力度，促进产业向规模化、集聚化方向发展。未来淮南市将重点发展重型刮板输送机、大功率采煤机、薄煤层采煤机、带式输送机、重型掘进机、大型煤化工设备等，最终形成产品较为齐全、基础配套较为完善、产业集聚程度高的煤机装备制造基地。

5. 芜湖市船舶制造基地

芜湖市紧邻长江，造船业历史悠久，产业基础雄厚，在全国有较高的知名度。近年来，芜湖市加大了对造船业的扶持力度，近几年完成的技术改造项目达 8 个，投资额近 26.0 亿元，造船业的技术水平得到较大的提升。未来芜湖市将重点发展滚装船、集装箱船、化学品船、散货船、快艇等产品，实施企业兼并重组，优化资源配置，把芜湖市建设成全国重要的船舶制造基地。

6. 马鞍山市冶金装备制造基地

马鞍山市因钢设市，钢铁是马鞍山市的传统支柱产业，由此也衍生出了冶金装备制造业。目前，马鞍山市冶金装备制造业已形成了一定的规模，在全国有较高的知名度。未来马鞍山市将重点发展轧制生产线成套设备、炼焦系统成套设备、高炉余热余压发电成套设备等产品，同时加大招商引资力度，促进冶金装备制造产业集群化发展，力争把马鞍山市建成我国重要的冶金装备制造基地。

第七节 新能源汽车产业

安徽省非常重视新能源汽车产业的发展，近年来出台了《安徽省汽车产业调整和振兴规划》、《安徽省新能源汽车产业技术发展指南（2010～2015年)》、《安徽省新能源汽车产业技术路线图》、《安徽省战略性新兴产业"十二五"发展规划》、《关于合芜蚌自主创新综合配套改革试验区的实施意见（试行)》等规划文件，为安徽省新能源汽车产业发展指明了方向，提供了政策支持，从中可以解读出安徽省新能源汽车产业发展的目标、思路、政策条件及发展前景。

一 关于新能源汽车产业

(一) 新能源汽车含义

新能源汽车是指采用非常规的车用燃料作为动力来源（或使用常规的车用燃料、采用新型车载动力装置），综合车辆的动力控制和驱动方面的先进技术，形成的技术原理先进、具有新技术、新结构的汽车。新能源汽车包括混合动力汽车、纯电动汽车（BEV，包括太阳能汽车）、燃料电池电动汽车、氢发动机汽车和其他新能源（如高效储能器、二甲醚）汽车等各类别产品。

(二) 新能源汽车种类

1. 电动汽车

电动汽车是针对内燃机车辆提出来的概念，是指以车载电源为动力，用电机驱动车轮行驶，符合道路交通、安全法规各项要求的车辆。电动汽车一般采用高效率充电电池或燃料电池为动力源。

2. 混合动力车

2003 年，联合国将混合动力车的定义规定如下，混合动力车是为了推动车辆的革新，至少拥有两个能量变换器和两个能量储存系统（车载状态）的车辆。混合动力汽车就是在纯电动汽车上加装一套内燃机，其目的是减少汽车对环境的污染，提高纯电动汽车的行驶里程。混合动力汽车有串联式和并联式两种结构形式。复合动力汽车（亦称混合动力汽车）是指车上装有两个以上动力源，包括有电机驱动，符合汽车道路交通、安全法规的汽车，车载动力源有多种，包括蓄电池、燃料电池、太阳能电池、内燃机车的发电机组，当前复合动力汽车一般是指内燃机车发电机，再加上蓄电池的汽车。

3. 燃气汽车

燃气汽车主要有液化石油气汽车（简称"LPG 汽车"或"LPGV"）和压缩天然气汽车（简称"CNG 汽车"或"CNGV"）。顾名思义，LPG 汽车是以液化石油气为燃料，CNG 汽车是以压缩天然气为燃料。液化天然气是指常压下、温度为 $-162°$ 的液体天然气，储存于车载绝热气瓶中。压缩天然气是指压缩到 $20.7 \sim 24.8$MPa 的天然气，储存在车载高压气瓶中。燃气汽车的一氧化碳排放量比汽油车减少 90％以上，碳氢化合物排放量减少 70％以上，氮氧化合物排放量减少 35％以上，是目前较为实用的低排放汽车。

4. 燃料电池汽车

燃料电池汽车是电动汽车的一种，其电池的能量是通过氢气和氧气的化学作用，而不是经过燃烧，直接变成电能的。正是由于燃料电池的化学反应过程不会产生有害物，所以燃料电池车辆是无污染汽车，并且燃料电池的能量转换效率比内燃机要高 2～3 倍。所以从能源的利用和环境保护方面来看，燃料电池汽车是一种理想的车辆，也代表了未来汽车的发展方向。

二 发展目标及发展思路

（一）发展目标

到 2015 年，新能源汽车产业初步实现产业化，整车产能达 20 万辆以上，建成具有国内一流技术与明显竞争力的关键部件产业体系，形成与市场规模相适应的充电设施体系；到 2020 年，新能源汽车实现产业化，整车产能达 60 万辆，整车及关键零部件技术达到国内领先水平。

（二）发展思路

1. 以技术创新带动产业发展

以奇瑞汽车股份有限公司、江淮汽车股份有限公司、安凯汽车股份有限公司等骨干企业为主体，以新能源轿车、客车整车为目标，以电驱动平台为核心，整合省内外高校、院所创新资源，重点突破整车控制、电机及其控制、电池及其管理、增程器等核心技术，实现产业化技术的跨越发展，推动新能源汽车整车和关键零部件的产业化。

2. 完善汽车零部件配套体系

重点围绕汽车用发动机、汽车变速箱、车桥、汽车电子产品等关键零部件，强化投入，重点突破，实现产业集群的快速增长，加速提升安徽省汽车零部件整体水平。

3. 优化产品结构

大力发展节能环保汽车和新能源汽车，以经济型小排量汽车、纯电动汽车、混合动力汽车和燃料电池汽车等产品为重点方向，优化产品结构。

4. 走外向发展的路子

抓住国内外两个市场，坚持引进外资、合资合作与东向发展并举，既要引进来，又要走出去，大力发展外向型经济，进一步扩大汽车出口。

三 安徽省新能源汽车产业发展的政策条件

（一）国家政策

我国新能源汽车产业始于 21 世纪初，早在 2001 年的国家"十五"规划中就提出要积极发展高效节能低排放车用发动机和混合动力系统。2001 年，国家"863 计划"又把电动汽车研究项目列为重大科技课题，涉及纯电动汽车、混合动力汽车、燃料电池汽车三类新能源汽车，总投入研发资金达 8.8 亿元。2004 年，国家发改委发布的《汽车产业发展策略》提出要发展节能发展环保、可持续发展的汽车技术，这一提法基本明确了我国未来汽车产业发展的方向。2007 年 11 月，国家出台《新能源汽车生产准入管理规则》，该规则明确定义了新能源汽车，规范了新能源汽车的行业准则。2009 年 1 月 23 日，财政部、科技部颁发《关于开展节能与新能源汽车示范推广试点工作的通知》，合肥市有幸成为 13 个试点城市之一，开展节能与新能源汽车示范推广试点工作。2009 年 3 月 20 日，国务院办公厅出台的《汽车产业调整和振兴规划》提出，我国新能源汽车发展战略，为我国新能源汽车未来发展指明了方向。财政部、国家发改委、工业和信息化部于 2010 年 5 月联合发布了关于印发《"节能产品惠民工程"节能汽车（1.6 升及以下乘用车）推广实施细则》的通知，对购买节能小排量汽车给予 3000 元补贴，私人消费者能够享受相关政策的实惠。2010 年 6 月 1 日，财政部颁布《私人购买新能源汽车试点财政补助资金管理暂行办法》规定，对私人购买新能源汽车给予一次性补助；对动力电池、充电站等基础设施的标准化建设给予适当补助；对满足支持条件的新能源汽车，按 3000 元/千瓦时给予补助；插电式混合动力乘用车最高补助 5 万元/辆；纯电动乘用车最高补助 6 万元/辆。2010 年 10 月 10 日，国务院公布《关于加快培育和发展战略性新兴产业的决定》，新能源汽车成为国家重点发展的七大战略性新兴产业之一。2011 年 7 月，科技部出台的《国家"十二五"科学和技术发展规划》提出，实施新能源汽车科技产业化工程，这意味着我国将加快新能源汽车产业化步伐。2012 年 4 月，国务院讨论通过《节能与新能源汽车产业发展规划（2012～2020 年）》，该规划提出要以纯电驱动为汽车工业转型的主要战略取向，当前重点推进纯电动汽车和插电式混合动力汽车产业化，推广普及非插电式混合动力汽车、节能内燃机汽车，提升我国汽车产业整体技术水平。争取到 2015 年，纯电动汽车和插电式混合动力汽车累计产销量达 50 万辆，到 2020 年超过 500 万辆；新能源汽车、动力电池及关键零部件技术达到国际先进水平。

（二）安徽省政策

安徽省非常重视新能源汽车产业的发展，2009 年 5 月，安徽省政府出台了《安徽省汽车产业调整和振兴规划》，提出以节能环保和新能源汽车为重点，实现产品技术升级；研发制造商用车产品 20 个以上，其中混合动力、纯电动和代用燃料汽车产品占 10％以上；节能环保汽车产品占 80％以上，并实现产业化。2010 年，安徽省出台了《关于合芜蚌自主创新综合配套改革试验区的实施意见（试行）》，提出建设新能源汽车、汽车关键零部件及汽车电子技术研发中心是其重要任务之一。2010 年，安徽省政府编制了《安徽省新能源汽车产业技术发展指南（2010～2015 年）》和《安徽省新能源汽车产业技术路线图》，进一步明确了未来 5 年安徽省新能源汽车产业技术发展脉络和总体目标。到 2015 年，新能源汽车产业初步实现产业化，整车产能达 20 万辆以上，建成具有国内一流技术与明显竞争力的关键部件产业体系，形成与市场规模相适应的充电设施体系；到 2020 年，新能源汽车实现产业化，整车产能达 60 万辆，整车及关键零部件技术达到国内领先水平。

四　安徽省新能源汽车产业发展现状分析

（一）安徽省新能源汽车发展现状

汽车产业已成为安徽省重要的支柱产业，目前拥有江淮汽车股份有限公司、安凯汽车股份有限公司、奇瑞汽车股份有限公司、华菱星马汽车（集团）股份有限公司等大型汽车制造企业及多个汽车零部件生产基地，初步形成较为完整的汽车产业体系。2010 年，安徽省汽车产销量突破 120 万辆，实现销售收入1500 余亿元。良好的产业基础使得安徽省汽车制造企业能够在全国较早地开展新能源汽车的研发和生产。

1. 生产企业及产品现状

2003 年，安凯汽车股份有限公司进行了新能源客车的研发，产品包括纯电动客车、混合动力客车、燃料电池客车等新能源客车。在 2011 年全国各地新能源客车招标中，除指定产品外，纯电动客车中标率达到 90％以上。该公司目前新能源客车已在合肥、上海、大连、昆明等 20 个城市实现市场化运营，纯电动客车运营城市覆盖面最广，市场占有率为第一。2011 年，该公司着手启动新能源汽车扩建及关键动力总成制造、研发一体化项目，建成后可达到年产 6000 辆新能源客车整车和12 000套新能源客车关键动力总成的生产能力，为该公司进一步加强新能源客车业务的行业领先优势奠定了基础。

奇瑞汽车股份有限公司自 2000 年开始从事新能源汽车的研发，通过 10 余年的自主创新，公司新能源汽车事业经历了三个重要的发展阶段。从 2001～2005 年，公司以"863 计划"为载体，完成 ISG 型中度混合动力和纯电动汽车的原理性样车研发。2005～2008 年，以科技部批准组建的"国家节能环保汽车工程技术研究中心"为依托，基本完成了新能源汽车的产业化研发，建立了完善的节能与新能源汽车研发体系、世界一流的新能源试验中心。自 2009 年，该公司全面启动了新能源汽车大规模产业化及应用，奇瑞 A5ISG、A5BSG、S11EV 和 S18EV 已经获得了工业和信息化部发布的产品公告并入选了国家节能环保产品推荐目录。2010 年 3 月，该公司第一批经济型纯电动轿车交付用户使用。

2. 综合竞争力现状

按照现行的新能源汽车产业竞争力标准，区域新能源汽车产业竞争力主要取决于两个方面，即地方政府的支持程度和企业的自主研发能力。①较为完善的政策体系。从地方政策来看，安徽省先后制定了《安徽省汽车产业调整和振兴规划》、《安徽省新能源汽车产业技术发展指南（2010～2015 年）》和《安徽省新能源汽车产业技术路线图》，形成了较为完整的新能源汽车产业发展规划体系。另外，地方政府也着力支持新能源汽车发展。在合肥自主创新工作领导小组 2012 年第一次会议上，安徽省委常委、合肥市委书记吴存荣表示，将电动车推广与公车改革相结合，把公务用车作为首选对象来推广，凡是有需要采购新车的，一律购买电动车；对私人购买电动汽车加大补贴；新增的出租车必须购买电动车。②企业的自主研发能力较强。2005 年 6 月 16 日，原奇瑞汽车工程研究院正式成为科技部"国家节能环保汽车工程技术研究中心"基地。这是首个由科技部归口管理的汽车工程技术研究中心。"国家节能环保汽车工程技术研究中心"主要承担汽车技术中新型节能环保等关键技术的研发，汽车新技术的成果转化与产业化，吸引与凝聚人才三个方面的任务。早在 2008 年，安凯汽车股份有限公司就成立了"安徽省新能源商用车工程技术研究中心"，经过 4 年的运行，获得了跨越式发展，并牵头成立了安徽省新能源汽车产业技术创新战略联盟，开展新能源汽车共性技术交流。2011 年，科技部发布通知，通过专家评审和 2011 年度国家工程中心可行性研究与论证，安凯客车的"国家电动客车整车系统集成工程技术研究中心"获批列入 2011 年度国家工程中心组建项目计划（计划编号：2011FU125Q16），安凯客车成为电动客车领域目前唯一获此殊荣的企业。该研究中心的成立，有利于中国新能源客车整车系统研发水平的进一步提升，也标志着安凯客车在新能源研发领域进一步确立了领先优势。另外，安凯汽车股份有限公司、奇瑞汽车股份有限公司等新能源汽车制造企业所在城市聚集了中国科学技术大学、合肥工业大学、安徽大学、安徽工程大学及许多部级科研单位，为新能源汽车的研发提供充足的智力源泉（郑涛等，2010）。根据吉北产信研究报告，安徽省新能源汽车综合竞争力在全国排名第二，仅次于上海①。

（二）制约因素分析

1. 核心技术缺乏

安徽省的新能源汽车制造企业从 21 世纪初开始投入大量资金研发新产品，产生了大量的创新成果。但是，与发达国家相比，在混合动力汽车、燃料电池汽车、纯电动汽车等方面的核心技术差距仍然较大。因为电机、电控系统等关键零部件都被几家国际零部件企业（伊顿和江森自控等公司）垄断，其关键零部件要采购国外零部件企业的产品（刘斌等，2011）。虽然有些企业投入了大量资金进行技术的研发，但大多停留在改进型技术创新方面，核心技术仍未完全掌握。可以说，目前的混合动力汽车、燃料电池汽车及纯电动汽车的研发和生产仍受制于国外。

2. 政府扶植力度不够

汽车是规模经济较为显著的行业，在新能源汽车生产初期，生产规模小，成本较高。与传统汽车比较，目前混合动力汽车成本要增加 30％～40％，纯电动汽车成本要增加 40％～50％，燃料电池汽车成本要增加 100％以上（李东卫，2011）。高成本抬高了新能源汽车的价格，消费者难以接受。虽然中央政府和安徽省政府都制定了消费者购买新能源汽车的补贴政策，降低了消费者购买新能源汽车的实际支出，但消费者的实际购买支出和功能相当的传统汽车比起来仍然高出来很多。另外，补贴政策偏向与消费终端，难以传导给发动机、电池等关键零部件生产厂商，导致这些厂商生产积极性不足。

3. 研发投入不足

安徽省新能源汽车的研发及生产仍处于初级阶段，需要大量资金进行关键技术研发和生产技术改进。奇瑞汽车股份有限公司、江淮汽车股份有限公司等每年按销售收入的 3％～5％投入研发之中，省政府已出台多项发展新能源汽车的政策，并在不断增加资金的投入，但可用于新能源汽车产业研发和推广的资金相对不足，与国内发达地区相比还有差距（赵韩等，2011）。研发资金投入不足使得安徽省新能源制造企业在一些关键技术的研发上难以取得实质性突破。部分国产零部件与进口产品的性能差距较大，电机驱动系统效率低下，电池充电时间长，使用寿命较短，这些技术上的不足导致新能源汽车的产品质量还不够稳定，在与传统汽车竞争中处于劣势。

---

① 吉北产信. 国内新能源汽车发展及长春市环境分析.86。

4. 市场推广力度不够

有些地方政府对新能源汽车推广不够重视。新能源汽车制造企业所在地城市对新能源汽车推广非常重视。例如，安徽省委常委、合肥市委书记吴存荣强调，2012 年，合肥市将在公车、环卫车、私人用车等领域大力推广新能源汽车，除了公车采购首选新能源车，新能源汽车的销售还全面向市民放开。目前，私人购买新能源汽车可以享受 3000 元/千瓦时的补贴，一辆江淮汽车股份有限公司生产的同悦电动车，可以享受 4 万～5 万的国家补贴。另外，今年合肥市政府还将从市财政拿钱，补贴私人购买新能源汽车的市民，补贴幅度为每辆车 1000～5000 元。但是对新能源汽车制造企业所在地以外的城市则推广的积极性不高，仅落实中央专项补贴，地方政府不愿意出台节能与新能源汽车的专项补贴。个别地方政府对推广目标工作进行细化、分解等工作不感兴趣，主要还是因为个别城市存在较为严重的地方保护主义倾向，从而影响了节能与新能源汽车推广效果。

5. 基础配套不够完善

新能源汽车的推广使用，前提条件是基础设施的建设和完善。在推广使用新能源汽车之前，就要建设足够多的充电基础设施、氢燃料补给站并解决氢燃料的生产问题。网络化的充电站、加氢站、加气站的数量和质量及其运行成本的高低直接关系着我国新能源汽车产业的发展能走多远、走多快（云洁，2012）。对于消费者来说，如果在其行驶半径范围内不能很方便地补充能源，其很难接受新能源汽车。而充电站等能源补给系统建设需要城市规划、城市交通、电力等多部门参与，还需要大量的建设资金及经验管理者，是一项复杂的系统工程，实施起来难度很大。目前，安徽省的合肥市和芜湖市建设了一定数量的充电桩，但数量及布点极其有限，这使得购买电动汽车的消费者感到非常不方便。

五 安徽省新能源汽车产业发展前景展望

（一）重点领域发展展望

新能源汽车产业发展的重点在其核心技术，只有掌握了核心技术才能提升产业的核心竞争力。安徽省未来新能源汽车产业发展的重点在混合动力汽车的高性能电机及其控制系统、单体电池、电池成组，以及车身电子等方面。

1. 高性能电机及其控制系统

电机的性能直接影响到电动汽车的质量，国外同行大企业十分重视高性能电机的研发。未来安徽省将大力发展电机驱动技术，开发系列高效率、高功率密度和高性价比的电机本体产品，高比能量密度、高比功率密度、高效率的集成功率模块，高集成度和可靠性的电机控制器，开展基于模型的超快速响应动态特性的设计与工程应用，推进高性能电机及其控制系统产业化。

2. 重要零部件

新能源汽车是由零部件组装起来的，零部件的性能与质量直接关系到汽车的性能与质量。安徽省要想做大做强新能源汽车产业，必须要先发展起来汽车零部件产业。未来安徽省将大力研制开发新能源汽车全新底盘、动力总成、汽车电子等产品。大幅度提高动力电池性能，降低成本，推进动力电池本体技术、电池成组及系统管理技术、控制系统软件技术、控制系统硬件技术、动力耦合技术、自动变速箱技术和充电站关键技术等研发及产业化，推动新能源汽车产业快速发展。

（二）产业集群及产业基地分布

发展新能源汽车可减少汽车尾气的排放，不断提升空气的质量，满足居民对生活环境的要求。所以，新能源汽车是构建绿色交通体系，实现低碳社会的必然选择，是汽车产业的发展趋势，国家也已经把发展新能源汽车提升到国家战略的地位。安徽省新能源汽车产业发展已有一定的基础，但目前规模还较小，加快新能源汽车发展意义重大。

1. 合肥市新能源汽车产业集群

合肥市新能源汽车整车及零部件产业已经有较好的基础，安凯新能源汽车的影响力和带动作用正在逐步显现。在未来，合肥市将以安凯新能源汽车为龙头，联合长安汽车股份有限公司、昌河汽车股份有限公司等10余家整车及其他改装车生产企业，以及200余家汽车零部件生产企业，打造新能源汽车产业上下游产业链，形成以安凯汽车股份有限公司为核心的新能源客车产业集群。

2. 芜湖市新能源汽车产业集群

芜湖市奇瑞汽车股份有限公司的新能源汽车现已销往国内外，其技术研发和产能都已上了一个新台阶。在未来，芜湖市将以奇瑞新能源汽车为龙头，联合宣城市、马鞍山市等周边整车及其他改装车生产企业，以及芜湖市、马鞍山市周边的汽车零部件生产企业，打造新能源汽车产业上下游产业链，形成以芜湖奇瑞汽车股份有限公司为核心的新能源轿车产业集群。

第八节　公共安全产业

公共安全产业是近年来兴起的新兴产业，发展前景十分广阔。安徽省政府高瞻远瞩，把公共安全产业列为安徽省重点支持的八大新兴产业之一。近年来，安徽省出台了《安徽省公共安全产业技术发展指南（2010—2015 年）》、《安徽省战略性新兴产业"十二五"发展规划》等规划文件，由于安徽省公共安全产业主要集中在合肥市，并且基础良好，所以合肥市出台了《合肥公共安全产业发展规划（2009～2017 年）》。从这些规划文件中可以解读出安徽省公共安全产业发展的目标、思路、政策条件及发展前景。

一 关于公共安全产业

（一）公共安全产业的含义

公共安全是指通过检测、监测、预警、防护和应急处理等手段，预防和减低各种突发事件、事故和灾害，实现人民生命健康安全，避免国家、企业和家庭财产损失，减少社会和社区危害[①]。公共安全产业是指为实现社会公共安全而发展的相关产业，包括交通安全、生产安全、反恐安全、信息安全、食品安全、环境安全等领域。

（二）安徽省公共安全产业发展的领域

《安徽省战略性新兴产业"十二五"发展规划》指出，安徽省公共安全产业将依托中国科学技术大学、中国电子科技集团公司第三十八所（简称"中电集团 38 所"）、中国科学院合肥物质科学研究院等重点高校和科研单位，围绕公共安全产业一批核心技术和专利产品，加快交通安全、生产安全、反恐安全、信息安全、食品安全、环境安全等领域技术成果产业化，建设合肥市公共安全产业集聚区。力争到 2015 年，公共安全产业产值超过 400 亿元。

二 安徽省发展公共安全产业的条件

（一）政策条件

2011 年，安徽省制定《安徽省战略性新兴产业"十二五"发展规划》，确定公共安全产业为安徽省"十二五"期间重点发展的八大新兴产业之一，省政府将在人力、物力、财力等方面给予大力支持。2009 年，国内首家公共安全产业基地项目在合肥国家科技创新型试点市示范区内开工建设。当年，《合肥公共安全产业发展规划（2009～2017 年）》编制出台，将选择反恐安全、信息安全、交

---

① 参考《安徽省公共安全产业技术发展指南（2010—2015 年）》。

通安全、防灾减灾、食品安全、环境安全、城市安全等领域作为重点发展对象。

（二）资源条件

1. 安徽省高校和科研院所在公共安全技术研究方面有特色

安徽农业大学多年来一直致力于食品安全的研究，积累的技术正逐步向产业化方向转化；中国科学技术大学在防灾减灾方面的研究一直处于全国领先地位，并已经成了科技成果产业化公司，开展防灾减灾方面的业务并取得了良好的成效；安徽理工大学位于煤城淮南市，该学校长期以来一直致力于煤矿安全的研究并取得了丰硕的成果；中电集团 38 所在信息安全方面的研究非常有特色。另外，安徽省还有合肥工业大学、安徽大学、安徽建筑工业学院、马鞍山矿山研究院等科研院所在交通安全、环境安全、矿山安全、城市安全等领域的研究具有较高的水平。这些高校和科研机构为安徽省公共安全产业的发展提供了良好的技术和智力支撑。

2. 科研平台逐步完善

合肥高新区联合了中电集团 38 所、中国科学技术大学、中国科学院合肥物质科学研究院等组建了公共安全技术研究院，并规划建设 10 万米^2 的公共安全产业基地。2011 年 8 月 9 日，安徽省创业投资引导基金直接参股基金集中揭牌，其中包括合肥公共安全产业基金。

三 安徽省公共安全产业发展现状

（一）产业发展基础良好

以合肥市为例，自 2008 年以来，该市公共安全产业以惊人的速度发展。2008～2011 年，全市公共安全产值由 105 亿元增加到 200 多亿元，年均增长 24％，其中 2011 年增长超过 30％；企业数由 100 个增加到 160 个；从业人员数由 1.5 万人增加到 2 万人。合肥市高新区成为全市乃至全省公共安全企业最密集的区域，2011 年实现产值 177 亿元[1]。

（二）骨干企业支撑有力

2011 年，合肥公共安全产业的骨干企业已超过百户，它们凭借着具有规模的品牌产品和优势技术，占据了产业发展的制高点。在防灾减灾领域代表性的企业有中电集团 38 所、四创电子股份有限公司、科大立安安全技术股份有限公司、工大高科信息技术有限责任公司。其中，中电集团 38 所从事的厚、薄膜混

---

[1]　http：//www.most.gov.cn/dfkj/ah/zxdt/201205/t20120509_94230.htm。

合集成技术研究与产品开发水平全国领先，2011 年产值超 13 亿元；四创电子股份有限公司开发的雷达产品，2011 年产值突破 10 亿元。在交通安全领域代表性的企业有三联交通应用技术股份有限公司、皖通科技股份有限公司等。其中，三联交通应用技术股份有限公司开发的驾驶人培训与考试技术系列产品，国内市场占有率达 90％；皖通科技股份有限公司 2011 年产值超 3 亿元。在食品安全领域代表性的企业有美亚光电技术股份有限公司等企业，美亚光电技术股份有限公司研发的"SS-型数字化色选机"获得国家科技进步奖。

四 安徽省公共安全产业前景展望

安徽省公共安全产业尚处于初级阶段，加快公共安全领域的技术研究和应用是当前发展公共安全产业的首要工作。

（一）重点领域发展展望

1. 信息安全

信息安全涉及国家的安全和公民的切身利益，加快信息安全领域技术开发意义重大。未来信息安全主要是保障网络、移动通信等方面的安全。就技术而言，网络信息安全监控技术、规模化新型认证鉴别关键技术、认证鉴别中间件/构件库技术、病毒防治技术、不良信息（文字、图像、视频）识别和过滤技术、基于骨干通信网络的信息截获与追踪技术、无线网络安全技术、实用化网络量子保密通信技术、应急指挥通信技术、卫星导航通信技术、微波遥感成像技术、地理信息系统关键技术、物联网在公共安全领域的应用技术、海量视频检索与管理技术、视音频辅助刑事侦查技术、生物识别（人脸识别）技术、新型技侦技术等是未来信息安全技术发展的重点和方向。

2. 生产安全

生产安全主要涉及煤矿、交通、灾害防控及环境等方面。

煤矿安全领域。多年来，我国煤矿开采企业安全事故频发，造成大量人员伤亡和财产损失，党和国家领导人非常重视煤矿安全，矿井下的安全问题已经提高到了前所未有的程度。就煤矿井下安全技术而言，煤矿安全检测与监控技术、巷道围岩失稳防治方法、瓦斯突出机理与防治技术、深部煤层开采防治水关键技术、深部煤层群卸压抽采瓦斯新技术、高瓦斯矿井安全高效开采技术与装备标准、矿井通风系统评价标准、移动目标安全监控技术等将是未来煤矿安全领域技术发展的方向。

交通安全领域。随着我国汽车产业的发展和居民收入水平的提高，每千人汽车的拥有量越来越高，道路交通安全问题日显突出。未来的交通安全将以保障人的生命安全为目标，实现交通的低事故甚至零事故。就技术而言，智能交通系统管控集成技术及标准、城市交通实时分析与区域控制技术、运载安全监控关键技术及标准、城市轨道交通安全关键技术、铁路智能运调指挥与物流技术、高速公路特大交通事故预防技术、数字化大桥技术、高智能电子警察技术、驾驶人安全驾驶行为监测技术、空管雷达国产化关键技术等将成为未来交通安全技术发展的方向。

灾害防控领域。灾害包括自然灾害和人为灾害。自然灾害是自然界非人为因素造成的灾害，如地震、洪涝、干旱等；人为灾害是人们生产及生活活动所造成的灾害。人们应对灾害的最好办法就是对其进行防控，以减少灾害的发生及减轻灾害发生时造成的损失。由于许多灾害的威力巨大，单纯的人力无法应对，所以人们越来越重视用技术手段来防控灾害。就技术而言，建筑物防震检测技术及其标准、工程结构抗震减灾加固技术、坝体、尾矿和市政工程安全监控技术、气象监测预警技术、大空间室内外安全早期探测技术、高效细水雾灭火技术、智能电网电力安全技术、城市防灾减灾设施能力的提升与综合利用技术等将成为未来防灾减灾技术的发展方向。

环境安全。不管是工业生产活动还是农业生产活动都会造成一定的环境污染，影响人们的生产活动及健康，所以环境安全是建设美好家园，提升居民幸福程度的一个不可回避的问题。简单地说，环境安全就是要把污染控制在大气、水体、土壤等人们生存的环境及人类自身可以承受的范围之内。就技术而言，大气、水体、土壤等环境安全监测预警技术、重要排放源有毒有害可挥发性有机物光学在线监控技术、高致病性生物气溶胶云团光学/光谱学在线监控技术、水体环境安全控制关键技术、农业面源污染控制技术、等离子体垃圾处置技术、医疗废弃物集中处置技术、环境安全应急预案等将成为环境安全技术的发展方向。

3. 食品安全

近年来，我国食品安全事件频发，三聚氰胺事件、苏丹红事件、瘦肉精事件、染色馒头事件等一系列食品安全事件给我国的食品安全敲响了警钟。民以食为天，食品安全关系的老百姓的身体健康，各级政府对此也非常重视，采取了一系列的措施来防止类似事件的发生，但收效甚微。究其原因，除了制度层面的原因之外，技术手段落后也是一个重要原因。就食品安全技术而言，食品安全控制技术、食品安全风险预警和溯源技术、食品中病原生物和有毒有害残留物快速检测技术、食品中农药残留去除技术、新药安全性评价关键技术、中药材种植与加工 GMP 关键技术及标准、毒性中药材及其制剂毒性成分的定性与定量检测技术、安全用药监测与预警技术等将成为未来食品安全技术发展的方向。

(二) 产业集群及产业基地分布

目前，安徽省公共安全产业涉及防灾减灾、安全生产、环境安全、信息安全、交通安全、城市安全、食品安全、城市安全等领域，主要分布在合肥市，并且呈集群化发展的趋势。在防灾减灾领域，有中电集团 38 所、四创电子股份有限公司、工大高科信息技术有限责任公司等 50 多家企业，初步形成了防灾减灾企业集群；在信息安全领域，有三联交通应用技术股份有限公司、皖通科技股份有限公司、邦立电子有限公司等 40 多家企业，初步形成了信息安全企业集群；在食品安全领域，有美亚光电技术股份有限公司、金星机电科技发展有限公司等 20 多家企业，初步形成了食品安全企业集群。未来 5～10 年，合肥市将形成产业体系完善的、规模庞大的公共安全产业集群。

第九章　加速安徽省新兴产业发展的政策措施

发展战略性新兴产业，是安徽省"十二五"期间加快发展、加快转型的重要依托，是从根本上改变安徽省能源资源型产业比例偏大状况、推进经济结构战略性调整的关键举措，也是发挥自主创新试验区、皖江示范区等战略平台叠加效应，推动安徽省经济长期又好又快发展和综合竞争力提高必须突破的重大任务。加快发展新兴产业，促进其迅速成长壮大，需要采取切实的政策措施。本章拟从组织、投资、金融、财税、人才方面研究并提出政策建议。

第一节　加强组织引导

新兴产业发展周期较长，涉及层面较多，管理过程复杂，因此加强政府对发展新兴产业的组织、领导、协调和规划工作，是促进新兴产业发展的重要保证。

一 发挥好办公室统筹协调的作用

2011 年是安徽省战略性新兴产业发展的推进年，省政府成立了战略性新兴产业领导小组办公室，省长亲自担任领导小组组长，常务副省长任第一副组长，办公室设在省发改委。该办公室既是决策研究的参谋部，又是工作推进的协调部。其虽然不代替具体部门职能，但要能够有效整合部门职能。唯有如此，才能发挥好该办公室统筹协调的作用。该办公室要加强工作研究、调度和推进，提出建设性的意见、建议；要抓调研，充分掌握安徽省战略性新兴产业的发展情况，把握第一时间的动态，及时做好产业发展调度，提高工作谋划和推进能力；要抓引导，准确把握国家和安徽省政策导向，指导各地研究出台各项规划和政策，尤其要重视规划政策的契合度和可操作性；要抓协调，要通过加强对国内外新兴产业的发展动态和发展趋势的跟踪分析研究，统一组织对重大高新技术产品的科技攻关，统一指挥和协调全省新兴产业的发展，来改变目前政出多门、多头领导、职能重叠交叉的状况。同时，要强化错位发展，防止重复建设、无序竞争。作为安徽省发展新兴产业的政府职能部门和主管部门，还要抓督查，针对实际工作中的问题，要组织有关部门和地区会商及时解决，组织开展战略性新兴产业发展考核评价工作，全力推进各项工作的开展。

二 发挥好战略性新兴产业规划的引导作用

规划是政府解决重大社会经济问题和实现资源合理配置的重要手段。在新兴产业发展初期，发展方向尚不明朗，需要规划先行来引导新兴产业的发展方向和空间布局，并在一定程度上创造新的市场需求。例如，韩国政府制定了《新增长动力规划及发展战略》，将绿色技术、尖端产业融合、高附加值服务三大领域共17项新兴产业确定为新增长动力。日本政府通过了《低碳社会行动计划》，提出太阳能和核能等低碳能源将作为重点发展领域。

"十二五"时期是安徽省培育和发展战略性新兴产业的关键时期，为推动与保证新兴产业健康有序发展，安徽省发改委组织编制了《安徽省战略性新兴产业"十二五"发展规划》，并于2011年12月获省政府常务会议审议通过。该规划提出了未来5年安徽省战略性新兴产业发展的指导思想和发展目标，明确了电子信息、节能环保、新材料、生物、新能源、高端装备制造、新能源汽车和公共安全八大产业作为发展重点，提出了相关保障措施，是指导安徽省战略性新兴产业发展的行动纲领。在此基础上，各市、县（区）要依据《安徽省战略性新兴产业"十二五"发展规划》和本市、县（区）新兴产业发展基础，制订战略性新兴产业发展规划。在调查中发现，推动安徽省新兴产业发展，仅仅依靠省政府的力量还不够，既要调动各级地方政府的积极性，同时又要强化它们在新兴产业发展中的责任。必须要给各级政府压力与动力。该规划中有任务、有目标、有政策措施，就是要给各级政府压力，使它们成为推动新兴产业发展的主体之一。

有关部门还应继续细化和深化，制订八大战略性新兴产业的专项规划，找准技术研发和产业培育的优先领域。同时，充分发挥重大专项对培育战略性新兴产业的支撑作用，做好战略性新兴产业规划与科技规划的衔接与协调。

企业作为发展战略性新兴产业的主体，有必要制订战略性新兴产业发展规划。建议政府有关部门可以发文要求重点企业制订战略性新兴产业发展规划，还可以进行评比、检查。企业制订战略性新兴产业发展规划，有双重作用。一方面，有利于引导企业树立发展战略性新兴产业的紧迫感。另一方面，促使企业思考"为什么要发展"、"怎样去发展"，从而将发展战略性新兴产业变为自觉的行为。

三 加强对新兴产业项目的科学论证和审查

新兴产业通常处在产业生命周期的萌芽期，产业成长萌芽期的市场需求、产品、技术变革、用户购买行为等方面的特点，决定了新兴产业具有高风险性和不确定性。同时，也有部分不诚信企业，利用国家大力支持新兴产业发展的政策，从各级政府手中骗钱。因此，需要成立新兴产业专家论证咨询委员会，以加强对新兴产业项目的科学论证和审查。一是对过去没有的全新产业，建立预试验机制，设立小型产品测试基地，以试验判别项目的可行性。二是建立项目跟踪监察制度，对新兴产业实行全过程管理，帮助企业解决营运中遇到的困难，为项目达产取得预期成效提供服务保障。三是对部分以套取各级政府资金为目的的不诚信企业，要按照规定严格查处，要取消立项追回资金。

四 加强对新兴产业工作的评估督查

在建立健全新兴产业统计指标、监测体系和评估体系的基础上，把新兴产业发展业绩纳入政府目标，纳入各市、县（区）、有关部门，以及有关机构党政领导干部考核内容。安徽省战略性新兴产业领导小组办公室负责制订分解年度目标任务，逐季对新兴产业发展状况和重大项目进展情况进行调度，及时掌握动态情况，重大问题及时向安徽省委、省政府报告；每年对各市推进新兴产业情况进行评估，对工作扎实、成效明显的市予以表彰奖励。定期开展专项督查，督查情况向全省通报。

五 为新兴产业发展营造良好的环境

当前，新兴产业发展迅速，但相应的公共服务体系却未能及时跟上，在一定程度上阻碍了新兴产业的发展。例如，部分新兴产业产品缺乏相应的公共检测设备、机构及相关的行业标准等。所以，政府要通过完善公共服务体系，为新兴产业发展创造良好的市场环境。政府还应根据市场经济发展要求，结合新兴产业的发展特点，通过对现有政策的清理，建立和完善包括财税政策、进出口政策、资金投入政策、投资政策、贸易政策、土地政策、产业政策、消费政策、补贴政策、社会福利政策、外汇管制政策、政府采购政策和人才政策等在内的一套统一的促进新兴产业发展的政策体系，为发展新兴产业营造一个适宜的政策环境。

制订知识产权保护战略，为战略性新兴产业发展营造公平、公正的市场环境。知识产权战略有利于激励企业技术创新，规范市场秩序，促进企业的公平竞争。政府相关部门应进一步加强新兴产业知识产权管理制度和服务体系建设，不断提高新兴产业知识产权保护经费投入，加大《中华人民共和国知识产权法》《中华人民共和国专利法》的执法力度，打击剽窃、盗版等不正当竞争行为，为战略性新兴产业的发展营造公平公正的市场环境。

大力培育创新文化。把创新文化建设与促进战略性新兴产业发展紧密结合起来，大力弘扬崇尚科学、尊重创造、鼓励创新、宽容失败、开放包容的社会风尚，形成有利于创新的社会文化，切实培育社会创新土壤。深入开展科技宣传和科普工作，不断提高广大市民的科学素养和创新意识。支持全民创新和基层创新，鼓励小改革、小发明、小创造，促进民营创新、职工创新、草根创新的社会氛围形成。

第二节　强化投资支撑作用

新兴产业的发展主要依靠高科技企业，但也需要政府投资与投资政策的跟进。政府投资与投资政策既要突出对具有一定优势的高科技企业的大力支持，更要有利于面广、量大的中小型科技型企业发展。

一　推进投资体制机制创新

（一）要明确政府投资参与及支持的重点方向和领域

战略性新兴产业的发展过程分成萌芽期、成长期和成熟期三个阶段，政府在不同的时期应采取不同的支持模式。针对战略性新兴产业研发阶段和成长初期的经济效益低、投资风险大、回收期长的特点，政府应将投资重点投向战略性新兴产业发展的技术研发和产业化阶段，对进入成熟阶段的战略性新兴产业投资活动则应逐步减少。

（二）要选择适合的投资参与模式和投资方式

企业永远是战略性新兴产业投资的主体，政府投资只是引导性的。因此，政府要针对战略性新兴产业领域不同行业投资特性采取不同的投资参与模式和投资方式。为充分发挥市场机制和企业投资主体的作用，政府对战略性新兴产业的投资，除了少数属于公共基础设施范畴的准公益性、准经营性领域采取直接投资或资本金注入方式外，主要采取对企业投资活动给予投资补助、贷款贴息的间接投资方式进行，以少量政府投资带动企业和社会更多的资金投入。

（三）要更多地运用在培育各类投资主体上

针对战略性新兴产业发展的研发和产业化初期的金融投资主体（风险投资基金、创业投资基金）发育不充分、不成熟的现状，政府投资应更多地投向对各类金融类投资主体的股权投资活动支持上。在产业进入成长期和成熟期以后，政府投资则应重点投向对增强企业投资能力的支持上，加大对企业投资的贷款贴息、补助和各类投资担保机构的支持力度。

（四）要统一整合政府投资资源

要改变目前政府对战略性新兴产业投资多部门、分散管理、重点不突出、投入效率和使用效益不高的弊端，完善政府投资的多部门协调管理机制，统一整合政府投资资源，使有限的政府投资发挥更大的投资效益和对社会投资的引导带动作用。例如，目前，安徽省政府对战略性新兴产业的投资，就分散在省发改委、科技厅、经济和信息化委员会等多部门手中，不容易聚焦、突出重点。

二　大力发展创业投资

安徽省各类新兴产业发展虽然形成一定规模，但规模大、竞争力较强的领军企业比较少，公开上市的科技型公司比较缺乏；而数千家中小科技企业急需克服融资难的瓶颈，以及满足加速发展对创业投资产生的巨大的市场需求。应当大力发展创业投资，建设完善科技资本市场，提升科技投资功能，促进中小科技企业成长，推进战略性新兴产业发展。

政府认识到了这一点，2008 年 10 月，国家发改委、财政部、商务部在《关于创业投资引导基金规范设立与运作的指导意见》中，要求地市级以上政府有关部门可以根据创业投资发展的需要和财力状况设立引导基金；规定以一定比例资金投资于创业早期企业或需要重点扶持和鼓励的高新技术等产业领域的创业企业。

（一）设立创业投资引导基金

创业投资引导基金是由政府设立并按市场化方式运作的政策性基金，主要通过扶持创业投资企业而发展，引导社会资金进入创业投资领域。创业投资引导基金设立的目的是通过杠杆效应放大财政资金，增加创业投资资本的供给，弥补一般创业投资企业主要投资于成长期、成熟期企业的不足，克服单纯地通过市场配置创业投资资本的市场失灵问题，推动创业投资业的发展，从而促进新兴产业发展。

安徽省创业（风险）投资引导基金于 2009 年设立，总规模为 10 亿元，是由安徽省政府设立并按照市场化方式运作的政策性基金，主要通过扶持创业投资企业发展，引导社会资金进入创业投资领域。安徽省创业（风险）投资引导基金设立以来，按照政府引导、市场化运作的方式，引导设立了 18 支创业风险投资基金，资金总规模达到 60 亿元。其中，省引导基金直接参股已运行的 5 只基金，共投资 24 个项目，投资额 6.4 亿元，并带动其他创业风险投资机构投资5.7 亿元，有效放大了财政资金的杠杆效应。随着安徽省创业风险投资体系的初步建立，有力促进了科技成果的加速转化和高新技术产业的加快发展。

与创业投资基金相比，政府创业投资引导基金实际上是一种"母基金"，即投资于其他基金的基金。间接性是其显著特征，不直接从事创业投资，通过其他基金间接投资从事创业投资。与商业性"基金的基金"相比，政府创业投资引导基金在设立主体、目的及投资原则等方面存在明显区别：政府引导基金由政府主导，要求子基金按照一定比例投资创业早期企业，致力于引导民间资本进入创业投资领域，且不以盈利为目的；而商业性"基金的基金"是商业机构按照市场原则设立的，子基金可以投资于政策许可的任何领域，追求利润最大化。

引导基金能够发挥政府资金的示范效应和乘数效应，撬动民间资本投资战略性新兴产业领域，缓解该领域资金供给不足的状况。政府资金可以通过利益展示机制，对民间资本产生强大的示范效应，吸引更多的民间资本投资战略性新兴产业领域。基金设立后，政府引导性出资就可实现放大；基金投入具体项目后能有效带动其他资金投入，实现再次放大；在此基础上，还能带动银行信贷进入，进一步实现放大，最大限度地发挥政府资金的示范作用和乘数效应，引导民间资本进入。同时，创业投资企业按市场机制筛选项目，市场化有偿运作，实现引导基金循环使用、可持续运转，提高政府性资金投资质量和效率，创新政府投资方式。

（二）设立若干只创业投资基金

战略性新兴产业的发展离不开创业投资基金的支持。国外通常称创业投资基金或产业投资基金为风险投资基金和私募股权投资基金，一般是指向具有高增长潜力的未上市企业进行股权或准股权投资，并参与被投资企业的经营管理，以期所投资企业发育成熟后通过股权转让实现资本增值。国内创业投资基金发展不平衡，有的一个城市就拥有数百家创业投资公司（如深圳市）。安徽省的创业投资基金发展才刚刚起步，只有合肥、芜湖、蚌埠等少数城市设立。因此，需要加快发展安徽省的创业投资。首先，以产业引导基金为先导，吸收安徽省内的社会资本，成立安徽省及其各市的创业投资基金公司。其次，引导境内外股权投资基金、社保基金、保险公司等投资机构在安徽省开展创业投资业务。最后，利用产业引导基金和投资机构共同成立面向安徽省战略性新兴产业的创业投资基金。也可委托战略投资者成立基金管理公司，组建专家型管理团队，开展市场化投资运营，重点扶持处于初创期、成长期的中小科技企业，培育上市科技公司。

（三）发展天使投资

天使投资是风险投资的一种形式，最早起源于19世纪的美国，指的是企业家的第一批投资人，这些投资人在公司产品和业务成型之前就把资金投入进来，然后等待公司做大。天使投资是权益资本投资的一种形式，是指富有的个人出资协助具有专门技术或独特概念的原创项目或小型初创企业，进行一次性的前期投资。天使投资也是创业投资的一种形式，对于促进种子期、初创期的孵化企业成长具有重要作用。在过去的20多年中，西方发达国家的天使投资随着欧美经济的增长和科技创业企业的爆炸式成立而得以迅猛发展，其在改善创业企业融资方面起着积极的作用，已经成为各国多元化、多层次资本市场不可或缺的重要组成部分。

在我国，天使投资伴随互联网和高科技企业的发展在20世纪末开始兴起。但我国天使投资目前发展还不充分，尚处于婴儿期，尤其在中国经济结构转型的重要阶段，大批初创期及种子期企业亟待扶持，天使投资发展时不我待。第一，选择有实力和良好基础的高等院校设立天使投资专业。目前，国内单独开设天使投资（或风险投资）专业的高校极少，安徽省尚没有。多数高校只是把风险投资作为金融专业或技术经济及管理专业的一门科目，导致天使投资的理论研究力度不够。所以，单独开设天使投资专业既有利于理论研究的深入，也可以为社会培养大量的"天使投资人"。第二，为天使投资发展创造良好氛围。①加大对天使投资的宣传力度；②构建信用体系，加强企业信用评级，加强个人信用建设，形成信用记录，加大惩罚力度；③建立健全各种关于天使投资的法律法规，使天使投资人无后顾之忧；④加大政府对天使投资的倾斜度，税收方面也要有优惠；⑤借鉴外国的经验，完善现有的法律法规和电子商务相关方面的法律法规，使天使投资人与创业者有一个畅通的沟通渠道；⑥国家还要出台相关政策，使天使投资以最佳的途径退出，获得限定条件下收益的最大化。第三，依托国家级、省市级开发区的孵化器，成立一批天使投资公司，将政府对孵化项目的无偿资助转变为股权投资，实现财政资金的市场化运作，提高投资效益和孵化效率（李姚矿等，2011）。

（四）从制度上安排好创投公司的股权结构

创投公司和基金要有较大的规模，以社会资金为主，控制好各级政府的出资比例。第一，在对初创企业的投资总额中，政府引导基金的投入应占较小的比例，社会投资人的投资资金应占较大的比例（如1∶9），因为政府引导基金投入的主要目的是为了引导创业投资资本进入创业企业，所以政府引导基金投入额不宜过大；第二，政府引导基金在进入创业企业时应约定，存续期不宜过长，一般不超过 5 年，因为天使投资人一般不热衷投资期限过长的项目；第三，政府引导基金投入创业企业应更注重项目质量，这将有利于优秀项目顺利获得创业投资。

第三节　创新金融支持政策

战略性新兴产业在资金需求上具有明显的高投入、高风险、高回报特征，融资渠道比较狭窄。而金融是现代经济的核心，是引导经济资源配置的重要动力机制，因此战略性新兴产业的发展离不开金融支持，如何构建和完善战略性新兴产业的金融支持体系是当今社会各界面临的重要课题。安徽省虽然重视对战略性新兴产业的金融支持，但风险投资体系尚不完善，商业银行信贷支持力度较小，上市融资比例偏低。安徽省应继续加大政府投入，积极发展风险投资，创新商业银行信贷机制，大力扶持企业上市，并努力完善各项配套措施以促进战略性新兴产业发展。

一　发挥政府的政策支持体系作用，引导金融资源向战略性新兴产业倾斜

政府引导金融资源向战略性新兴产业倾斜可以有两种具体方法。

（一）实行相对宽松的金融政策

1. 信贷投放上给予一定倾斜

可以借鉴国家对于"三农"和小企业信贷监管的政策，对战略性新兴产业的信贷投放给予一定的政策倾斜。例如，适当提高新兴产业贷款的风险容忍度、放宽拨备政策等。

2. 放宽金融准入

在金融准入方面，可以适当放松银行设立或参股服务于新兴产业的新金融组织，例如，商业银行设立专门投资战略性新兴产业的投资基金或风险投资基金、金融租赁公司。对符合现有准入标准的产业，可加快审批进度，实现优先准入，甚至可在现有准入标准基础上适当放宽条件。

3. 提高呆账准备金率

与新兴产业高风险的特点相对应，应适当提高商业银行对战略性新兴产业中企业贷款的呆账准备金率。同时，落实中小科技企业贷款税前全额拨备损失准备金政策，简化中小金融机构呆账核销审核程序。

（二）构建贷款担保的风险保障机制

通过构建风险保障机制，降低商业银行对新兴产业的贷款风险，使其符合商业银行稳健性需要。具体方法主要有以下几点（刘志彪，2011）。

1. 由政府设立贷款担保基金

以政府为第三方担保的形式，为新兴产业中的科技企业提供贷款，弥补其财产担保不足的缺陷。担保基金的来源可以是从新兴产业中所征收的税收、财政无偿拨款和科技三项经费等。

2. 贴息贷款

仿效助学贷款贴息招标制度，每年拿出一定额度的贴息资金鼓励商业银行为合格企业提供中长期贴息贷款。政府对新兴产业中的科技企业的贷款给予一定的利息补贴，对企业自由贷款给予高出市场平均利率部分的补贴，或对企业最难获得的长期贷款给予补贴等形式。

3. 贷款证券化

借鉴住房贷款证券化的做法，将商业银行对新兴产业发放的贷款转化为债券，然后利用资本市场或银行本身较好的服务网络优势出售给市场投资者，以融通资金，使贷款风险由众多投资者承担，从而分散风险。这一做法的风险在于，如果商业银行对新兴产业发放的贷款发生大面积的呆账状况，那么贷款转化为债券部分的风险就异常大，即使这种风险由众多投资者承担，也会发生金融危机，因此要严格控制。

4. 设立贷款风险基金

政府要发挥好财政资金的杠杆作用，探索建立战略性新兴产业贷款风险基金，为商业银行发放贷款形成的不良贷款提供一定比例的风险补偿。

二　鼓励商业银行创新间接融资方式，进一步扩大信贷融资的作用

鼓励商业银行进一步加大对战略性新兴产业的信贷支持。一方面，长期以来，商业银行一直在我国金融体系中占据主导地位，商业银行贷款是我国社会可支配资金的主要部分。战略性新兴产业如果失去商业银行的支持，就难以获得足够的资金支持，其发展必将受阻。另一方面，战略性新兴产业具有高成长性，是未来的支柱产业，其发展会为商业银行打开巨大的市场机遇，是商业银行重要的潜在目标。因此，商业银行应主动改变观念，创新信贷机制，走与战略性新兴产业相结合的道路。具体来说，商业银行应抓好以下几项工作。

（一）继续创新间接融资方式

目前，各地银行已创新出多种融资方式，包括综合授信、信用担保贷款、买方贷款、异地联合协作贷款、项目开发贷款、出口创汇贷款、自然人担保贷款、个人委托贷款、无形资产担保贷款和票据贴现融资等。发展新兴产业要充分运用好这些融资方式，进一步扩大间接融资渠道，不断开发新的融资方式。同时，要创新担保方式，针对新兴产业的特点，在国家现行法律允许和财产权益归属清晰、风险有效管理控制的前提下，加快研发知识产权质押融资，推出应收款质押、贸易链融资产品，完善修订动产质押融资等管理办法。针对新兴产业不同阶段和不同客户的需求，加快研发"融资"＋"融智"相结合一站式、一揽子金融服务，针对性地提供基金托管、上市财务顾问、企业并购重组等产品，为客户量身打造个性化、全方位的金融服务方案（毛泽盛等，2012）。

（二）加强对战略性新兴产业的研究

通过对战略性新兴产业的研究，把握战略性新兴产业的成长特点，根据行业特征、技术成熟程度和企业发展阶段等因素细分市场，以建立科学的目标客户选择机制，提供专业化的融资服务，实行注重特色经营的信贷管理创新机制。

（三）加强战略性新兴产业风险管理的研究

各商业银行通过加强与发改委、商务部、科技部等产业主管部门的联系和合作，共享和收集各类信息，严格监控战略性新兴产业的发展情况和相关企业的经营状况，以保持商业银行的可持续发展。

（四）培育专业团队为战略性新兴产业发展服务

鼓励商业银行设立专门为战略性新兴产业发展提供资金服务的部门或团队，并培养一批具备相关领域知识和技能的从业人员。通过这种专业团队来进行专业化的管理，不仅可以提高商业银行为战略性新兴产业提供资金支持的效率，还可以保障商业银行的资金安全。

（五）确保新兴产业贷款增长比例倒逼金融产品创新

目前，资本市场的金融产品创新远不能满足新兴产业发展的需求。要从国情和省情出发，按照金融创新与市场接受程度相匹配、与投资者的承受能力相协调、与监管能力相适应的原则，建议中国人民银行和中国银行业监督管理委员会完善现有金融政策，出台指导意见和政策措施，提高大中型银行对新兴产业中小科技企业信贷比例。通过确保新兴产业贷款增长比例倒逼金融产品创新，推出符合新兴产业发展需要的金融产品。各大银行面对增加贷款的压力，就会改变目前的风险控制模式，对于那些预期回报高、风险也大的项目也不会视而不见、无动于衷的。

三 鼓励创新股票融资方式，进一步扩大直接融资的作用

（一）大力发展天使基金和私募基金

在国家政策的指导下，充分利用好安徽省的民间资本资源，积极发展扶持新兴产业的天使基金和私募基金。天使基金是自由投资者或非正式风险投资机构对原创项目构思或小型初创企业进行的一次性的前期投资，是一种非专业、非组织的风险创业投资形式，资金大多来源于民间，具有很大的发展潜力。出台鼓励政策，创新股份公司融资方式，吸引上市公司、民间资本、保险行业资本和开发区投资平台投入重点产业。完善战略性新兴产业企业股份转让系统的平台和制度，培育这些企业在国内外证券市场上市。

（二）大力扶持高新技术企业上市

安徽省战略性新兴产业中上市企业的数量相对较少，而推进高新技术企业上市不仅能解决战略性新兴产业的金融支持问题，还能促进安徽省产业结构调整，提高综合竞争力。因此，安徽省应把扶持高新技术企业上市放在战略位置，具体应做到以下几点。①为战略性新兴产业企业上市提供培训，加强企业管理人员对高新技术企业上市条件、操作和利益等方面的认识，并积极引导符合条件的高新技术企业上市，充分利用我国深沪主板、中小板和创业板等融资平台。②营造良好的政策环境，对高新技术企业上市过程中遇到的政策性问题，要积极、慎重、实事求是、依法合规的解决。积极学习国内外的先进理念和措施，不断完善政府的服务体系，为高新技术企业上市提供更有效的服务，营造更积极的氛围。③调动高新技术企业上市积极性，对培育期的高新技术企业给予一定的财政支持，对完成上市的高新技术企业给予一定奖励。另外，安徽省各级政府还可根据自身条件和相应权限制定合理的扶持措施和扶持力度，除奖励资金外，也可在项目安排、税收优惠和贷款补贴等多方面给予优惠。

（三）创新直接融资方式

出台鼓励政策，创新股份公司融资方式，吸引上市公司、民间资本、保险行业资本和开发区投资平台投入重点产业。仿效中关村高科技园区非上市股份

有限公司进入代办股份转让系统的做法，政府应对新三板市场①进行扩容。新三板市场扩容的目标就是要为处于培育期的战略性新兴产业企业开辟一条进入代办股份转让系统的特别通道，以此来体现资本市场对战略性新兴产业培育的政策性金融支持机制。

四 成立科技银行，支持战略性新兴产业发展

科技银行是实现金融支持战略性新兴产业发展的突破点。为了更好地使金融与科技相结合，科技银行必然具有与一般商业银行不同的经营模式（毛泽盛等，2012）。①科技银行应与创业投资机构、风险投资机构保持紧密合作，通过共享信息，有效地发掘和支持有发展前景的创业企业，最大限度降低风险，获取高额贷款收益。②尽量放宽利率管制，实现与高风险匹配的高收益。贷款利差是科技银行获益的主要来源，对处于创业初期高风险的企业，要求实行与高风险相匹配的高贷款利率。因此，应赋予科技银行贷款自主定价的权利。根据新兴产业的特点，利用浮动贷款利率，将银行收益与企业发展挂钩，实现银行与企业共同成长。③科技银行应结合战略性新兴产业的特点，从抵押、担保多个方面创新，允许企业以技术专利等知识产权作为抵押担保，甚至可以探索将担保由有限责任扩展到企业家个人无限责任，从而有利于科技银行规避风险。④鼓励银行参股企业。科技银行通过持股的方式获得新兴产业企业的股权，实现贷款与股权投资相匹配，从新兴产业企业的高成长中获得较高股权收益，弥补贷款给新兴产业企业带来的高风险损失。

五 发展新兴产业债券市场，拓宽战略性新兴产业融资渠道

从目前看，我国债券市场还不够成熟。债券一级市场投资人少，品种单一，二级市场几乎没有，缺乏规范的债券评估机构。就债券品种而言，我国的债券类型都以交通运输、电力、煤炭、电信、制造等基础行业企业债券为主，战略性新兴产业的债券发展不足；以短期限固定利率债券为主，支持新兴企业持续发展的中长期浮动利率债券发展不充分（谭中明等，2012）。

单个中小企业发行企业债券可能性较小，若是将若干经营状况好、成长能力强的一批企业捆绑起来，申请集合发债，则发债的可能性较大。截至 2007 年年底，我国已先后推出了三期高新企业集合债，分别为"03 高新债"、"07 深中

---

① 新三板市场是指自 2006 年起专门为中关村高新技术企业开设的中关村科技园区非上市股份有限公司股份报价转让系统。

小债"、"07中关村债"。集合债券不失为众多中小新兴企业融资的便利渠道。另外，在风险可控的原则下，可以考虑推出更适合战略性新兴产业成长的高收益债券及适合节能减排产业的绿色债券品种等，丰富企业的融资方式，拓展新兴企业的融资渠道，推动战略性新兴产业的发展。

六　尽快使民间资本投资成为新兴产业融资的重要来源

根据2010年国务院颁布的《关于鼓励和引导民间投资健康发展的若干意见》，安徽省应做到以下几方面。

第一，安徽省要尽快建立健全民间投融资服务体系，清理和修改不利于民间投融资发展的法规政策规定及涉及民间投融资管理的行政审批事项。支持民营企业特别是民营科技创新企业的产品和服务进入政府采购目录，加强对民间投资的服务和指导，创造良好的发展环境。

第二，鼓励和引导民间资本通过参股、控股、资产收购等多种方式投资新兴产业项目和企业，参与已发展到一定规模的新兴产业企业的改制重组，推动民营新兴产业企业加强自主创新和转型升级。

第三，鼓励民间资本发起或参与设立面向新兴产业中小科技企业的中小金融机构。放宽对金融机构的股比限制，支持民间科技资本以入股方式，参与商业银行的增资扩股和改制工作。放宽小额贷款公司单一投资者持股比例限制。同时，努力降低民间科技投资金融服务机构的成本和风险。

要大力发展公司债券市场，扩大中小科技企业集合发债，推出符合新兴产业发展需要的金融服务。用好商业票据这一种短期融资工具，为科技创新企业服务。另外，要进一步做好海外融资工作，鼓励新兴产业企业利用国际商业银行贷款、国际金融机构贷款和企业在海外各主要资本市场上的债券、股票融资业务。

第四节　扩大财税支持力度

财税政策是政府调控经济的主要手段，是推动产业发展的重要工具，战略性新兴产业的发展离不开政府财税政策的大力支持。美国、欧盟、日本、韩国、俄罗斯等国家和地区都从财政投入、税收优惠、产业促进等方面给予了战略性新兴产业大力的支持，国内各省（自治区、直辖市）也纷纷出台和优化财税政策，大力支持战略性新兴产业的发展。安徽省利用财税政策手段促进新兴产业发展的总体思路是加大财政投入以培育和发展战略性新兴产业，以财政资金的集中投入、竞争择优配置为形式，重点支持战略性新兴产业发展的关键环节和重点领域。

一 加大财政投入，引导发展战略性新兴产业

近几年，安徽省财政厅为引导战略性新兴产业的发展，采取了以下相关措施。一是统筹现有相关各类专项资金，形成支持战略性新兴产业发展的合力。省各类与产业培育、技术开发相关的专项资金，根据自身职能，在不改变现有管理权限和管理渠道的前提下，向战略性新兴产业倾斜。二是省政府一次性安排 20 亿元专项资金，用于各地建立战略性新兴产业引导资金和风险投资引导资金。2010～2015 年，省政府每年拿出 5 亿元，设立战略性新兴产业引导资金，主要用于支持重大项目、重点企业、产业基地等，目的是通过集中支持战略性新兴产业发展，进而实现对其他产业和领域的带动提升，推动经济发展方式转变。

在扶持范围上，支持安徽省确定的八大战略性新兴产业，并根据不同产业发展的技术突破的可能性，以支持率先突破产业核心技术和掌握自主知识产权为重点，着力引导支持企业加大研发投入，加快掌握一批制约新兴产业发展的重大关键、共性技术，转化一批重大创新成果，大力提升龙头骨干企业的自主创新能力。支持新兴产业基地建设，战略性产品研制和技术成果转化，支持新兴产业规模化、集聚式发展。

可将扶持对象分为两类，一类是以单个企业为主体的项目；另一类是以主体企业或主体产品为主的产业集群项目。支持企业个数或产品种类不求多，但求其质量与发展的潜力。另外，对在项目遴选及评审过程中发现的特别优秀的项目，安徽省政府在批准后应另行安排资金给予特殊支持。

在扶持方式上，应加大引入竞争机制的力度，通过招投标等方式，建立项目优选机制，实现"多中选好、好中选优"，提高资金使用效益，有效发挥财政资金"四两拨千斤"的杠杆作用和乘数效应，力争以 25 亿财政资金引导，拉动 250 亿的社会资金投入到战略性新兴产业领域。

强化金融支持。利用创业投资引导基金，引导金融机构对科技企业和项目的信贷投入；兑现金融创新政策，引导银行、担保、创投、私募等各类金融机构增强对创新型企业的支持；建立领军人才创业企业融资平台和服务体系，对在产业化过程中流动资金不足的企业，给予一定额度内的融资担保，并给予担保机构一定额度的担保奖励和风险代偿补贴。

就安徽省的省情和财力来讲，在 2010 年和"十二五"期间，省本级安排 50 亿元，支持发展战略性新兴产业，力度可谓是空前的。但与毗邻的江苏省相比，仍有一定差距。江苏省在"十二五"规划期间，每年安排专项资金的增幅不低于一般预算收入的增幅，力争 5 年投入超过 100 亿元，集中支持战略性新兴产

业的发展，进而实现对其他产业和领域的带动提升，推动经济发展方式的转变。

二 出台资助、配套、奖励等政策，着力培育新兴产业集群①

在着力培育新兴产业集群方面，可推广合肥市政府的做法或政策。

（1）对战略性新兴产业发展中的相关核心技术、重大装备的研发项目，或重大引进技术、装备的消化吸收再创新项目，单个项目研发费用实际发生额超过 500 万元以上的，各市对其超额部分给予 20％，最高 1000 万元的资助。

对企业、高校和科研院所获得的科技部"863"计划、科技支撑计划、国家重大科技专项、火炬计划、星火计划、科技型中小企业创新基金项目；工业和信息化部的电子信息产业发展基金、国家科技重大专项项目；国家发改委的国家高技术产业发展项目；财政部的成果转化资金计划项目，以及安徽省发改委的高技术产业发展计划、省科技厅火炬计划项目，并在本地产业化，其拨款资金在 200 万元以内的，给予国家、安徽省拨款额 50％配套资助；其拨款资金超过 200 万元以上的部分，给予拨款额 10％配套资助，最高配套资助不超过 1000 万元。

（2）对各市具有自主知识产权、有望形成爆发性增长的新兴产业和规模巨大的支柱产业的重大项目及科技创新试点市示范区建设，在资金支持上一事一议、特事特办；对省外高新技术企业、创新型企业来安徽省各市落户，给予其固定资产实际投资额 10％、最高 500 万元奖励。具备上市条件的省外高新技术企业、创新型企业总部迁至安徽省各市注册上市的，其上市募集资金的 70％（1亿元以上）在安徽省各市投资的，给予 500 万元奖励。

（3）对新认定的各级工程（技术）研究中心（含分中心）、企业技术中心、工程实验室、重点实验室、检测中心、创新咨询中心、军转民研发机构和创新型试点企业，给予一定的奖励；对高新技术企业、创新型企业的各项行政性收费省市留成部分，实行免征；对新创办的科技型企业实行零收费。国家级、省级创新型企业从认定之日起 3 年内，将其所缴纳企业所得税新增部分的省市留成部分同等金额奖励给企业；经认定的国家级、省级高新技术产品和（重点）新产品，从认定之日起 3 年内，将其所缴纳增值税新增部分的省市留成部分同等金额奖励给企业；对主持制定国际标准、国家标准、行业标准的企业，给予一定奖励。

（4）对获得国家科学技术进步奖一等奖、国家科学技术进步奖二等奖、全国质量奖企业的团队，给予一定奖励；对获得省科学技术进步特等奖、一等奖、

---

① 参考《合肥市承接产业转移进一步推进自主创新若干政策措施（试行）》。

二等奖企业的团队给予一定奖励。参照《国家高新技术企业认定管理办法》，开展市级高新技术企业培育认定。对新认定的市级高新技术企业，给予一定奖励。对高新技术企业、创新型企业和年销售收入首次达到 1 亿元的企业给予一定奖励。

三 发挥政府采购作用，支持战略性新兴产业发展

政府采购是世界各国鼓励创新的一种重要手段，但是在我国还没得到充分有效的利用。研究表明，1998 年，经济合作与发展组织国家各级政府采购占 GDP 比例为 20%，非经济合作与发展组织国家为 14.5%，我国政府采购规模相比明显偏低。2009 年，我国各级政府采购只占 GDP 的 2.2%。

为发挥政府采购在培育战略性新兴产业市场需求、引领社会消费的导向作用，需要加大政府采购首购力度。对列入国家《政府采购自主创新产品目录》和《安徽省政府采购自主创新产品目录》的安徽省新兴产业产品，符合财政部《自主创新产品政府首购和订购管理办法》所规定的首购管理条件，在技术和服务能够满足采购者需求的前提下，采购者以首购方式采购。如新能源汽车、生态环保产品、节能产品、环境监测仪器和医疗设备等。对符合《自主创新产品政府首购和订购管理办法》所规定的订购管理条件，适合以订购方式采购的政府采购项目，如环保项目、软件和服务外包项目等，积极支持采购者包括各级财政新兴产业专项扶持资金管理机构等，以订购方式向省新兴产业企业或研发机构订购。要加大对节能环保产品的政府采购力度及支持新兴产业自主创新产品的政府采购力度。对列入国家《节能产品政府采购清单》、《环境标志产品政府采购清单》的产品，在价格、服务能够满足采购者要求的前提下，引导各级采购者优先选择购买；属于强制采购目录范围的，各级财政部门监督采购者必须购买；对列入国家《政府采购自主创新产品目录》和《安徽省自主创新产品目录》的新兴产业产品给予评审加分或优先购买，以促进安徽省新兴产业不断迈向新的台阶。

简而言之，就是要在现有自主创新产品、环境标志产品和节能产品政府采购政策的基础上，进一步完善政府采购支持战略性新兴产业的有关制度，鼓励自主创新。对于适合纳入政府采购的战略性新兴产业的产品，要优先纳入政府采购的范围，通过拉动需求来促进战略性新兴产业的发展。

四 全面落实国家高新科技发展的各项财税政策，支持战略性新兴产业发展

《国务院关于加快培育和发展战略性新兴产业的决定》中指出，在全面落实

现行各项促进科技投入和科技成果转化、支持高技术产业发展等方面的税收政策的基础上，结合税制改革方向和税种特征，针对战略性新兴产业的特点，研究完善鼓励创新、引导投资和消费的税收支持政策。但新的鼓励创新、引导投资和消费的税收支持政策并没有出台，而税收政策的制定权又主要集中在中央，地方可用手段有限。因此，对各地方政府来说，运用税收手段支持战略性新兴产业发展，首先要落实好中央政府的各项税收优惠政策（肖兴志，2011）。

（一）企业所得税政策

（1）落实企业研发费用税前加计扣除政策。战略性新兴产业企业为开发新技术、新产品和新工艺发生的研发费用，未形成无形资产计入当期损益的，在按照规定据实扣除的基础上，按照研发费用的50％加计扣除；形成无形资产的，按照无形资产成本的150％摊销。

（2）落实高新技术企业的税收优惠政策。国家需要重点扶持的高新技术企业，减按15％的税率征收企业所得税。

（3）落实增值税转型改革政策。允许一般纳税人企业抵扣其购进或自制固定资产所含的进项税款。

（4）落实技术改造项目设备进口和重大技术装备进口的税收优惠政策。战略性新兴产业企业进行技术改造项目所需要进口设备免征关税和进口环节增值税；战略性新兴产业的企业进口重大技术装备，免征关税和进口环节增值税。

（5）落实支持基础设施建设税收政策。对战略性新兴产业企业从事符合国家规定条件的国家重点扶持的公共基础设施项目的投资经营所得，自项目取得第一笔生产经营收入所属纳税年度起，实行企业所得税"三免三减半"政策。即第一年至第三年免征企业所得税，第四年至第六年减半征收企业所得税。

（6）落实企业从事环境保护、节能节水项目所得的优惠政策。战略性新兴产业企业从事符合条件的环境保护、节能节水项目的所得，自项目取得第一笔生产经营收入所属纳税年度起，第一年至第三年免征企业所得税，第四年至第六年减半征收企业所得税。对企业购置环境保护和节能节水等专用设备的投资额，实行税额抵免的企业所得税政策。

（7）落实技术转让所得的优惠政策。战略性新兴产业企业符合条件的技术转让所得，一个纳税年度内，居民企业技术转让所得不超过500万元的部分，免征企业所得税；超过500万元的部分，减半征收企业所得税。

（8）落实资源综合利用企业的优惠政策。战略性新兴产业企业以《资源综合利用企业所得税优惠目录》规定的资源作为主要原材料，生产国家非限制和禁止并符合国家和行业相关标准的产品取得的收入，减按90％计入收入总额。

（9）落实固定资产加速折旧的优惠政策。战略性新兴产业的企业固定资产由于技术进步等原因，确需加速折旧的，可以缩短折旧年限或采取加速折旧的方法。包括由于技术进步，产品更新换代较快的固定资产；常年处于强震动、高腐蚀状态的固定资产。

（二）营业税政策

现行支持战略性新兴产业发展的营业税政策主要有：①技术转让收入的优惠政策。对单位和个人从事技术转让、技术开发业务，以及与之相关的技术咨询、技术服务业务收入，经省级税务机关批准，免征营业税。②中小企业信用担保机构的优惠政策。担保机构从事中小企业信用担保或再担保业务取得的收入（不含信用评级、咨询、培训等收入）3 年内免征营业税，免税时间自担保机构向主管税务机关办理免税手续之日起计算。

（三）房产税政策

现行支持战略性新兴产业发展的房产税政策主要有：①从事特定行业企业的优惠政策。从事新能源、新材料、节能环保、生物医药、信息网络、电动汽车和文化创业等战略性新兴产业的纳税人，企业缴纳房产税确有困难的，可以向主管税务机关提出申请，由县以上地方税务机关按照税收减免管理权限审批，酌情减征房产税。②遇有特殊情况的优惠政策。对因自然灾害等不可抗力或承担国家指定任务而造成亏损的文化单位，经批准，免征经营用地和房产的城镇土地使用税和房产税。

（四）资源税政策

现行支持战略性新兴产业发展的资源税主要有：战略性新兴产业的企业纳税确有困难，或在开采和生产应税产品过程中因意外事故、自然灾害等原因遭受损失的，可以向主管税务机关提出申请，按照税收减免权限审批减免其资源税。

（五）城市建设维护税

现行支持战略性新兴产业发展的城市维护建设税主要有：战略性新兴产业的企业按规定享受增值税、消费税、营业税减免优惠的，同时减免其城市维护建设税和教育附加税。

五 出台地方税收优惠制度，支持八大战略性新兴产业发展

尽管税收政策的制定权主要集中在中央，但是地方在一定范围和权限内也

可以有所作为。

（一）出台或扩大投资环节的税收优惠

1. 扩大投资抵税的范围

企业所投资的与发展八大战略性新兴产业直接相关的固定资产，可以考虑按投资额的一定比例直接抵免税额。各市可考虑各承担一定比例，具体比例可以由对于各类产业发展的取向来定。各地政府的产业鼓励政策需要综合考虑各个方面问题，既要是本地的主导产业，也要是国内外具有一定竞争力的优势产业。不能够一哄而上，重复竞争。

2. 给予风险投资更多优惠

风险投资是高新技术企业的孵化器，税收优惠政策是风险投资发展的助推器。稳定的资金来源对战略性新兴产业的发展具有重要意义。然而，战略性新兴产业的研发和市场风险非常高，导致战略性新兴产业直接融资渠道不畅，影响其融资规模。因此，为鼓励社会资金以各种形式建立风险投资公司，可以考虑采取加倍提取风险投资准备金、降低所得税税率、延期纳税和再投资退税等方式来降低风险，提高行业吸引力，引导社会各方面资金进入战略性新兴产业。

3. 给予贷款所取得的利息收入免税

由于商业银行属于营利性机构，其在发放贷款时要综合衡量收益和信贷风险。同时，战略性新兴产业的研发和市场风险非常高，从而使商业银行对该产业存在一定的惜贷现象。建议对金融机构为研发企业、科研机构和高等院校的研发活动提供贷款所取得的利息收入，免征印花税、营业税和企业所得税。对担保机构为研发贷款提供担保所取得的担保收入，也给予同样的税收优惠待遇。

战略性新兴产业在初创阶段往往需要大量资金作支撑，给予金融部门信贷方面营业税或企业所得税的优惠可以间接支持战略性新兴产业的投资。当然，这样的税收优惠必须辅之以严格的监管措施，即必须关注所贷款项是否真正用于相关法规所规定的新兴产业投资。如果信贷资金被"挪用"，则应立即停止优惠，追回所优惠的税款，并采取相应的处罚措施（陈思，2012）。

4. 对科技保险实行税收优惠

对保险公司向战略性新兴产业提供的科技保险实行税收优惠。建议对保险公司向战略性新兴产业提供的科技保险收入免征相关税费，投保企业所获得的赔偿额则全部免征企业所得税，以促进科技保险的运用和推广（龚恩华，2012）。

（二）加大对研发环节的税收优惠力度

1. 减轻货物与劳务税税负

战略性新兴产业在研发过程中，既需要购买专利权和非专利技术等无形资产，还需要大量使用研发设备和厂房等硬件设施，承担了货物与劳务税、财产税、营业税等诸多税种的税负，通过减轻这些税负可以有效降低战略性新兴产业发展的研发成本。

2. 适当加大对产品研发费用的税前抵扣比例

可以根据企业研发投入的总量和增量综合考虑，在已有对企业研发实行150%的税前抵扣的基础上，对企业研发投入的增长部分，再给予50%的税前抵扣，同时对没有应纳税所得额或尚未盈利的创新"试错"企业，其研发投入也可按此规定预先申报税收减免，并允许向前向后结转扣除。

3. 适当扩大企业税前列支的范围

允许企业在税前列支一定比例的科技创新投资风险准备金，用于研发阶段技术开发、技术培训、技术革新和引进研究设施等。企业可按营业额或收入总额的5%提留技术开发准备金，自提留之日起3年内使用，如有特殊情况可申请延长2年，在投资发生前作为损耗计算。

4. 调整个人所得税政策

在研发环节，需要调整个人所得税政策以便提高对研发人员的税收激励水平。具体做法如下：一是对自主创新性人才的技术转让和技术服务收入设计减征比例，以促进技术研发与技术成果的转让；二是适当扩大对科技研发人员技术成果奖励个人所得税的免税范围；同时，对高等院校、科研机构以股份或出资比例等股权形式给予科技人员的有关奖励，予以免征个人所得税，鼓励和提高其战略性新兴产业开发的积极性与创造性；三是放宽应税工资的扣除，允许扣除本人接受再教育的支出，以鼓励加大教育投资；四是对科研人员从事研究开发取得特殊成绩获得的各类奖励津贴，免征个人所得税。此外，高科技企业在改制过程中产生了一些新的激励制度，如经理股票期权制度，这对调动科技人员积极性有重要作用，应进一步探索对这种制度的税收优惠政策（陈思，2012）。

(三）扩大生产环节的税收优惠

现行企业所得税制度中，除了《企业所得税法》外，有关部门制定了很多针对高新技术企业的优惠制度，其内容基本涵盖了新兴产业的各大领域。但优惠手段较为单一，仅限于成本加计扣除和税率优惠、延期纳税、税收抵免、加速折旧和再投资退税等手段未得到充分应用。因此，应在现有制度的基础上，充分使用下述手段。

1. 进一步补充加速折旧的规定

针对不同战略性新兴产业所需的固定资产或高尖端设备，实施更加灵活的加速折旧方法。我国现行的《企业所得税法实施条例》第九十八条明确规定，

"采取缩短折旧年限方法的，最低折旧年限不得低于'规定折旧年限'的60％"。由于新兴产业的特定固定资产更新换代非常快，甚至两三年就出现新产品，应放宽该类设备的折旧年限，规定可在更短时间内提取折旧。

2. 建立再投资退税或抵免制度

现行企业所得税法缺乏关于再投资的优惠制度，为了鼓励新兴产业企业再投资，对法人投资战略性新兴产业获得利润并再用于新兴产业投资的，可以退还一定比例上年度缴纳的企业所得税，或允许再投资额的一定比例从其应纳税所得额中扣除。

3. 延期纳税和延长亏损弥补期

允许新兴产业企业由于客观原因暂时无法支付税款时延期缴纳税款，最长可以延长3年，以减轻企业资金压力。由于新兴产业产品从研发成功到实现经营利润的时限较长，且初期的利润稳定性较差，也可适当延长亏损弥补期限。

4. 适当扩大企业税前列支的范围

新兴企业具有学习型组织的特点，其用于再教育、再培训的费用规模较大，应适当增加教育培训费用的税前列支规模，按实际发生额予以扣除。允许企业在税前列支一定比例科技创新投资风险准备金，用于研发阶段技术开发、技术培训、技术革新和引进研究设施等。企业可按营业额或收入总额的5％提留技术开发准备金，自提留之日起3年内使用，如有特殊情况可申请延长2年，在投资发生前作为损耗计算。

5. 制定对创新失败企业的税收宽容政策

一是将创新失败损失直接抵减应税所得额；二是对创新失败企业实行税收间接优惠政策为主。间接优惠侧重于事前优惠，有利于创新失败企业享受实实在在的税收优惠，减轻税负，真正体现出政府推动企业科技创新的政策取向。具体可以通过采用加计费用扣除、投资抵免、加速折旧和税收豁免等优惠措施刺激企业建立健全科技创新机制，也可以允许创新失败企业在合乎规定的年限内，分期缴纳或延迟缴纳税款。

(四) 实行有利于战略性新兴产业发展的税收政策

通过税收政策引导市场消费观念的转变，运用税收杠杆培育战略性新兴产业市场。

在消费税方面，重新设计消费税的税目与税率。一是增设对环境造成污染产品的消费税税目，将更多高能耗产品、资源消耗品纳入消费税征收范围，并按稀缺程度的不同相应提高非再生、稀缺性资源的单位税额，提高资源的使用效率。二是调整消费税税率，对节能产品采用低税率，对高能耗产品采用高税率。三是针对我国国情，将节能环保理念融入消费税，探讨融入型环境税的设计。其设计与实施将对我国当前新材料、新能源和节能减排的发展有重要推动作用。重新设计的消费税将鼓励采取技术进步手段减少排放，倡导绿色清洁能源的使用，其最终目的是为了减排。同时，对污染的排放量不超过政府制定的统一标准甚至能够实现逐年减排的能源消耗者应给予一定的税收优惠（黄力明等，2011）。

在资源税方面，计税依据由"从量计征"改为"从价计征"，有利于实现资源的优化配置。在进出口关税方面，抑制高能耗、高污染、资源型产品出口，鼓励资源型、节能降耗和关键零部件等产品进口。

此外，应着手开征碳税，通过征收碳税建立可再生能源或低碳技术发展基金，支持低碳技术的发展，并通过碳税政策引导和鼓励企业应用低碳技术，推进传统产业技术升级改造。

总之，要针对新兴产业的特点来拓展税收优惠政策的空间，充分发挥政策的引导和放大作用，最终达到有效促进安徽省八大战略性新兴产业发展的目标。当然，一旦新兴产业进入成熟期，便会逐渐转变为普通产业，相应的税收优惠也应随之改变或适时退出。

第五节　加快人才队伍建设

人才是创新之源，是新兴产业发展之本。培育和发展战略性新兴产业，离不开人才的支撑。有了一流的人才，才能开发出一流的技术和产品，才能兴办一流的企业和产业，才能在 21 世纪日趋激烈的国内外竞争中立于不败之地。因此，拥有一支素质优良、结构合理的人才队伍，是推进安徽省战略性新兴产业发展的重要保证。

一　实施面向战略性新兴产业的人才培养工程

安徽省虽人力资源丰富，但在人才结构中，一般性人才相对较多，创新型人才较少；一般学历型人才较多，应用技术型人才相对较少；一般产业工人较多，高级技能型工人较少，与战略性新兴产业发展不相适应。因此，迫切需要实施面向战略性新兴产业的人才培养工程。

（一）设置面向战略性新兴产业的新专业

为培养战略性新兴产业发展所需要的高素质专门人才，从 2010 年开始，教育部每年都要增设一些新专业。2010 年，教育部公布的高校新设置的本科专业有 140 个。安徽省只有合肥工业大学的新能源材料与器件、物联网工程，安徽大学的新能源材料与器件在榜，占此批次高校面向战略性新兴产业新设置本科专业的 2.1％。

（二）面向战略性新兴产业修改教学内容

联合国教育、科学及文化组织的一项研究表明，信息通信技术促进了人类知识更新速度的加速。在 18 世纪，知识更新周期为 80～90 年；19 世纪至 20 世纪初，缩短为 30 年；20 个世纪 60 年代至 70 年代，一般学科的知识更新周期为 5～10 年；而到了 20 个世纪 80 年代至 90 年代，许多学科的知识更新周期缩短为 5 年；进入 21 世纪时，许多学科的知识更新周期已缩短至 2～3 年。高等教育现行的课程体系和教学内容的更新必须跟上知识更新的速度，必须跟上层出不穷的新兴产业发展的速度。

（三）校企合作培养战略性新兴产业发展所需要的创新型人才

战略性新兴产业的发展是知识体系中多学科共同发展、综合作用的结果。发展战略性新兴产业既需要拥有某一门专业学科知识，能把成熟的科学理论和科学方法应用到生产、生活实际的应用型人才，也需要掌握 2～3 门专业学科知识，形成不同学科交叉、多门知识融合的复合型知识体系，有牢固的专业理论与深厚知识底蕴的复合型人才。为此，本科院校应做到以下几点。一是要结合企业发展战略性新兴产业对创新型、复合型人才的知识、素质和能力的要求。比如，需要掌握的基本理论、科学原理与方法和具体的实践技能等制订创新型人才培养方案和教学计划。二是确定创新型人才实践能力培养体系与测评标准体系。这个体系要按行业、产业的需要以满足企业实际需求的方式来考虑，而不是按专业的学理以演绎的方式来设计。三是制订师资队伍建设计划。除从高等院校引进人才外，要加大直接引进来自企业、行业、研究院所的专业人员的力度。四是增加教师的企业工作经验。要出台政策，安排和鼓励教师带着项目、任务到企业行业学习锻炼。五是实行"双导师制"。即由学校指定一名教师，同时向企业聘用一名教师，共同指导创新型计划人才培养的实习、实训和实践（钟儒刚等，2011）。

（四）校企合作培养战略性新兴产业发展所需要的高技能人才

高技术和高层次研发人才是我们迫切需要的，把蓝图变为美好现实的高素质、高技术工人也是我们需要的。在战略性新兴产业领域，我国一批企业通过持之以恒的自主创新，已经掌握了很多拥有自主知识产权的核心技术，但仍然难以生产出质量过硬的产品，不能形成产业的竞争优势，这在很大程度上源于缺少高素质的技能型人才，严重制约着我国新兴产业的发展进程。

为此，职业技术类院校应做到以下几点。一是根据企业自身条件和实际需要，在厂区车间内设立"生产与教学合一型"校外实训实习基地。学校与企业共同加强实训基地建设，加强学生的生产实习和社会实践管理，改革以学校和课堂为中心的传统人才培养模式。二是在合作企业建立专业教师实践基地，完善专业教师到对口企业定期实践制度，每年安排专业教师必须至少有1个月的时间到企业一线实践，聘用一批企业能工巧匠作为兼职教师，使专业建设紧跟产业发展，学生实践能力培养符合职业岗位要求。三是大力支持职业技术类院校与企业开展联合办学、技术培训、共建实习基地，培养和造就一批能够适应产业技术自主创新要求的高技能人才。四是要充分利用安徽省的各种教育培训资源，积极引进国内外各类高校和教育培训机构，形成以高等院校、职业技术类院校为主体，省内外各种社会培训资源共同参与的多层次、广覆盖的教育培训网络，开展大规模的创新人才培训，形成产业工人的输出基地（黄伟等，2012）。

（五）实施拔尖人才培养工程

为深入贯彻安徽省委、省政府《关于加快培育和发展战略性新兴产业的意见》（皖发〔2010〕29号），充分发挥人才在推动产业升级、实现跨越发展中的支撑作用，中共安徽省委组织部、安徽省人力资源和社会保障厅、安徽省发改委、安徽省科学技术厅于2011年10月31日联合制定了《安徽省战略性新兴产业"111"人才聚集工程建设意见》，根据省委、省政府提出重点发展电子信息、节能环保、新材料、生物、新能源、高端装备制造、新能源汽车、公共安全八大战略性新兴产业的要求，围绕战略性新兴产业"千百十工程"的目标，到2015年，培育扶持100个"技术领先、机制灵活、产出高效"的战略性新兴产业创新创业团队；引进培养1000名国际或国内一流水平、在战略性新兴产业领域有重大突破或重要科技成果转化产生较大经济效益、引领作用显著的技术领军人才；培养10 000名战略性新兴产业高技能人才。

"十年树木，百年树人"，要选拔人才，首先要培养人才。一是要制订并实施拔尖人才培养战略规划，重点选拔和培养年轻的科技企业家和技术、学术带头人，特别是要重点选拔培养既会创新创业、又懂技术与市场的复合型人才。二是要进一步优化和调整高等院校学科专业结构，大力发展工科，稳定提高理科、医科，调整提高人文社科，扶持农科，增加高新技术应用专业，大力发展高级职业技术教育，培养大批高级研究型人才和适用的中高级技术人才，提高研发水平和劳动者素质。三是鼓励企业选派优秀人才到国内外著名高等院校、科研院所、跨国公司和对口单位进修或培训，提高人才的素质和能力。鼓励省内创新主体通过承担国家、省、市重大科技项目等方式，培养创新团队。

二　加大高层次人才引进力度

通过引进一个领军人才，发展一个高科技企业，进而带动一个新兴产业成长。要重点引进具有国内外领先水平的学科带头人、行业技术领先人才和科技开发人才、掌握高新技术或先进工艺的高级技能人才、具有专业优势的经营管理和知识产权管理人才、创业型人才。鼓励用人单位创新人才引进方式，采取团队整体引进、创新创业核心人才带动引进、高技术项目产业化开发引进、招商引智等多种方式，引进各类紧缺人才。利用人文与地域优势，鼓励安徽籍人才回安徽省投资、创业，最大限度地发挥在外地的安徽籍人才的作用。加大人才的柔性引进力度，面向海内外，鼓励各类优秀人才采取柔性流动方式来安徽从事讲学、咨询、兼职、科研和技术合作、技术入股、投资兴办企业或从事其他专业服务。积极鼓励用人单位以项目合作、岗位聘用、任务聘用和人才租赁等方式引进人才和智力。要进一步支持企业与高校、科研机构的产学研合作，加强与安徽产业关联度较高的高等院校、科研院所的联系与交流。

高层次海外留学人员是创新型人才的重要来源。早在 2006 年 6 月，安徽省政府率先出台了《关于引进海外高层次留学人才的意见》，为引进海外高层次留学人才开辟了绿色通道。2009 年，安徽省政府又出台了《关于加强引进海外高层次人才工作的实施意见》。目前，安徽省已建立留学人员创业园 6 家，归国留学生创办的企业达 200 多家，初步构建了留学人员在安徽省创业的基地网络。今后，要继续加大国外智力引进力度，创造条件组织规模企业到境外招揽紧缺的高层次人才；加强与境外留学生组织及华侨、华人专业团体的联系，建立留学人才及境外人才信息库和招聘网络，不断创造条件，积极吸引海外留学人员到安徽创业。

为了做好高层次人才引进工作，安徽省及其各市都要出台有竞争力的人才引进政策，不仅对引进的高层次人才，在配偶工作安排、子女求学和住房上都要照顾，更要为引进的人才提供良好的生活和工作条件。例如，2006年起，无锡市开始实施旨在 5 年内引进 30 名领军型海外留学归国创业人才的"530"计划，给予这些最高端的人才提供 100 万元创业启动资金、100平方米工作场所、100 平方米住房公寓；提供不低于 300 万元的风险投资和商业贷款担保。截至 2010 年，无锡市已累计引进海外归国人才超过 6000名，落户企业 1200 多家。如果安徽省的人才引进政策没有竞争力，就无法吸引高层次的拔尖人才。

三 加大与高智力人才结合的力度

经过多年努力，至 2011 年年底，安徽省共有国家级"新世纪百千万人才工程"人选 17 名，两院院士 25 名，安徽省学术和技术带头人 187 人，享受国务院、省政府特殊津贴专家 3232 人。全省高等院校和科研院所设立博士后科研流动站 39 个，在企事业单位中设立博士后科研工作站 48 个，累计招收博士后研究人员 400 余名（江宗禾，2011）。为了加大与高智力人才结合的力度，要鼓励企业与省内外院士共同组建院士工作室，建设好中国工程院院士活动中心，与院士形成长期、稳定的合作关系，充分发挥院士在科研领域的高、精、尖优势，全面提高企业的技术创新能力。同时，继续鼓励企业结合技术自主创新课题申报设立企业博士后工作站，为博士后的研发工作提供必要的条件和良好的工作环境，发挥其在技术创新方面的带头作用。鼓励各市与国内外高校和研究机构，共同成立工程研究院或研究中心，促进政产学研发展。

四 进一步完善人才服务体系

市场作为引导人才资源有效配置和人力资本投资方向的基础性机制，是市场经济发展的必然要求。在人才资源由政府配置为主转变为由市场配置为主后，政府有责任、有义务加快人才市场体系构建，以实现人才资源的合理流动和合理配置。

为此，首先，政府要积极推进建设包括安徽省各市在内的统一人才市场，以提高人才市场作为信息交流平台、信息流动平台的声誉效应和规模效应。其次，要重视加强人才市场的法制化和制度化建设。例如，促进人才市场与资本市场、技术市场和产权市场等的对接；放宽与规范人才中介机构的准入制度；加强对人才中介服务机构从业人员的资格管理和对人才招聘活动的安全保障；建立统一协调的执法监管机制等。同时，还应持续创新人才服务体系，努力构建机制健全、运行规范、服务周全和监督指导有力的人才市场体系，使人才市场真正能够为各类人才提供更多的择业机会，给用人单位提供更大的选才空间，从而在一个较大范围内实现人才要素和其他要素的有效结合，为安徽省经济社会发展提供更强有力的要素支撑。

五 加快建设高端人才创业创新平台

在加速培育和发展战略性新兴产业的背景下，安徽省人才资源开发要依托企业、高等院校、科研院所机构和工业园区，着力打造一批集聚能力强、层次高和影响大的高端人才创新创业平台。

（1）政府牵头搭建平台。安徽省地处我国中部地区，教育不够发达，拥有的名校少，缺乏高素质人才集聚优势。距东部发达地区较近，缺乏吸引人才的区位优势。为此，要把创新平台、创新载体建设作为重中之重来抓。通过引进与安徽省产业关联度高的"985"高校、大院名所建设海外人才创业创新基地和科研创新基地、培植产业集聚区等途径，搭建聚才、用才的大平台。

（2）鼓励企业自建平台。总体看来，安徽省创新型经济活跃，创新型企业用人体制机制灵活。要充分发挥这些优势，鼓励和支持各类企业加大投入，建立一批产学研紧密结合的高层次人才创新创业平台。同时，创新柔性引进人才的路子，充分发挥安徽省现有的企业博士后科研工作站、院士专家工作站等创新平台的作用，大力推进校企合作，支持企业与省内外高校、科研机构建立产学研战略联盟，更好地吸引高层次人才。

（3）引进名校大院兴建平台。近几年，安徽省加强了与中国科学院、中国工程院及知名高校的合作，有多个市建成了多所在安徽省的技术研究院等一批创新平台。今后要进一步加大力度，以掌握核心技术、关键技术、提高科技成果转化率为目标，积极引进国内外大院名校来安徽省建设一批适宜高水平科技人才的创新平台。同时，要积极创新创新人才平台的科学研究、科技开发和管理机制、运行机制，以便更好集聚国内外高层次创新人才和团队，取得一批具有国内外领先水平的自主创新成果（王锁军，2011）。

六 进一步改革对创新型人才的评价与激励制度

作为新知识的创造者、新技术的发明者、新学科的创建者、科技新突破及发展新途径的引领者和开拓者，创新型人才是国家发展的宝贵战略资源。在创新人才评价上，坚持德才兼备的原则，建立以能力和业绩为导向的人才评价机制。在人才使用上，树立"以用为本"的价值观，建立"能力本位"的评价标准，以打破专业技术职务终身制为重点，深化职称制度改革，统一职称评审条件、论文核心期刊的要求，凡符合高级职称资格评审条件的高层次科技创新人才，都给予评定为相应的高级职称。

创新型人才是发展战略性新兴产业的主力军。在创新型人才激励上，要针对创新型人才的需求特点，以现有政策为基础，加快研究制定和出台适应战略性新兴产业发展要求的创新人才激励体系。

（一）建立具有竞争性的薪酬政策

创新型人才因具有较强的创造能力而成为具有高增值性的稀缺资源。所以，创新型人才需要根据业绩支付报酬。企业需要从实际出发制定一套科学合理的绩效考核与评估机制，以便把创新型人才的薪酬与其绩效挂钩，提供富有竞争力的薪酬水平。有条件的企业还需要考虑建立股票期权制度，让创新型人才以股票期权的形式参与公司长期价值的创造，实现技术、智力和成果等知识资本参与收入分配、分享企业成长收益的机制。股票期权不仅有利于创新型员工按企业的目标行事，防止行为短期化，而且有利于激励创新型员工进行持续创新，也有利于避免创新型员工的流失，打造富有团队合作精神的人才队伍。同时，在完善货币化激励机制的基础上，可采用树立榜样、增加安居、医疗保险、带薪休假和资助参加会议等形式多样的激励措施，以充分调动创新型人才的积极性。

（二）提供有效的精神激励制度

创新型企业在完善薪酬激励政策的同时，更不能忘记创新型人才的精神需求也是一种巨大的推动力，是较物质需求更高层次的需求，可以起到持久激励的作用。精神奖励主要包括情感激励、荣誉激励与事业激励。企业可通过营造宽松的沟通环境，培育良好的人际关系，为创新型人才发挥才智营造一种相互信任、相互关心、相互体谅、相互支持和团结融洽的氛围。通过荣誉奖励，比如，提高创新型人才的社会地位和政治地位、授予荣誉称号等，鼓励和调动创新型人才做实事、敢创新的积极性。通过事业激励，比如，为员工提供继续教育和不断提高技能的学习机会，提供富有挑战性的发展机会，提供适合其要求的上升通道，让员工能够清楚地看到自己在企业中的发展前途，使之与企业呈长期合作、荣辱与共的伙伴关系，为企业成长尽心尽力地贡献自己的才能。

（三）营造鼓励创新的文化氛围

创新是推动人类社会发展的永恒动力。而创新本身的高风险，使任何一个高水平的创新型人才也难免有失败之时。一次成功创新的背后，可能有无数次的失败。失败多于成功是科研开发和科技创新，甚至是科学发现、发明、发展中的规律。科研开发和科技创新项目不成功，并不意味着研究过程没有价值，吸取经验教训，就有可能成为日后走向成功的台阶。所以，要破除在科技创新上"只许成功，不许失败"的陈旧观念，大力营造宽容失败，鼓励创新的创新环境和氛围；要努力建立健全并完善宽容失败的机制和制度；要善待失败者，不能歧视刁难失败者；要鼓励支持失败者积极大胆地继续申请新的科研开发项目和科技创新课题，并提供相应创新平台和便利条件，促使他们有信心和决心取得新的科研开发成果和科技创新成果；要把宽容失败作为一种精神，同敢为人先、敢冒风险、敢于创新和勇于竞争的精神并提，并大力倡导以培养创新型人才不怕失败、不甘失败、敢于创新、不断进取的信念、勇气和信心。

（四）细化对高科技创新型人才的税收优惠政策

一是为鼓励技术创新，激励高科技人员科技开发的积极性，对科研院所和高科技企业研发人员以技术入股取得的股权收益，暂不征收个人所得税，对按股权获得的股息和红利，可减征一定额度个人所得税。二是加大个人所得税优惠力度，促进个体人力资本投资。例如，在个人所得税中设置直接扣除或减免的教育费用项目，对战略性新兴产业人员的正规教育支出和在职培训支出，在计算个人所得税时列为税前扣除项目，引导相应人员进行更多的人力资本投资（付广军，2011）。三是对高科技方面知识产权转让收入和技术与技术服务方面的收入，可以享受与稿酬类似标准的税收优惠。四是对企业和院校科研人员从事研发取得特殊成绩获得的各类省市级以下的奖励或补贴，在计征个人所得税时，给予适当扣除。五是对战略性新兴产业内个人取得的特许权收入免征个人所得税。

第六节　大力加强产学研用协同创新

协同创新是胡锦涛同志在清华大学百年校庆的讲话中针对高等院校与科研机构、企业的合作提出的新要求。协同创新是通过多个主体的协同作用和资源共享，产生整体大于部分的协同效应，实现创新价值的最大化。现今，协同创新正成为科技创新发展的重要形式。诸多重大科技创新不再是单一主体的活动，而必须由多个创新主体参与、协同，这已是创新能否成功的关键因素。同时，战略性新兴产业是科技创新与产业、金融和商业的深度融合，既代表着科技创新的方向，也代表着产业发展的方向。因此，加速安徽省战略性新兴产业发展，需要大力加强产学研用协同创新。

一　在知识创新环节，鼓励企业进入与高校结成研究联盟

知识创新包括基础研究、前沿技术研究和社会公益性技术研究。知识创新是新技术和新兴产业发展的原动力，原始创新是一个国家竞争力的源泉，原始创新源于知识创新。基础研究和原始创新是产业核心技术和关键技术的源泉，没有雄厚的基础研究和原始创新，战略性新兴产业发展就会受制于人，导致后劲不足。在早期大部分国家的创新系统中，高校主要致力于高等教育和基础研究，大企业积极地采取创新性的活动将科学研究成果应用于商品化的产品中。

然而，自 20 世纪末以来，企业越来越强调产品和生产流程的持续创新，企业强调创新竞争策略的重要性，这要求企业应加大研发投资力度。

二 促进技术创新和知识创新在高技术孵化阶段相互交汇

一方面，促成技术创新的先导环节前移到科学向技术的转化过程；另一方面，促成知识创新的环节延伸到科学知识转化为生产力领域。即高校的知识创新不只限于创造知识，包括基础研究项目结项，发表学术论文，申请国家专利等，还要向前一步，借助于各种形式的孵化器将科学研究成果推向应用。同时，要确立企业在孵化新技术阶段的主体地位，主导产学研合作平台建设。

三 为新技术和新产品飞出孵化器、进入产业园和企业创造条件

建立知识产权保护制度，设立新技术新成果转化基金，设立技术交易市场，大力发展中介机构；在财政投入、投融资、人力资源、土地管理等方面制定实施特殊政策，形成了比较完善的创新政策体系，为新技术和新产品飞出孵化器、进入产业园和企业创造条件。

四 加快区域协同创新载体建设

目前，安徽省与中国科学院、合肥市与中国科学技术大学合作共建中国科学技术大学先进技术研究院，打造具有国际影响力的高层次人才聚集中心、高科技产业孵化中心和先进技术成果研发基地、转化基地。依托中国科学院、中国工程院建立了 22 家院士工作站。除此，还要支持皖籍高校申报教育部部分高校协同创新中心，支持省教育厅协同创新中心建设。继续支持地方政府与知名高校和科研院所共建发展研究院，继续支持企业组建各种形式的战略联盟，特别是企业与企业、企业与院校之间的战略联盟，集成一切可资利用的科技资源和力量，开展协同创新，合作研发一批牵动性强的新产品。

五 瞄准重大关键共性技术，组织协同攻关

围绕安徽省确立的八大战略性新兴产业，每个产业每年遴选 1～3 项重大关键技术，面向全球的高校和科研院所，组织研究团队，进行协同攻关，争取突破技术瓶颈。

六 鼓励企业整合利用国内外创新资源

鼓励企业主动联手高校、科研院所，加强院士工作站、博士后流动站和博士服务站建设；鼓励企业和科研院所在省外、境外设立技术研发中心，与国内外企业、科研院所合作共建实验室及研发中心，提升创新水平。

七 建立技术成果与企业需求沟通长效机制

安徽省政府每年都组织省级科技成果转化对接会，组织省内外研发机构和各类生产企业参加，供需双方面对面交流、洽谈，让企业及时了解科研动向和科研成果，让科研单位及时掌握企业需求。大力加强科技信息发布网络建设，建立面向全社会的科技成果信息窗口。深入开展科研人员下基层活动，进一步完善科技特派员制度，有计划、有组织、有针对性地安排高校、大院名所科技人员到企业、基层挂职，把成果带下去，把需求带上来，成为沟通企业、地方与高校、科研院所的桥梁和纽带。

为了鼓励和推动产学研协同创新，政府应制定和完善与产学研合作有关的法律、政策，为各方主体的紧密协作提供制度保障；积极创建产学研合作的战略联盟、中介机构和各种公共服务平台，为产学研协同创新提供组织保障；出台促进产学研协同创新的财税、金融、人才流动、仪器设备共享等相关配套政策，为产学研协同创新提供人财物保障。

安徽省财政厅课题组.2010.进一步培育战略性新兴产业研究.经济研究参考,56:25-29.

安筱鹏.2005.电子信息产业发展模式的探讨.现代经济探讨,(7):38-41.

陈刚.2004.新兴产业形成与发展的机理探析.理论导刊,(2),7-10.

陈冀胜.1992.英汉生命科学词典.北京:科学文献出版社.

陈思.2012.鼓励战略性新兴产业发展的税收政策研究.财政监督,(4):60-62.

陈宗胜.2000.发展经济学.上海:复旦大学出版社.

程如烟,张旭,黄军英.2010.各国制定科技发展国家战略抢占新一轮增长制高点.决策探索,(2):78-81.

程巍.2006.基于产业生命周期理论的新兴产业的思考.当代经理人,(12):247,248.

东北大学产业组织与企业组织研究中心课题组.2010.发展战略、产业升级与战略性新兴产业选择.财经问题研究,(8):40-47.

方荣贵,银路,王敏.2010.新兴技术向战略性新兴产业演化中政府政策分析.技术经济,(12):1-6.

付广军.2011.运用税收政策促进战略性新兴产业发展.兰州商学院学报,(4):1-9.

龚恩华.2012.促进战略性新兴产业发展的税收政策建议.经济研究参考,(12):27-29.

龚惠群,黄超,王永顺.2011.战略性新兴产业的成长规律、培育经验及启示.科技进步与对策,(23):78-81.

何永芳.2001.发达国家与新兴国家高新技术产业的扶持政策.首都经济贸易大学学报,(1):44-47.

胡海峰,胡吉亚.2011.美日德战略性新兴产业融资机制比较分析及对中国的启示.经济理论与经济管理,(8):64,65.

黄力明,胡德期,李笑深.2011.促进广西战略性新兴产业发展的财税政策研究,经济研究参考,(71):9-15.

黄南.2008.世界新兴产业发展的一般规律分析.科技与经济,(5):31-34.

黄伟,邵迎春.2012.校企合作体制机制的改革.湖南农机,(1):177,178.

贾建国,王其藩.1998.基于新古典增长理论的两产业系统动力学模型及对于经济增长问题的研究.系统工程理论方法应用,(4):54-62.

贾丽娟，2010．高新技术产业创新与发展战略研究．北京：中国经济出版社：13-34.

江宗禾．2011．业以才兴展宏图——我省人才事业发展综述．江淮，(8)：18，19.

姜大鹏，顾新．2010．我国战略性新兴产业的现状分析．科技进步与对策，(9)：65-70.

姜江．2010．世界战略性新兴产业发展的动态与趋势．中国科技产业，(7)：55，56.

蒋学伟．2002．持续竞争优势．上海：复旦大学出版社.

李东卫．2011．我国新能源汽车产业的挑战及对策．广东经济，(2)：37-41.

李华君．2006．科技发展韩国引擎——大德科技园的成功之道及启示．中国高新区，(5)：24-26.

李伟铭，黎春燕．2011．高新技术产业发展与技术研究．北京：科学出版社：34-39.

李晓华，吕铁．2010．战略性新兴产业的特征与政策导向研究．宏观经济研究，(9)：20-26.

李孝全．2001．国家战略与信息产业发展．北京：经济科学出版社.

李姚矿，汤汇道，龙丹．2011．天使投资研究述评．学术界，(7)：222-234.

林伯强．2010．发展战略性新兴产业面临三大挑战．中国科技产业，(11)：63.

林平凡，刘城．2010．广东战略性新兴产业的成长条件和培育对策．科技管理研究，(10)：67-70.

林书雄．2006．新兴技术的内涵及其不确定性分析．价值工程，(9)：31-33.

林学军．2012．战略性新兴产业的发展与形成模式研究．中国软科学，(2)：26-34.

凌捷，苏睿．2010．后金融危机时代高新区战略性新兴产业发展研究．改革与战略，(6)：152-155.

刘斌，姚占辉，方海峰．2011．我国节能与新能源汽车．汽车工业研究，(10)：8-13.

刘澄，顾强，董瑞青．2011．产业政策在战略性新兴产业发展中的作用．经济社会体制比较，(1)：196-203.

刘洪昌，武博．2010．战略性新兴产业的选择原则及培育政策取向．现代经济探讨，(10)：56-59.

刘美平．2011．战略性新兴产业技术创新路径的共生模式研究．当代财经，(11)：105-111.

刘小雪．2005．发展中国家的新兴产业优势．北京：世界知识出版社：157.

刘志彪．2011．科技银行功能构建：商业银行支持战略性新兴产业发展的关键问题研究．南京社会科学，(4)：1-7.

刘志阳，程海狮．2010．战略性新兴产业的集群培育与网络特征．改革，(5)：36-42.

刘志阳．2010．战略性新兴产业主导设计形成机理与竞争策略研究．经济社会体制比较，(5)：165-172.

迈克尔·波特．1997．竞争战略．陈小悦等，译．北京：华夏出版社：209-236.

毛泽盛，王红棉．2012．江苏省战略性新兴产业发展的金融支持分析，科技与金融，(2)：82-85.

欧阳峣，生延超．2010．战略性新兴产业研究述评．湖南社会科学，(5)：111-115.

裴长洪，郑文．2010．发展新兴战略性产业：制造业与服务业并重．当代财经，(1)：

81-88.

彭骥鸣，钱存林．2001．产业成长模式：从移植型向内生型过度．审计与经济研究，（6）：39-42.

乔玉婷，曾立．2011．战略性新兴产业的军民融合式发展研究．预测，（5）：1-5.

谯薇．2010．我国新兴产业发展中存在的问题及对策思考．经济体制改革，（4）：167-169.

申曙光．2001-04-24．政府对风险投资的经济激励政策．人民日报，第四版．

史丹．2010．国际金融危机之后美国等发达国家新兴产业的发展态势及其启示．理论参考，（11）：59.

史忠良，何维达．2004．产业兴衰与转化规律．北京：经济管理出版社：157，158.

宋泓，柴瑜．1998．跨国公司影响下发展中国家和地区产业成长的模式选择．当代经济科学，（4）47-51.

宋泓．2007．发展中国家自立型产业成长与 WTO 规则．世界经济与政治，（9）：71-76.

孙景超，张舒英．1998．冷战后的日本经济．北京：社会科学文献出版社：45.

谭中明，李战奇．2012．论战略性新兴产业发展的金融支持对策．企业经济，（2）：172-175.

汪斌．1997．东亚工业化浪潮中的产业结构研究．杭州：杭州大学出版社：289.

王斌，骆祖春．2011．美国发展战略性新兴产业的最新举措、特点及启示．现代经济探讨，（6）：84，85.

王长贵．2004．新能源和可再生能源的含义、特点和种类．知识窗，（10）：100，101.

王利政．2011．我国战略性新兴产业发展模式分析．中国科技论坛，（1）：12-15.

王锁军．2011．新兴人才发展战略新兴人才发展战略．中小企业管理与科技（中旬刊），（6）：30，31.

王勇．2010．战略性新兴产业简述．北京：世界图书出版公司：7.

王兆祥．2006．法国重振科技创新：法国国家工业创新署和 67 个竞争力创新区正式成立．全球经济科技瞭望，6：27-29.

王振红．2010．解析国外发展战略性新兴产业举措．杭州：生活品质，（12）：15.

王忠宏，石光．2010．发展战略性新兴产业推进产业结构调整．中国发展观察，（1）：12-14.

吴慈生，沈玉龙，刑建军．2010．安徽省战略性新兴产业发展现状分析与建议．安徽科技，（2）：20-22.

向吉英．2005．产业成长的动力机制与产业成长模式．学术论坛，（7）：49-53.

肖兴志．2011．中国战略性新兴产业发展研究．北京：科学出版社：116-119.

新材料产业生产力促进中心．2004．中国新材料发展报告（2004），北京：化学工业出版社：176.

熊勇清，李世才．2010．战略性新兴产业与传统产业耦合发展的过程及作用机制探讨．科学学与科学技术管理，（11）：84-87.

徐长生，张茵．1999．东亚两种对外开放模式的比较研究．世界经济，（1）：9-13.

许为民，曹峰旗．2008．韩国政府在文化产业发展中的作用与启示．理论导刊，（2）：

110-112.

亚当·斯密.1972.国民财富的性质和原因的研究.郭大力,王亚南,译.北京:商务印书馆:20.

严晨安,宦静.2010.美国加大科技投入重点扶持新兴产业.杭州科技,(12):44.

约瑟夫·熊彼特.1990.经济发展理论.何畏,易家详,译.北京:商务印书馆:73.

云洁.2012.我国新能源汽车产业发展概况及问题与思考.上海节能,(2):25-28.

张贵.2007.高新技术产业成长.北京:中国经济出版社:169.

张洪增.1999.论移植型产业成长模式及其缺陷——兼论对我国产业模式的借鉴.中共浙江省委党校学报,(3):7-12.

张少春.2010.中国战略性新兴产业发展与财政政策.北京:经济科学出版社:58-67.

张宪昌.2010.美国新能源政策的演化之路.农业工程技术,(1):8-10.

赵福昌,李成威.2011.促进战略性新兴产业发展的财政政策手段分析.经济研究参考,(5):49-55.

赵刚.2009.奥巴马支持新兴产业的做法和启示.中国科技财富,(21):76.

赵刚.2010.战略性新兴产业要关注商业模式创新.中国科技财富,(12):4,5.

赵韩,徐国胜,张炳力.2011.安徽省发展新能源汽车的SWOT分析.合肥业大学学报:社会科学版,(6):1-5.

赵双琳,朱道才,张秀荣.2010.合芜蚌自主创新区域战略性新兴产业发展研究.郑州航空工业管理学院学报,(5):37-43.

郑江淮.2010.理解战略性新兴产业的发展.上海金融学院学报,(4):5-10.

郑双怡.2005.中国光电子产业自主创新的发展模式.中国高新区,(8):58-60.

郑涛,黄少鹏.2010.基于合芜蚌产业圈的安徽新能源汽车发展研究.皖西学院学报,(2):104-109.

郑雄伟.2010-11-12.2010世界新兴产业发展报告.http://www.china.com.cn/economic/txt/2010.11/12/content_21331253.htm.

中国科技发展战略研究小组.2011.中国科技发展研究报告2010:战略性新兴产业研究.北京:科学出版社:68.

钟清流.2010.战略性新兴产业发展思路探析.中国科技论坛,(11):41-45.

钟儒刚,俞佳君.2011.战略性新兴产业计划人才培养的几点思考.咸宁学院学报,(8):1,2.

周茂清.2003.工业化过程中不同经济发展模式的比较和分析.世界经济与政治论坛,(6):1-6.

朱高峰.2003.全球化时代的中国制造.北京:社会科学出版社:89.

Dewar R D, Dutton J E. 1986. The adoption of radical and incremental innovations: an empirical analysis. Management Science, 32 (11): 1422-1433.

Gort M, Kelppers. 1982. Time path in the diffusion of product innovations. The Economics Journal, 92: 630-653.

Nelson R R, Winter S G. 1975. Growth theory from an evolutionary perspectivedifferential productivity puzzle. American Economic Review，65（2）：338-344.

Porter M E. 1990. The Competitive Advantage of Nations. New York：The Free Press.

Vernon R. 1966. International investment and international trade in the product cycle. Quarterly Journal of Economics，80（2）：190-207.

"中国软科学研究丛书" 已出版书目

《区域技术标准创新——北京地区实证研究》

《中外合资企业合作冲突防范管理》

《可持续发展中的科技创新——滨海新区实证研究》

《中国汽车产业自主创新战略》

《区域金融可持续发展论——基于制度的视角》

《中国科技力量布局分析与优化》

《促进老龄产业发展的机制和政策》

《政府科技投入与企业 R&D——实证研究与政策选择》

《沿海开放城市信息化带动工业化战略》

《全球化中的技术垄断与技术扩散》

《基因资源知识产权理论》

《跨国公司在华研发——发展、影响及对策研究》

《中国粮食安全发展战略与对策》

《地理信息资源产权研究》

《第四方物流理论与实践》

《西部生态脆弱贫困区优势产业培育》

《中国经济区——经济区空间演化机理及持续发展路径研究》

《研发外包：模式、机理及动态演化》

《中国纺织产业集群的演化理论与实证分析》

《国有森林资源产权制度变迁与改革研究》

《文化创意产业集群发展理论与实践》

《中国失业预警：理论、技术和方法》

《黑龙江省大豆产业发展战略研究》

《中小企业虚拟组织》

《气候变化对中国经济社会可持续发展的影响与应对》

《公共政策的风险评价》

《科技人力资源流动的个体选择与宏观表征》

《大型企业集团创新治理》

《我国小城镇可持续发展研究》

《食品安全法律控制研究》

《中国资源循环利用产业发展研究》

《新兴产业培育与发展研究——以安徽省为例》